घर और बाहर

रवीन्द्रनाथ टैगोर

सुरेन्द्रनाथ ठाकुर द्वारा
अंग्रेजी अनुवाद पर आधारित

Om Books International

प्रथम मुद्रण 2025

Om Books International

ओम बुक्स इंटरनेशनल
कॉर्पोरेट एवं संपादकीय कार्यालय
ए-12, सेक्टर 64, नोएडा 201 301
उत्तर प्रदेश, भारत
फ़ोन : +91 120 477 4100
ईमेल : editorial@ombooks.com
वेबसाइट : www.ombooksinternational.com

विक्रय (सेल्स) कार्यालय
107, अंसारी रोड, दरियागंज
नई दिल्ली 110 002, भारत
फ़ोन : +91 11 4000 9000
ईमेल : sales@ombooks.com
वेबसाइट : www.ombooks.com

अनुवादक : महेन्द्र कुमार

आईएसबीएन : 978-93-6395-228-7

भारत में मुद्रित
10 9 8 7 6 5 4 3 2 1

रवीन्द्रनाथ टैगोर एक बंगाली कवि, लेखक, गीतकार, संगीतकार, नाटककार, निबंधकार, चित्रकार और मानवतावादी थे। 7 मई सन् 1861 को जन्मे रवीन्द्रनाथ, ब्रह्म समाज के प्रमुख प्रवर्तक महर्षि देवेन्द्रनाथ ठाकुर के सबसे छोटे पुत्र थे। उनकी प्रारंभिक शिक्षा घर पर ही हुई, और बाद में उन्हें उच्च शिक्षा हेतु इंग्लैंड भेजा गया। भारत लौटने के पश्चात् उन्होंने उपनिवेशित भारत की सामाजिक-राजनीतिक परिस्थितियों पर व्यंग्यात्मक रचनाएँ लिखनी आरंभ कीं। राजनीतिक असहमति, वर्गगत असमानताएँ, लिंग आधारित भेदभाव, विद्रोह, स्वतंत्रता संग्राम और इस प्रकार के अनेक विषय उनकी विशाल साहित्यिक कृतियों के प्रमुख सूत्र रहे।

सन् 1891 में ठाकुर, अपने परिवार की विशाल ज़मींदारी की देखरेख हेतु, पूर्वी बंगाल चले गए। इसी अवधि में, ग्रामीण जनजीवन के निकट संपर्क से उनका लेखन गहराई से प्रभावित हुआ।

सन् 1901 में, भारतीय एवं पाश्चात्य परंपराओं की श्रेष्ठताओं को समन्वित करने की अभिलाषा से, उन्होंने शांति निकेतन में एक प्रयोगात्मक विद्यालय की स्थापना की, जो अब विश्व-भारती विश्वविद्यालय के लिए प्रसिद्ध एक विश्वविद्यालय नगर बन चुका है।

सन् 1910 में उनका कविता-संग्रह *गीतांजलि* प्रकाशित हुआ। सन् 1913 में उन्हें साहित्य के क्षेत्र में नोबेल पुरस्कार से सम्मानित किया गया। उनकी प्रमुख कृतियों में *सोनार तारी* (1894) नामक कविता-संग्रह, *चित्रांगदा* (1892) जैसे नाटक, कई खंडों में प्रकाशित लघुकथाएँ, तथा *गोरा* (1910), *घरे-बाइरे* (1916) और *योगायोग* (1929) जैसे उपन्यास सम्मिलित हैं। उन्होंने दो हज़ार से अधिक गीतों की रचना भी की, जो रवीन्द्र संगीत के नाम से प्रसिद्ध हैं।

7 अगस्त सन् 1941 को कोलकाता में, 80 वर्ष की आयु में उनका निधन हुआ। वे एक समृद्ध एवं प्रभावशाली साहित्यिक विरासत अपने पीछे छोड़ गए।

विषय-सूची

अध्याय एक

बिमला की कहानी

1

माँ, आज मुझे तुम्हारी मांग में लगे सिंदूर की लाल रेखा[1] याद आ रही है। तुम्हारी वह साड़ी[2] याद आ रही है, जिसकी चौड़ी लाल किनारी हुआ करती थी। और तुम्हारी वे अद्‌भुत आँखें, जो गहराई और शांति से भरी हुई थीं। वे मेरी जीवन-यात्रा की शुरुआत में आई थीं, जैसे सुबह की पहली किरण, जिन्होंने मुझे जीवन-मार्ग पर चलने के लिए अमूल्य आशीर्वाद और संबल प्रदान किया।

आकाश, जो प्रकाश देता है, वह नीला होता है, और मेरी माँ का रंग साँवला था, किंतु उसमें पवित्रता की ऐसी आभा थी कि उसकी सुंदरता समस्त रूप-संपन्नताओं के अहंकार को भी लज्जित कर देती थी।

हर कोई कहता था कि मैं अपनी माँ की प्रतिछवि हूँ। बचपन में यह बात मुझे अखरती थी। मैं अपने ही दर्पण से रूठ जाया करती थी। मुझे लगता था कि यह ईश्वर का अन्याय है, जो मेरे अंगों से लिपटा हुआ है- कि मेरा साँवला रंग मेरा अपना नहीं, बल्कि किसी दैवी भूल से मुझे प्राप्त हुआ है। अब बस एक ही प्रार्थना मेरे ईश्वर से शेष थी- कि मैं ऐसी स्त्री बन सकूँ, जैसी किसी महाकाव्य में वर्णित होती है- नारीत्व की आदर्श प्रतिमा।

---

1. हिंदू पत्नीत्व की पहचान और उस समर्पण का प्रतीक जो उसमें निहित होता है।
2. साड़ी हिंदू स्त्री की पारंपरिक पोशाक है।

जब मेरे विवाह का प्रस्ताव आया, तो एक ज्योतिषी को बुलाया गया, जिसने मेरी हथेली देखकर कहा, "इस कन्या के चिह्न शुभ हैं। यह एक आदर्श पत्नी बनेगी।"

और यह सुनकर सभी स्त्रियाँ बोलीं, "अचरज कैसा, यह तो अपनी माँ की प्रतिछवि है।"

मेरा विवाह एक राजा के घर में हुआ। जब मैं बच्ची थी, तब परियों की कहानियों के राजकुमार के वर्णन से मैं परिचित थी। परंतु मेरे पति का चेहरा वैसा नहीं था, जिसे कल्पना परीलोक में स्थान दे। वह भी मेरी ही तरह साँवला था। अपने रूप के अभाव को लेकर जो संकोच मेरे भीतर था, वह कुछ हद तक हल्का हो गया, किंतु हृदय के किसी कोने में एक क्षीण-सी कसक अब भी शेष रह गई।

परंतु जब देह की रूपरेखा हमारी इंद्रियों की पकड़ से हटकर हृदय के पावन गृह में प्रवेश करती है, तब वह स्वयं को विस्मृत कर देती है। मैं अपने बचपन के अनुभव से जानती हूँ कि भक्ति अपने अंतरतम स्वरूप में स्वयं सौंदर्य होती है। जब मेरी माँ अपने स्नेहिल हाथों से छिले हुए फलों को सफेद संगमरमर की थाली में सजातीं, और मेरे पिता के भोजन के समय धीरे-धीरे पंखा झलकर मक्खियाँ हटातीं, तो उनकी सेवा एक ऐसे सौंदर्य में विलीन हो जाती, जो बाह्य रूपों से कहीं ऊपर था। अपने शैशवकाल में भी, मैं उस सौंदर्य की शक्ति को अनुभव कर सकती थी। वह तर्क, संदेह और गणना से परे था- वह एक शुद्ध संगीत था।

मुझे विवाह के बाद की वह बात स्पष्ट रूप से याद है, जब मैं प्रातःकाल बहुत सावधानी और निःशब्दता से उठ जाती थी, और अपने पति को जगाए बिना चुपचाप उनके चरणों की धूल[3] लेती थी। उन क्षणों में मुझे अपने मस्तक पर सजी सिंदूर की रेखा सुबह के तारे की भाँति चमकती हुई मालूम होती थी।

एक दिन, वह अनायास जाग गए और मुस्कराते हुए मुझसे बोले, "यह क्या है, बिमला? तुम क्या कर रही हो?"

---

3. चरणों की धूल लेना श्रद्धा की एक औपचारिक अभिव्यक्ति है, जिसमें पूज्य व्यक्ति के चरणों को हल्के से स्पर्श कर, उसी हाथ से अपने मस्तक को छुआ जाता है। सामान्यतः पत्नी ऐसा अपने पति के प्रति नहीं करती।

उनकी दृष्टि में आ जाने की लज्जा मैं कभी नहीं भूल सकती। शायद उन्होंने सोचा हो कि मैं चुपचाप पुण्य अर्जित करने का प्रयत्न कर रही हूँ। पर नहीं, नहीं! इसका पुण्य से कोई संबंध नहीं था। यह तो मेरे नारी-हृदय की वह पुकार थी, जिसे प्रेम करने के लिए पहले पूजा करनी पड़ती है।

मेरे ससुर का घर बादशाहों के ज़माने से ही प्रतिष्ठा में पुराना था। इसके कुछ आचरण मुगलों और पठानों के समय से चले आ रहे थे, और कुछ परंपराएँ मनु और पराशर के काल से चली आ रही थीं। परंतु मेरे पति पूर्णतः आधुनिक थे। वे घर के पहले व्यक्ति थे जिन्होंने कॉलेज की पढ़ाई पूरी कर एम.ए. की डिग्री प्राप्त की। उनके बड़े भाई की मृत्यु कम उम्र में मदिरापान के कारण हो गई थी, और वे संतानहीन थे। मेरे पति न तो मदिरा पीते थे और न ही भोग-विलास के आदी थे। परिवार के लिए यह संयम इतना अपरिचित था कि कई लोगों को यह शिष्टाचार के विरुद्ध जान पड़ता था! उनका मानना था कि पवित्रता केवल उन्हीं पर शोभा देती है, जिन पर भाग्य ने मुस्कान न बिखेरी हो। कलंकों का स्थान चंद्रमा पर होता है, तारों पर नहीं।

मेरे पति के माता-पिता का स्वर्गवास बहुत पहले हो चुका था, और घर की मालकिन उनकी वृद्ध दादी थीं। मेरे पति उनकी आँखों के तारे थे, उनके हृदय का हार। अतः प्राचीन परंपराओं को लाँघने में उन्हें कभी विशेष कठिनाई का सामना नहीं करना पड़ा। जब उन्होंने मुझे पढ़ाने और मेरी सहचरी बनाने के लिए मिस गिलबी को घर बुलाया, तो घर और बाहर की सभी चलती जबानों से फैलाए गए विष के बावजूद उन्होंने अपने निर्णय पर अडिग रहना ही उचित समझा।

उस समय मेरे पति ने तुरंत ही बी.ए. की परीक्षा उत्तीर्ण की थी और एम.ए. की पढ़ाई कर रहे थे। इसलिए उन्हें कॉलेज जाने के लिए कलकत्ता में ही रहना पड़ता था। वे मुझे लगभग हर दिन पत्र लिखते-कुछ ही पंक्तियाँ, सरल शब्दों में, किंतु उनकी स्पष्ट, गोल लिपि मुझे ऐसे निहारा करती, जैसे किसी कोमल स्पर्श से मन छू जाए। मैं उनके पत्रों को चंदन की डिबिया में सहेजकर रखती और प्रतिदिन बाग से चुनकर लाए फूलों से उन्हें ढक देती।

उस समय परियों की कहानी का राजकुमार प्रातः की रौशनी में फीके पड़ते चाँद की तरह मन से विलीन हो चुका था। अब मेरे हृदय में मेरे वास्तविक जीवन का राजकुमार मौजूद था। मैं उसकी रानी थी। उसका स्थान

मेरे पास था। पर मेरा वास्तविक आनंद इस बात में था कि मेरा सच्चा स्थान उसके चरणों में था।

तब से, मैंने शिक्षा प्राप्त की है, और आधुनिक युग से उनकी ही भाषा में परिचय पाया है, और इसीलिए, ये शब्द जो मैं लिख रही हूँ, गद्य के इस परिप्रेक्ष्य में लज्जा से जैसे लाल हो उठते हैं। यदि मेरा परिचय इस आधुनिक जीवन-स्तर से न हुआ होता, तो मैं सहज रूप से जानती कि जैसे मेरा स्त्री रूप में जन्म लेना मेरे हाथ में नहीं था, उसी प्रकार नारी के प्रेम में निहित भक्ति भी कोई घिसी-पिटी पंक्ति नहीं है, जो किसी प्रेम पद्य से उद्धृत कर श्रद्धा से किसी स्कूली लड़की की अभ्यास-पुस्तिका में सुंदर, गोल अक्षरों में उतार ली जाए।

लेकिन मेरे पति ने मुझे कभी पूजा का कोई अवसर ही नहीं दिया। यही उनकी महानता थी। वे कायर होते हैं, जो अपनी पत्नियों से पूर्ण भक्ति को प्राप्त करना अपना अधिकार समझते हैं, वह स्थिति दोनों के लिए ही अपमानजनक होती है।

उनका मेरे प्रति प्रेम मानो सेवा और समृद्धि की बाढ़ बनकर मेरी सीमाओं को पार करता हुआ प्रतीत होता था। किंतु मेरी आवश्यकता पाने से अधिक देने की थी, क्योंकि प्रेम तो एक आवारा पथिक है, जो अपने फूल बैठक में रखे काँच के गुलदानों की तुलना में पथ के किनारे की धूल में अधिक सुंदरता से खिला सकता है।

मेरे पति परिवार में प्रचलित प्राचीन परंपराओं से पूरी तरह मुक्त नहीं हो पाए थे। अतः हमारे लिए दिन में किसी भी समय मन मुताबिक मिल पाना मुश्किल था।[4] मुझे भली-भांति ज्ञात होता था कि वह किस समय मेरे पास आ सकते हैं, और इसलिए हमारे मिलन में प्रेमपूर्ण तैयारी की संपूर्ण संजीदगी होती थी। वह किसी कविता की तुक की भाँति था- जिसे लय की मर्यादा में होकर ही आना होता है।

दिन के कार्य समाप्त करने के बाद और दोपहर का स्नान कर लेने पर, मैं अपने बाल संवारती, मस्तक पर सिंदूर की रेखा फिर से सजाती, और बड़ी सावधानी से सिलवट की हुई साड़ी पहनती। फिर गृहस्थ जीवन की सब

4. पति का बार-बार स्त्रियों के अंतःपुर में जाना शिष्टाचार की दृष्टि से उचित नहीं माना जाता था, सिवाय भोजन या विश्राम के निधारित समय के।

व्यस्तताओं से अपने तन-मन को वापस खींचकर, मैं उस विशेष क्षण को विशेष विधियों के साथ एक व्यक्ति को समर्पित करती। उसके साथ हर दिन का वह समय कम होता था, परंतु वह असीम होता था।

मेरे पति कहा करते थे कि पति और पत्नी प्रेम में समान होते हैं, क्योंकि एक-दूसरे पर उनका समान अधिकार होता है। मैंने इस विषय में उनसे कभी वाद-विवाद नहीं किया, पर मेरा हृदय कहता था कि भक्ति सच्ची समानता के मार्ग में बाधा नहीं बनती, बल्कि वह उस मिलन-भूमि को और ऊँचा उठा देती है। अतः उस उच्चतर समानता का आनंद स्थायी रहता है, वह कभी भी तुच्छता के सामान्य स्तर तक नहीं गिरता।

प्रियतम, यह तुम्हारी ही महानता थी कि तुमने मुझसे कभी पूजा की अपेक्षा नहीं की। किंतु यदि तुमने उसे स्वीकार कर लिया होता, तो वह मेरे लिए एक सच्ची कृपा होती। तुमने मुझे सजाकर, शिक्षित करके, और मुझे वह देकर- जो मैंने माँगा और जो नहीं भी माँगा- अपने प्रेम को प्रकट किया। मैंने तुम्हारी आँखों में वह प्रेम की गहराई देखी है, जब तुम मुझे निहारते थे। मैंने उस गुप्त पीड़ा की आह को जाना है, जिसे तुमने मेरे प्रति अपने प्रेम में दबा लिया था। तुमने मेरे शरीर को ऐसे प्रेम से अपनाया, मानो वह स्वर्ग का कोई फूल हो। तुमने मेरे संपूर्ण स्वभाव को ऐसे स्वीकार किया, मानो वह तुम्हें किसी दुर्लभ ईश्वरीय कृपा से प्राप्त हुआ हो।

ऐसी उदार भक्ति ने मुझे यह सोचकर गर्वित कर दिया कि वह समृद्धि मेरी ही थी, जिसने तुम्हें मेरे द्वार तक पहुँचाया। परंतु ऐसा अहंकार ही नारी के प्रेम में स्वतः समर्पण के प्रवाह को रोक देता है। जब मैं रानी के सिंहासन पर बैठकर श्रद्धा की अपेक्षा करती हूँ, तब वह अपेक्षा केवल बढ़ती जाती है, कभी तृप्त नहीं होती। क्या किसी स्त्री के लिए केवल इस भावना में कोई वास्तविक सुख हो सकता है कि वह किसी पुरुष पर अधिकार रखती है? अपने अभिमान को भक्ति में समर्पित कर देना ही नारी का एकमात्र उद्धार है।

आज मुझे स्मरण हो आता है कि हमारे सुख के दिनों में चारों ओर ईर्ष्या की अग्नियाँ कैसे भड़क उठी थीं। यह स्वाभाविक ही था, क्योंकि क्या मैंने मात्र संयोगवश, बिना किसी योग्यता के, अपने सौभाग्य में प्रवेश नहीं किया था? किंतु विधि यह कभी स्वीकार नहीं करती कि सौभाग्य निरंतर बना रहे, जब तक कि उसका सम्मान-ऋण प्रतिदिन, अनेक दीर्घ दिवसों तक चुका न दिया जाए और इस प्रकार उसे स्थिर न कर दिया जाए। ईश्वर हमें वरदान दे

सकते हैं, पर उन्हें ग्रहण करने और संभालकर रखने की योग्यता हमारी अपनी होनी चाहिए। हाय उन वरों के लिए, जो अयोग्य हाथों से फिसल जाते हैं!

मेरे पति की दादी और माँ, दोनों ही अपने सौंदर्य के लिए प्रसिद्ध थीं। और मेरी विधवा जेठानी का सौंदर्य भी दुर्लभ रूप से अनुपम था। जब नियति ने क्रमशः उन्हें अकेला छोड़ दिया, तब दादी ने संकल्प लिया कि अब अपने छोटे पोते के विवाह में वह सौंदर्य पर जोर नहीं देंगी। मुझे इस परिवार में स्थान केवल मेरे शुभ लक्षणों के कारण मिला- अन्यथा, मेरा यहाँ कोई अधिकार नहीं था।

इस ऐश्वर्यशाली घर में इनकी गिनी-चुनी स्त्रियों को ही यथोचित सम्मान प्राप्त हुआ था। फिर भी वे परिवार की रीति-नीति की अभ्यस्त हो चुकी थीं और किसी तरह अपनी गरिमा बनाए रखने में सक्षम थीं, प्राचीन वंश परंपरा की रानियों के रूप में प्राप्त अपनी मर्यादा के सहारे। भले ही उनके आँसू प्रतिदिन मदिरा की झाग और नर्तकियों की पायल की झंकार में डूब जाते हों। क्या यह श्रेय मुझे जाता है कि मेरे पति ने न मदिरा को छुआ, न ही अपना पुरुषत्व स्त्री-विलास के बाजार में गँवाया? कौन-सा ऐसा मोहिनी मंत्र मुझे आता था, जिससे मैं पुरुषों के चंचल और भटके हुए मन को शांत कर सकती? यह तो केवल मेरा सौभाग्य था, और कुछ नहीं। क्योंकि नियति मेरी जेठानी के प्रति पूर्णतः निष्ठुर सिद्ध हुई। उनके जीवन-उत्सव की ज्योति उस समय ही बुझ गई, जब संध्या अभी आरंभ ही हुई थी, और उनका सौंदर्य निष्फल रूप से सूने प्रासादों पर उजास बिखेरता रहा- जलता रहा, बिना किसी संगति-संगीत के।

उनकी भाभी उनके आधुनिक विचारों के प्रति तिरस्कार प्रकट करती थीं। यह कितना हास्यास्पद था कि इतने गौरवशाली पारिवारिक जहाज की पतवार एक नवयुवती पत्नी के हाथ में सौंप दी जाए! मैंने तिरस्कार की उस कोड़े जैसी चोट को कई बार महसूस किया है- “एक चोरनी, जिसने पति का प्रेम चुरा लिया हो!” “नवीन फैशन के आडंबर में छिपा हुआ एक छलावा!” आधुनिक फैशन के वे रंग-बिरंगे वस्त्र, जिनसे मेरे पति मुझे सजाना पसंद करते थे, ईर्ष्या से भरा आक्रोश जगाते थे। “क्या उसे लज्जा नहीं आती कि वह अपने रूप और वह भी ऐसा रूप, जिसको प्रदर्शन की दुकान बना रही है?”

मेरे पति यह सब भली-भाँति जानते थे, किंतु उनकी कोमलता की कोई सीमा नहीं थी। वह मुझसे बार-बार विनती करते कि मैं उन्हें (भाभी को) क्षमा कर दूँ।

मुझे याद है, एक बार मैंने उनसे कहा था : "स्त्रियों का मन कितना संकीर्ण और टेढ़ा होता है!" उन्होंने उत्तर दिया, "चीनी स्त्रियों के पैरों की तरह। क्या समाज के दबाव ने उन्हें संकीर्णता और विकृति में नहीं जकड़ दिया है? वे तो केवल उस भाग्य की मोहरे हैं, जो उनके साथ खेल खेलता है। उनके अपने हाथ में ज़िम्मेदारी ही कहाँ होती है?"

मेरी जेठानी मेरे पति से जो भी चाहती थीं, उसे पाने में कभी असफल नहीं होती थीं। वे यह सोचने के लिए कभी नहीं रुकती थी कि उनकी माँगें उचित हैं या नहीं। लेकिन जो बात मुझे सबसे अधिक खीज दिलाती थी, वह यह थी कि उन्हें इसके लिए कोई कृतज्ञता नहीं होती थी। मैंने अपने पति से वादा किया था कि मैं उनसे बहस नहीं करूँगी, पर भीतर ही भीतर यह मुझे और अधिक क्रोधित कर देता था। मुझे लगता था कि भलमनसाहत की भी एक सीमा होती है, जिसे पार करते ही वह पुरुषों को किसी न किसी रूप में कायर बना देती है। क्या मैं पूरा सच कहूँ? मैंने कई बार चाहा कि मेरे पति में इतना पुरुषत्व होता कि वे थोड़े कम भले होते।

मेरी जेठानी, बड़ी रानी,[5] अभी भी जवान थीं और साध्वी होने का कोई दावा नहीं करती थीं। बल्कि उनकी बातों, ठिठोली और हँसी में कुछ उच्छृंखलता झलकती थी। उनके आस-पास जो युवा दासियाँ रहती थीं, वे भी कम उद्दंड नहीं थीं। लेकिन कोई भी उन्हें कुछ कहने का साहस नहीं करता था- क्योंकि क्या यह घर की परंपरा नहीं थी? मुझे लगता था कि मेरे निष्कलंक पति का होना ही उनके लिए एक विशेष ईर्ष्या का कारण था। परंतु मेरे पति, उनके स्वभाव की त्रुटियों से अधिक, उनके जीवन की विषमता को लेकर दुःखी रहते थे।

---

5. बड़ा = वरिष्ठ, छोटा = कनिष्ठ। प्रतिष्ठित संयुक्त परिवारों में, विधवाओं को अपने पतियों की संपत्ति में केवल जीवनभर के उपयोग का अधिकार ही प्राप्त होता है, फिर भी उनका पारिवारिक दर्जा वरिष्ठता के अनुसार बना रहता है, और 'बड़ी' तथा 'छोटी' की उपाधियाँ परिवार की वरिष्ठ और कनिष्ठ शाखाओं के भेद को बनाए रखती हैं, चाहे वास्तविक अधिकार कनिष्ठ शाखा के पास ही क्यों न हो।

2

मेरे पति मुझे पर्दे[6] से बाहर निकालने के लिए अत्यंत उत्सुक थे। एक दिन मैंने उनसे कहा : "मुझे बाहर की दुनिया से क्या लेना-देना?"

"बाहर की दुनिया तुम्हें चाह सकती है," उन्होंने उत्तर दिया।

"यदि बाहर की दुनिया अब तक मेरे बिना चलती रही है, तो थोड़े समय और भी चल सकती है। मेरी कमी में वह मर तो नहीं जाएगी।"

"चाहे वह नष्ट ही क्यों न हो जाए, मुझे कोई फर्क नहीं पड़ता! यह बात मुझे परेशान नहीं करती। मैं तो अपने बारे में सोच रहा हूँ।"

"अच्छा! तो बताओ, अपने बारे में क्या सोच रहे हो?"

मेरे पति मुस्कराए, पर मौन रहे।

मैं उनके स्वभाव को जानती थी, इसलिए तुरंत विरोध किया: "नहीं, नहीं! तुम ऐसे चुप रहकर मुझसे बच नहीं सकते! मुझे यह बात पूरी तरह स्पष्ट करनी है।"

"क्या कोई विषय कभी शब्दों में समाप्त होता है?"

"पहेलियों में बात मत करो। साफ-साफ बताओ..."

"मैं चाहता हूँ कि हम दोनों एक-दूसरे को बाहरी दुनिया में भी पूरी तरह पा सकें। वहीं हम एक-दूसरे के प्रति अभी भी अधूरे हैं।"

"तो क्या हमारे घर के इस प्रेम में कुछ अधूरा है?"

"यहाँ तुम मुझमें इतनी डूबी हो कि न तो तुम्हें पता है कि तुम्हारे पास क्या है, न ही यह कि तुम्हें क्या चाहिए।"

"मैं तुम्हारी ऐसी बातें सुन नहीं सकती।"

"मैं चाहता हूँ कि तुम बाहरी दुनिया के हृदय में प्रवेश करो और वास्तविकता से रूबरू होओ। सिर्फ़ गृहकार्य करते हुए, जीवनभर घरेलू रीति-रिवाजों और बोझिल ज़िम्मेदारियों में जीना- तुम उसके लिए नहीं बनी हो! यदि हम एक-दूसरे से वास्तविक दुनिया में मिलें और पहचानें, तभी हमारा प्रेम सच्चा होगा।"

---

6. अंतःपुर की एकांतता और उससे संबंधित सभी विशिष्ट परंपराओं को सामान्यतः "पर्दा" कहा जाता है, जिसका अर्थ है "आवरण" या "ओट"।

"यदि यहाँ हमारे बीच संपूर्ण पहचान में कोई कमी है, तो मैं कुछ नहीं कहूँगी। लेकिन जहाँ तक मेरी बात है, मैं और कुछ नहीं चाहती।"

"ठीक है, अगर कमी केवल मेरी ओर से है, तो तुम उसे दूर करने में मदद क्यों नहीं कर सकती?"

ऐसी चर्चाएँ बार-बार होती रहीं। एक दिन उन्होंने कहा : "जो व्यक्ति मछली के झोल का लोभी होता है, वह उसे अपनी आवश्यकता के अनुसार काटने में कोई संकोच नहीं करता। परंतु जो मछली से प्रेम करता है, वह उसे पानी में देखना चाहता है; और यदि वह संभव न हो, तो वह किनारे बैठकर प्रतीक्षा करता है; और भले ही वह बिना दर्शन किए लौट आए, उसे यह संतोष होता है कि मछली कुशल है। पूर्ण प्राप्ति सबसे उत्तम होती है; लेकिन यदि वह संभव न हो, तो उसके बाद सबसे उत्तम है- पूर्ण त्याग।"

मुझे कभी यह पसंद नहीं आया कि मेरे पति इस विषय पर जिस प्रकार बात करते थे, लेकिन यही कारण नहीं था कि मैंने अंतःपुर छोड़ने से इनकार किया। उनकी दादी अब भी जीवित थीं। मेरे पति ने दादी की इच्छा के विरुद्ध, पूरे घर को कुछ हद तक नहीं, बल्कि पूरा का पूरा एक सौ बीस प्रतिशत- बीसवीं शताब्दी की आधुनिकता से भर दिया था; लेकिन उन्होंने इस पर कोई शिकायत नहीं की। यदि राजा के घर की बहू[7] ने एकांत त्याग दिया होता, तो उसे भी उन्होंने सह लिया होता। वह इसके लिए पहले से ही तैयार थीं। लेकिन मैंने इसे इतना महत्वपूर्ण नहीं समझा कि इसके लिए उन्हें कष्ट दिया जाए। मैंने पुस्तकों में पढ़ा है कि हमें "पिंजरे में बंद पक्षी" कहा जाता है। मैं दूसरों के बारे में नहीं कह सकती, लेकिन मेरे इस पिंजरे में इतना कुछ था कि उसके लिए ब्रह्मांड में भी स्थान नहीं था- कम से कम उस समय मेरी यही भावना थी।

बुढ़ापे में दादी मुझसे बहुत स्नेह करने लगी थीं। उनके स्नेह के पीछे यह विचार था कि मेरे अनुकूल ग्रहों की मिलीभगत से मैं अपने पति का प्रेम आकर्षित करने में सफल रही थी। क्या पुरुष स्वभावतः पतन की ओर झुकाव नहीं रखते? अन्य कोई भी, चाहे वह कितनी ही सुंदर क्यों न रही हो, अपने पति को उस जलती हुई गहराई में गिरने से नहीं रोक सकी थी, जो उन्हें भस्म कर डालती थी। उनका विश्वास था कि मैं ही वह माध्यम बनी, जिसने इस

---

7. किसी प्रतिष्ठित हिंदू परिवार में बहू की प्रतिष्ठा सर्वोपरि महत्व रखती है।

विनाशकारी आग को बुझा दिया, जो इस परिवार के पुरुषों के लिए घातक थी। इसलिए वह मुझे अपने आँचल की छाया में रखती थीं, और यदि मुझे जरा भी अस्वस्थता होती, तो काँप उठती थीं।

मेरे पति जो वस्त्र और आभूषण यूरोपीय दुकानों से मुझे सजाने के लिए लाते थे, वे उनकी दादी को पसंद नहीं आते थे। लेकिन वह सोचती थीं : "पुरुषों को कोई न कोई विचित्र शौक ज़रूर होता है, और वह महँगा भी होता है। उनकी फिजूलखर्ची को रोकने का कोई लाभ नहीं; यदि वे बर्बादी से पहले ही रुक जाएँ, तो यही बहुत है। अगर मेरा निखिल अपनी पत्नी को सजाने में व्यस्त न होता, तो कौन जाने वह अपना धन किस पर खर्च करता!" इसलिए जब भी मेरा कोई नया वस्त्र आता, वह मेरे पति को बुलवातीं और उस पर हँसी-ठिठोली किया करतीं।

इस प्रकार हुआ कि उनका ही स्वाद बदल गया। आधुनिक युग का प्रभाव उन पर इतना गहरा पड़ा कि यदि मैं उन्हें अंग्रेज़ी पुस्तकों से कहानियाँ न सुनाती, तो उनकी शामें कटती ही नहीं थीं।

उनकी दादी की मृत्यु के बाद, मेरे पति चाहते थे कि मैं उनके साथ कलकत्ता जाकर रहूँ। लेकिन मैं स्वयं को इसके लिए तैयार नहीं कर सकी। क्या यह हमारा वह घर नहीं था, जिसे उन्होंने अपने तमाम कष्टों और कठिनाइयों के बीच अपनी संरक्षणशील देखरेख में सँजोया था? क्या यदि मैं इसे छोड़कर शहर चली जाऊँ, तो मुझ पर कोई शाप नहीं आ जाएगा? यही विचार मुझे रोकता रहा, जब उनका खाली आसन मुझे उलाहना देता हुआ देखता था। वह महान स्त्री आठ वर्ष की उम्र में इस घर में आई थीं, और उनहत्तर वर्ष की आयु में यहीं मृत्यु को प्राप्त हुई थीं। उन्होंने सुखमय जीवन नहीं जिया था। नियति ने उनके हृदय पर एक के बाद एक प्रहार किए, केवल इसीलिए कि उनके भीतर का अमर आत्मबल और अधिक उजागर हो सके। यह विशाल घर उनके आँसुओं से पवित्र हो चुका था। मैं कलकत्ता की धूल में, इस घर से दूर जाकर क्या करूँगी?

मेरे पति का विचार था कि यह एक अच्छा अवसर होगा, जिससे मेरी जेठानी को घर पर शासन करने का संतोष मिल सके। और साथ ही, हमारे जीवन को कलकत्ता में अधिक विस्तार का अवसर भी प्राप्त हो। यहीं से मेरी कठिनाई आरंभ हुई। उन्होंने मेरे जीवन को दुःख से भर दिया था, और मेरे पति के सुख को वह सहन नहीं कर पाती थीं, और अब उन्हें इसके

लिए ईनाम मिलना था! और उस दिन का क्या होगा जब हमें फिर इस घर में लौटना पड़ेगा? क्या तब मुझे फिर से अपना प्रमुख स्थान वापस मिलेगा?

"तुम्हें उस आसन से क्या लेना-देना?" मेरे पति कहा करते थे। "क्या जीवन में इससे कहीं अधिक मूल्यवान चीज़ें नहीं हैं?"

पुरुष इन बातों को कभी नहीं समझते। उनका बसेरा बाहरी दुनिया में होता है; वे नहीं जानते कि एक गृहस्थ जीवन का संपूर्ण अर्थ क्या होता है। ऐसे विषयों में उन्हें स्त्री की मार्गदर्शिता का पालन करना चाहिए। उस समय मेरे विचार कुछ ऐसे ही थे।

मुझे लगा कि असली बात यह है कि व्यक्ति को अपने अधिकारों के लिए डटे रहना चाहिए। यहाँ से चले जाना और सब कुछ शत्रु के हाथों में सौंप देना सीधा-सीधा पराजय स्वीकार करने के बराबर होता।

लेकिन मेरे पति ने मुझे अपने साथ कलकत्ता चलने के लिए बाध्य क्यों नहीं किया? मैं कारण जानती हूँ। उन्होंने अपने अधिकार का उपयोग इसलिए नहीं किया, क्योंकि वह उनके पास था।

3

यदि किसी को दिन और रात के बीच की खाई को धीरे-धीरे भरना पड़े, तो उसमें अनंत काल लग जाएगा। लेकिन सूर्य उगता है और अंधकार दूर हो जाता है- अनंत दूरी को मिटाने के लिए एक क्षण ही पर्याप्त होता है।

एक दिन बंगाल में स्वदेशी[8] का नया युग आ गया; पर यह कैसे हुआ, इसका हमें कोई स्पष्ट आभास नहीं था। भूत और वर्तमान के बीच कोई धीरे-धीरे जुड़ने वाली ढलान नहीं थी। इसी कारण, मैं समझती हूँ, नया युग बाढ़ की तरह आ गया, जिसने सारे बाँध तोड़ दिए और हमारी सारी समझदारी और भय को अपने साथ बहा ले गया। हमें यह सोचने या समझने तक का समय नहीं मिला कि क्या हो चुका है और क्या होने वाला है।

8. राष्ट्रवादी आंदोलन, जो प्रारंभ में राजनीतिक से अधिक आर्थिक रूप में आरंभ हुआ था, जिसका मुख्य उद्देश्य देशी उद्योगों को प्रोत्साहित करना था।

मेरी दृष्टि और मेरा मन, मेरी आशाएँ और मेरी इच्छाएँ- इस नये युग के जुनून से लाल हो उठे। हालाँकि इस समय तक घर की दीवारें- जो मेरी दृष्टि में संपूर्ण संसार थीं- अब भी अटूट थीं, फिर भी मैं दूर तक निहार रही थी, और मैंने दूर क्षितिज से आती एक आवाज सुनी, जिसका अर्थ मुझे पूरी तरह स्पष्ट नहीं था, लेकिन जिसकी पुकार सीधे मेरे हृदय तक पहुँच रही थी।

जब से मेरे पति कॉलेज के छात्र थे, तभी से वे यह प्रयास कर रहे थे कि हमारे लोगों की आवश्यक वस्तुएँ हमारे अपने देश में ही तैयार हों। हमारे जिले में खजूर के पेड़ बहुतायत में हैं। उन्होंने एक ऐसा उपकरण बनाने की कोशिश की, जिससे रस निकाला जा सके और उसे पकाकर गुड़ और शीरा बनाया जा सके। मैंने सुना कि यह प्रयोग बहुत सफल रहा, बस यह रस से अधिक पैसा निकालता था। कुछ समय बाद उन्होंने यह निष्कर्ष निकाला कि हमारे उद्योगों को पुनर्जीवित करने के प्रयास इसलिए सफल नहीं हो पा रहे हैं, क्योंकि हमारा अपना कोई बैंक नहीं है। वे उन दिनों मुझे राजनीतिक अर्थशास्त्र पढ़ाने की कोशिश कर रहे थे। यह अकेले ज़्यादा नुकसानदेह नहीं होता, लेकिन उन्होंने यह भी ठान लिया कि वे अपने देशवासियों को बचत की भावना सिखाएँगे, ताकि बैंक की राह बनाई जा सके; और फिर उन्होंने वास्तव में एक छोटा बैंक शुरू भी कर दिया। उस बैंक की ब्याज दरें इतनी अधिक थीं कि गाँव वाले बड़ी उत्सुकता से उसमें पैसा जमा कराने लगे- और अंततः यही उत्साह उस बैंक को पूरी तरह डुबो गया।

ज़मींदारी के पुराने कर्मचारियों के चेहरों पर चिंता और भय की लकीरें उभर आई थीं। दूसरी ओर, शत्रु के डेरे में उल्लास की लहर दौड़ रही थी। पूरे परिवार में केवल मेरे पति की दादी ही थीं, जो तनिक भी विचलित नहीं हुईं- मानो कोई तूफान उनके भीतर तक पहुँच ही न सकता हो। वह मुझे झिड़कते हुए कहतीं- “तुम सब उसके पीछे क्यों पड़े हो इस तरह? क्या ज़मींदारी का भविष्य ही तुम्हारी चिंता का कारण है? न जाने कितनी बार मैंने इस ज़मीन को अदालत के कब्जे में जाते देखा है! क्या पुरुष भी स्त्रियों जैसे होते हैं? पुरुष तो जन्म से ही फिजूलख़र्च होते हैं- उन्हें बस खर्च करना आता है। देखो बेटी, ख़ुद को सौभाग्यशाली मानो कि तुम्हारा पति ख़ुद को भी नष्ट नहीं कर रहा है!”

मेरे पति की परोपकारी सूची इतनी लंबी थी कि उसका कोई ओर-छोर ही नहीं था। जो कोई भी नया करघा या धान कूटने की मशीन बनाना चाहता, वह चाहे अंत में पूरी तरह असफल ही क्यों न हो, मेरे पति उसका

साथ अंतिम साँस तक देते। पर जो बात मुझे सबसे अधिक खलती थी, वह थी संदीप बाबू[9] का स्वदेशी कार्य के बहाने उनसे धन ऐंठना। जब भी संदीप बाबू को कोई अख़बार शुरू करना होता, या 'स्वदेशी' का प्रचार करने यात्रा पर निकलना होता, या डॉक्टर की सलाह पर जलवायु बदलने जाना होता- मेरे पति बिना किसी सवाल-जवाब के उन्हें पैसे दे देते। यह सब उस नियमित खर्च के अतिरिक्त होता, जो संदीप बाबू पहले ही उनसे मासिक रूप में प्राप्त कर रहे थे। सबसे विचित्र बात यह थी कि मेरे पति और संदीप बाबू की सोच एक-दूसरे से बिलकुल मेल नहीं खाती थी।

जैसे ही स्वदेशी का तूफान मेरे लहू में उतरा, मैंने अपने पति से कहा- "मुझे अपने सारे विदेशी कपड़े जला देने होंगे।"

"क्यों जलाना?" उन्होंने कहा। "जब तक तुम्हारा मन हो, मत पहनना।"

"जब तक मेरा मन हो? इस जन्म में तो कभी नहीं..."

"अच्छा, तो फिर ज़िंदगी भर मत पहनना। पर ये जलाने का तमाशा क्यों?"

"क्या आप मेरे संकल्प के रास्ते में बाधा बनेंगे?"

"मैं जो कहना चाहता हूँ, वह यह है- क्यों न कुछ रचनात्मक बनाने का प्रयास किया जाए? इस विनाशकारी उन्माद में अपनी ऊर्जा का दसवां हिस्सा भी व्यर्थ नहीं करना चाहिए।"

"ऐसा उत्तेजना भरा उत्साह ही हमें निर्माण की शक्ति प्रदान करेगा।"

"तो इसका मतलब यह हुआ कि घर को रोशन करने के लिए पहले उसमें आग लगानी ज़रूरी है!"

फिर एक और मुसीबत आ खड़ी हुई। जब मिस गिलबी पहली बार हमारे घर आई थीं, तो काफी हलचल मच गई थी, जो बाद में धीरे-धीरे शांत हो गई, जब सब लोग उनके आदी हो गए। अब वही बात फिर से ताजा हो उठी थी- जैसे कोई पुराना घाव फिर से हरा हो गया हो। पहले मैंने कभी इस बात की परवाह नहीं की थी कि मिस गिलबी यूरोपीय हैं या भारतीय, लेकिन अब यह बात मुझे खलने लगी थी। मैंने अपने पति से कहा, "हमें मिस गिलबी से छुटकारा पाना होगा।"

---

9. "बाबू" एक सम्मानसूचक शब्द है, जैसे कि "पिता" या "श्रीमान।" हालांकि, उपनिवेशकाल (ब्रिटिश राज) में इसका अर्थ कभी-कभी ऐसे व्यक्ति से भी लिया जाता था जो थोड़ी-बहुत अंग्रेज़ी जानता हो।

वह चुप रहे।

मैंने उनसे आवेश में भरकर बात की, और वे मन मसोसकर चले गए।

एक बार जोर से रो लेने के बाद, जब रात को हमारी मुलाकात हुई, तो मेरा मन कुछ शांत और विवेकपूर्ण हो गया था। "केवल इसलिए कि मिस गिलबी अंग्रेज़ हैं, मैं उन्हें किसी पूर्वाग्रह के धुँधले आवरण से नहीं देख सकता," मेरे पति ने कहा। "क्या इतने लंबे परिचय के बाद भी तुम उनके नाम के बंधन से बाहर नहीं आ सकतीं? क्या तुम यह नहीं समझ पातीं कि वह तुमसे स्नेह करती हैं?"

मुझे थोड़ी शर्म महसूस हुई और मैंने कुछ तीखेपन के साथ उत्तर दिया- "रहने दो उसे। उसे भेजने का मुझे कोई खास उतावलापन नहीं है।" और मिस गिलबी वहीं रहीं।

परंतु एक दिन मुझे बताया गया कि चर्च जाते समय एक नवयुवक ने उनका अपमान कर दिया था। यह वही लड़का था जिसे हम सहायता दे रहे थे, जिसे पढ़ा रहे थे, जिसे पाल-पोस रहे थे। मेरे पति ने उसे तत्काल घर से निकाल दिया। उस दिन ऐसा कोई भी नहीं था- यहाँ तक कि मैं स्वयं भी नहीं- जो मेरे पति को इस कठोर निर्णय के लिए क्षमा कर सका। इस बार मिस गिलबी ने स्वयं ही जाने का निश्चय किया। जब वे विदाई लेने आईं, तो उनकी आँखों से अश्रुधारा बह निकली, परंतु मेरा मन तब भी नहीं पिघला। उस बेचारे बालक पर इतना बड़ा आरोप लगाना- और वह भी ऐसा बालक, जो स्वदेशी के उत्साह में अपना नित्य स्नान और भोजन तक भूल जाया करता था!

मेरे पति ने मिस गिलबी को अपनी ही बग्घी में रेलवे स्टेशन तक पहुँचाने का दायित्व निभाया। मुझे पूरा विश्वास था कि वह कुछ अधिक ही कर रहे हैं। जब इस घटना को बढ़ा-चढ़ाकर प्रस्तुत किया गया और उससे जनमानस में हलचल मच गई- यहाँ तक कि वह समाचार-पत्रों की सुर्खियों तक पहुँच गई- तब मुझे लगा कि जो कुछ हुआ, वही उनके साथ होना उचित था।

मैं अक्सर अपने पति के कार्यों को लेकर चिंतित हो जाया करती थी, पर कभी शर्मिंदा नहीं हुई थी, लेकिन इस बार मुझे उनके लिए लज्जित होना पड़ा। मुझे न तो यह ठीक-ठीक मालूम था, और न ही इसकी कोई परवाह थी, कि बेचारे नोरेन ने मिस गिलबी के साथ कोई अनुचित व्यवहार किया था या नहीं। परंतु ऐसे समय में इस प्रकार के मामले पर न्याय करने बैठ

जाना- यह बात समझ से परे थी! मुझे तो उस भावना को दबाने से इनकार कर देना चाहिए था, जो युवा नोरेन को एक अंग्रेज़ महिला का विरोध करने के लिए प्रेरित कर रही थी। मेरे पति इतनी साधारण सी बात नहीं समझ सके- मैं इसे उनकी कायरता का प्रतीक ही मानती हूँ। और इसी कारण मुझे उनके लिए लज्जित होना पड़ा।

फिर भी, ऐसा नहीं था कि मेरे पति स्वदेशी का समर्थन करने से इनकार कर रहे थे या उस उद्देश्य के विरोध में थे। केवल वे वंदे मातरम्[10] की भावना को पूरी निष्ठा और समर्पण के साथ स्वीकार नहीं कर पाए थे।

"मैं अपने देश की सेवा करने को तत्पर हूँ," उन्होंने कहा, "पर मेरी उपासना उस न्याय के लिए सुरक्षित है, जो मेरे देश से कहीं महान है। अपने देश की पूजा एक देवता की तरह करना, उसके लिए अभिशाप बन सकता है।"

10. शाब्दिक अर्थ- "माँ, मैं तुम्हें नमन करता हूँ"- यह प्रसिद्ध बंगाली उपन्यासकार बंकिमचंद्र चट्टोपाध्याय द्वारा रचित एक गीत की प्रारंभिक पंक्तियाँ हैं। यह गीत स्वदेशी आंदोलन के समय से राष्ट्रगीत के रूप में प्रतिष्ठित हुआ, और 'वंदे मातरम्' उसी समय से राष्ट्रीय उद्‌घोष बन गया।

अध्याय दो

बिमला की कहानी

4

इसी समय संदीप बाबू अपने अनुयायियों के साथ स्वदेशी का प्रचार करने हमारे पड़ोस में आए।

हमारे मंदिर के मंडप में एक बड़ी सभा होनी है। हम स्त्रियाँ वहाँ एक ओर परदे के पीछे बैठी हैं। वंदे मातरम् के विजयी नारे पास आते जा रहे हैं, और उनकी गूंज से मैं पूरी तरह रोमांचित हो उठती हूँ। अचानक पगड़ी बाँधे, गेरुए वस्त्रों में लिपटे, नंगे पाँव युवाओं की एक धारा मंदिर के प्रांगण में ऐसे उमड़ पड़ती है, जैसे वर्षा की पहली बौछार में गाद से भरी बाढ़ सूखी नदी की तलहटी में आ बहती हो। पूरा स्थान विशाल जनसमूह से भर जाता है, और उसी भीड़ में से संदीप बाबू को दस-बारह युवकों के कंधों पर उठी एक बड़ी कुर्सी पर विराजमान होकर आगे लाया जाता है।

वंदे मातरम्! वंदे मातरम्! वंदे मातरम्! ऐसा मालूम होता है जैसे आकाश फटकर हज़ारों टुकड़ों में बिखर जाएगा।

मैं पहले ही संदीप बाबू का फोटो देख चुकी थी। उनके चेहरे-मोहरे में कुछ ऐसा था जो मुझे विशेष पसंद नहीं आया। यह नहीं कि वह कुरूप थे-बल्कि इसके विपरीत, उनका चेहरा अत्यंत आकर्षक और प्रभावशाली था। फिर भी, न जाने क्यों, मुझे ऐसा लगा कि सारी चमक-दमक के बावजूद उसका निर्माण किसी मिलावटी धातु से हुआ हो। उनकी आँखों की चमक किसी सच्ची उजास की तरह नहीं लगी। इसीलिए मुझे अच्छा नहीं लगता

था जब मेरे पति बिना किसी प्रश्न के उनकी हर बात मान लेते थे। धन का अपव्यय मैं सहन कर सकती थी; लेकिन यह सोचकर मुझे खीझ होती थी कि वह मित्रता का लाभ उठाकर मेरे पति पर अपने दबाव थोप रहे हैं। उनका आचरण न तो किसी तपस्वी जैसा था, न ही किसी साधारण जीवन जीने वाले व्यक्ति का, बल्कि पूरी तरह से दिखावटी था। भौतिक सुखों के प्रति उनका मोह स्पष्ट झलकता था... ऐसे न जाने कितने विचार आज फिर मन में लौट रहे हैं, पर अब उन्हें छोड़ ही देती हूँ।

लेकिन जब उस दोपहर संदीप बाबू बोलने लगे, और उनकी बातों से भीड़ के हृदय हिलोरें लेने लगे, मानो वे हर सीमा को तोड़ देने को आतुर हों, मैंने उन्हें एक अद्भुत रूपांतरण में देखा। विशेषतः जब धीरे-धीरे ढलते सूर्य की एक किरण उनके चेहरे पर आकर पड़ गई, जब वह किरण मंडप की छत की रेखा से नीचे जा रही थी, तो वह मुझे देवताओं द्वारा चिह्नित एक दिव्य दूत मालूम हुए, जो नश्वर पुरुषों और स्त्रियों के लिए भेजा गया हो।

उनके भाषण की शुरुआत से अंत तक, उनकी हर बात मानो एक तूफानी विस्फोट थी। उनके आत्मविश्वास की दृढ़ता की कोई सीमा नहीं थी। मुझे नहीं पता यह कैसे हुआ, पर मैंने स्वयं को बेसब्री से परदा हटाते और अपनी दृष्टि को उन पर टिकाए हुए पाया। फिर भी उस भीड़ में किसी ने भी मेरी इस हरकत पर ध्यान नहीं दिया। केवल एक बार मैंने देखा- उनकी आँखें, जैसे नियति से भरे आकाश में चमकते ओरियन तारामंडल के तारों के समान, पूरी तीव्रता से मेरे चेहरे पर आ ठहरीं।

मैं अपने आप से पूरी तरह अनभिज्ञ हो गई थी। मैं अब राजा के घर की एक स्त्री मात्र नहीं रही थी, बल्कि बंगाल की नारी जाति की एकमात्र प्रतिनिधि बन गई थी। और वह था बंगाल का प्रतिनिधि वीर। जैसे आकाश ने अपना प्रकाश उस पर फैलाया था, वैसे ही अब उसे किसी स्त्री के आशीर्वाद से पवित्र किया जाना आवश्यक था...

मुझे यह स्पष्ट मालूम हुआ कि जब से उसने मुझे देखा था, उसकी वाणी की अग्नि और भी प्रचंड रूप से भड़क उठी थी। इंद्र[11] का अश्व मानो लगाम लगाने को तैयार नहीं था, और गर्जना के साथ बिजली की चमक दिखाई पड़ने लगी थी। मैंने मन ही मन कहा कि उसकी भाषा ने मेरी आँखों से

---

11. हिंदू पौराणिक कहानियों में वर्षा के देवता।

अग्नि ग्रहण की है; क्योंकि हम स्त्रियाँ केवल गृहस्थ अग्नि की ही देवी नहीं हैं, बल्कि आत्मा की ज्वाला भी हैं।

उस संध्या, मैं एक नए गर्व और आनंद से दीप्त होकर घर लौटी। मेरे भीतर उठे तूफान ने मेरे समूचे अस्तित्व को एक केंद्र से खिसकाकर किसी नए केंद्र में स्थापित कर दिया था। प्राचीन यूनानी युवतियों की भाँति, मैं भी अपनी लंबी, चमकती हुई केश राशि को काटकर अपने नायक के लिए धनुष की प्रत्यंचा बनाना चाहती थी। यदि मेरे बाहरी आभूषण मेरी आंतरिक भावनाओं से जुड़े होते, तो मेरा हार, बाजूबंद और चूड़ियाँ- सब अपनी जकड़नों को तोड़कर उल्काओं की वर्षा की तरह उस सभा पर बिखर गए होते। मुझे ऐसा मालूम हुआ कि केवल कोई व्यक्तिगत बलिदान ही मेरे इस तीव्र आत्मिक उद्वेग और उन्नत आनंद की भावना को सहन करने में सहायता कर सकता था।

जब मेरे पति देर से घर लौटे, तो मैं भीतर ही भीतर काँप रही थी कि कहीं वे कुछ ऐसा न कह दें, जो मेरे कानों में अब भी गूंज रही विजय-गाथा के सुरों के प्रतिकूल हो। कहीं सत्य के प्रति उनकी कट्टर निष्ठा उन्हें उस दोपहर कही गई किसी बात की निंदा करने को न प्रेरित कर दे। क्योंकि तब मैं उन्हें खुलकर चुनौती देती और उन्हें अपमानित कर बैठती। परंतु उन्होंने एक शब्द भी नहीं कहा... और यह भी मुझे अच्छा नहीं लगा।

उन्हें यह कहना चाहिए था- "संदीप ने मुझे मेरी सुधि में ला दिया है। अब मुझे एहसास हुआ है कि मैं अब तक कितनी बड़ी भूल में था।"

मुझे ऐसा महसूस हुआ कि वह खीझ से भरी चुप्पी साधे हुए हैं, और जिदपूर्वक उत्साहित होने से इंकार कर रहे हैं। मैंने पूछा कि संदीप बाबू हमारे साथ कितने दिनों तक रहने वाले हैं।

"वह कल सुबह जल्दी रंगपुर के लिए रवाना हो रहे हैं," मेरे पति ने कहा।

"क्या यह आवश्यक है कि वह कल ही जाएं?"

"हाँ, वहाँ उनका भाषण पहले से तय है।"

मैं कुछ देर तक चुप रही, फिर दोबारा पूछा, "क्या वह एक दिन और नहीं रुक सकते?"

"शायद ही संभव हो, पर क्यों?"

"मैं उन्हें रात्रिभोज पर आमंत्रित करना चाहती हूँ और उनकी सेवा स्वयं करना चाहती हूँ।"

मेरे पति हैरान रह गए। वह कई बार मुझसे आग्रह कर चुके थे कि जब उनके खास मित्र रात्रिभोज पर आएं तो मैं भी उपस्थित रहूँ, पर मैं कभी राजी नहीं हुई थी। उन्होंने मुझे आश्चर्य से, चुपचाप, एक ऐसी दृष्टि से देखा जिसे मैं पूरी तरह समझ नहीं सकी।

अचानक मुझ पर लज्जा-सी छा गई। "नहीं, नहीं," मैंने कहा, "यह तो बिलकुल नहीं चलेगा!"

"क्यों नहीं?" उन्होंने कहा। "मैं स्वयं उनसे पूछ लूंगा, और यदि कुछ भी संभव हुआ, तो वह निश्चित ही कल तक रुक जाएंगे।"

और यह पूर्णतः संभव भी हो गया।

मैं बिलकुल सच कहूँगी। उस दिन मैंने अपने सृजनकर्ता से यह शिकायत की कि उन्होंने मुझे विलक्षण रूप से सुंदर क्यों नहीं बनाया- किसी का हृदय चुराने के लिए नहीं, बल्कि इसलिए कि सौंदर्य स्वयं एक गौरव है। इस महान दिवस पर देश के पुरुषों को नारीत्व में ही अपनी देवी के दर्शन होने चाहिए थे। परंतु, दुर्भाग्यवश, यदि बाह्य सौंदर्य न हो, तो पुरुषों की दृष्टि उस देवी को पहचानने में असमर्थ रह जाती है। क्या संदीप बाबू मुझमें मातृभूमि की शक्ति को प्रकट होते देख सकेंगे? या वे मुझे केवल एक साधारण, घरेलू स्त्री ही समझेंगे?

उस सुबह मैंने अपने खुले बालों में इत्र लगाया और उन्हें एक ढीले से जूड़े में बाँधा, जिसे लाल रेशमी रिबन से बड़ी कलात्मकता से लपेटा गया था। भोजन दोपहर में परोसा जाना था, इसलिए स्नान के बाद बालों को सुखाकर सामान्य ढंग से गूंथने का समय नहीं था। मैंने सुनहरे बॉडर वाली सफेद साड़ी पहनी, और मेरी छोटी बाँहों वाली मलमल की चोली भी सुनहरी किनारी से सजी हुई थी।

मुझे लगा कि मेरे वस्त्रों में एक प्रकार का संयम था, और इससे अधिक सरलता संभव नहीं थी। लेकिन मेरी जेठानी, जो वहाँ से निकल रही थी, मेरे सामने आकर एकदम रुक गई। उसने मुझे सिर से पाँव तक देखा और होंठ भींचकर एक अर्थपूर्ण मुस्कान बिखेरी। जब मैंने उससे इसका कारण पूछा, तो उसने कहा, "मैं तुम्हारी साज-सज्जा की प्रशंसा कर रही हूँ!"

"इसमें ऐसा क्या मनोरंजक है?" मैंने खिन्न होकर पूछा।

"यह तो बेहतरीन है," उसने कहा, "मैं तो बस यह सोच रही थी कि यदि उन अंग्रेज़ी गहरे गले वाले ब्लाउजों में से कोई एक होता, तो यह बिलकुल

परिपूर्ण हो जाता।" सिर्फ़ उसके मुँह और आँखों में ही नहीं, बल्कि उसके पूरे शरीर में भी दबी हुई हँसी की लहर सी दौड़ती हुई मालूम हो रही थी, जब वह कमरे से बाहर गई।

मैं अत्यंत क्रोधित थी, और मन में आया कि सब कुछ बदल दूँ, और अपनी रोजमर्रा की सादी पोशाक पहन लूँ। लेकिन क्यों? मैं अपने उस आवेग को पूरा क्यों नहीं कर सकी, यह मैं ठीक-ठीक नहीं कह सकती। मैंने स्वयं से तर्क किया- स्त्रियाँ समाज की शोभा होती हैं- और मेरे पति को यह कभी स्वीकार न होगा कि मैं संदीप बाबू के समक्ष सामान्य वेशभूषा में उपस्थित होऊँ।

मेरा यह विचार था कि मैं तब वहाँ जाऊँ जब वे लोग भोजन के लिए बैठ चुके हों। सेवा-सत्कार की हलचल में आरंभिक असहजता अपने आप ही समाप्त हो जाती। लेकिन भोजन समय पर तैयार नहीं हो सका, और देर होती जा रही थी। उसी दौरान मेरे पति ने अतिथि का परिचय कराने के लिए मुझे बुलवा भेजा।

मुझे संदीप बाबू की ओर सीधे देखना भी असहज लग रहा था- एक अजीब सी झिझक घेर रही थी। फिर भी, मैंने ख़ुद को कुछ सँभाला और धीरे से कहा, "क्षमा कीजिएगा, भोजन में देर हो रही है।"

वे पूरे आत्मविश्वास के साथ आए और मेरे बिलकुल पास बैठते हुए बोले, "भोजन तो किसी न किसी रूप में मुझे हर दिन मिल ही जाता है, पर अन्नपूर्णा देवी परदे के पीछे ही रहती हैं। अब जब स्वयं देवी ने ही दर्शन दे दिए हैं, तो भोजन में कुछ देर हो जाए- इसकी परवाह किसे है?"

वे अपने व्यवहार में भी उतने ही प्रभावशाली थे, जितने कि अपने सार्वजनिक भाषणों में। उनमें किसी प्रकार की झिझक नहीं थी, और ऐसा मालूम होता था जैसे वे निर्विरोध अपनी पसंदीदा जगह पर अधिकार जमा लेने के आदी हों। वे इतने आत्मविश्वास के साथ घनिष्ठता का दावा करते थे कि यदि कोई उसका विरोध करता, तो दोष उसी का मालूम होता।

मुझे इस बात का भय सताने लगा कि संदीप बाबू कहीं मुझे संकोची, पुराने ख्यालों वाली और मूर्खताओं से भरी कोई अव्यावहारिक सी स्त्री न समझ लें। पर चाहकर भी मैं कोई ऐसी चतुर बात नहीं कह सकी, जिससे उन्हें मोहित कर सकूँ या प्रभावित कर सकूँ। मैं झुंझलाकर सोचने लगी- आखिर मुझे क्या सूझी थी जो मैं उनके सामने इतनी मूर्खतापूर्ण स्थिति में आ गई?

भोज समाप्त होते ही मैं विदा लेने ही वाली थी, किंतु संदीप बाबू पूर्ववत् निर्भीकता के साथ मेरे मार्ग में आ खड़े हुए।

"आपको यह नहीं सोचना चाहिए," उन्होंने कहा, "कि मैं लोभी हूँ। मेरे यहाँ रुकने का कारण भोजन नहीं था, बल्कि आपका निमंत्रण था। अब यदि आप यूँ ही चली जाएँ, तो यह अपने अतिथि के साथ न्याय नहीं होगा।"

यदि उन्होंने ये बातें इतनी सहज लापरवाही के साथ न कही होतीं, तो वे पूरी तरह असंगत लगतीं। परंतु अंततः वे मेरे पति के इतने घनिष्ठ मित्र थे कि मैं उनकी बहन के समान थी।

जब मैं इस घनिष्ठता की ऊँची लहर पर चढ़ने के लिए संघर्ष कर रही थी, तभी मेरे पति ने आगे बढ़कर सहारा दिया और कहा, "आप भोजन करने के बाद हमारे पास लौट क्यों नहीं आतीं?"

"पर आपको वचन देना होगा," संदीप बाबू ने कहा, "तब ही हम आपको जाने देंगे।"

"मैं आऊँगी," मैंने मंद मुस्कान के साथ कहा।

"एक बात कहने दीजिए," संदीप बाबू ने कहना जारी रखा, "मैं आप पर विश्वास क्यों नहीं कर सकता। निखिल की शादी को नौ वर्ष हो चुके हैं, और इन सभी वर्षों में आप मुझसे कतराती रही हैं। यदि आपने अगले नौ वर्षों तक भी ऐसा ही किया, तो फिर हमारी कभी मुलाकात नहीं होगी।"

मैंने उनके शब्दों की भावना को अपनाते हुए धीरे स्वर में उत्तर दिया, "तो भी हम क्यों नहीं मिल सकते?"

"मेरी जन्मपत्री कहती है कि मेरी मृत्यु जल्दी होगी। मेरे किसी पूर्वज ने तीसवां वर्ष पार नहीं किया। मैं अब सत्ताईस वर्ष का हूँ।"

उन्हें पता था कि यह बात असर करेगी। इस बार मेरे धीमे स्वर में निश्चित ही चिंता की एक झलक रही होगी, जब मैंने कहा- "पूरे देश की शुभकामनाएँ नक्षत्रों के अशुभ प्रभाव को अवश्य टाल देंगी।"

"तो फिर देश की शुभकामनाएँ उसकी देवी के मुख से व्यक्त होनी चाहिए। यही कारण है कि मैं चाहता हूँ कि आप लौटें, ताकि मेरा तावीज आज से ही प्रभाव दिखाना प्रारंभ कर दे।"

संदीप बाबू का अंदाज़ ही कुछ ऐसा था कि वे बातों पर ऐसे अधिकार कर लेते थे, और मुझे विरोध करने का अवसर ही नहीं मिला- वो भी ऐसी बातों का, जिन्हें मैं किसी और से कभी स्वीकार नहीं करती।

"तो," उन्होंने हँसते हुए कहा, "मैं आपके इस पति को तब तक बंधक रखूँगा, जब तक आप वापस नहीं लौटतीं।"

जब मैं वहाँ से जा रही थी, तो उन्होंने पुकारा- "क्या एक छोटी-सी असुविधा दे सकता हूँ?"

मैं चौंक गई और पलटकर देखा।

"घबराइए नहीं," उन्होंने कहा। "बस एक गिलास पानी चाहिए। आपने शायद देखा होगा कि मैंने खाने के साथ पानी नहीं पिया था। मैं उसे थोड़ा बाद में पीता हूँ।"

इस पर मुझे दिलचस्पी दिखानी पड़ी और उनसे इसका कारण पूछना पड़ा। वे अपनी अपच की कहानी सुनाने लगे। मुझे बताया गया कि वे सात महीनों से इसके कारण जैसे कष्टों के शिकार रहे हैं। और कैसे अनेक झंझटों से गुजरने के बाद- जिनमें एलोपैथिक और होम्योपैथिक दोनों तरह की असफलताएँ शामिल थीं- उन्हें देशी तरीकों से सबसे चमत्कारी लाभ प्राप्त हुआ।

"क्या आप जानती हैं," उन्होंने मुस्कराते हुए आगे कहा, "ईश्वर ने मेरी दुर्बलताओं को भी कुछ इस प्रकार बनाया है कि वे केवल स्वदेशी गोलियों की बमबारी से ही हार मानती हैं।"

इस पर मेरे पति ने अपनी चुप्पी तोड़ी। "आपको मानना पड़ेगा," उन्होंने कहा, "कि विदेशी दवाइयों के प्रति आपका आकर्षण उतना ही गहरा है, जितना पृथ्वी का उल्काओं के प्रति। आपकी बैठक में तीन शेल्फ पूरी तरह भरी हुई हैं..."

संदीप बाबू बीच में बोल पड़े- "क्या आप जानती हैं, वे क्या हैं? वे दंडात्मक पुलिस हैं। वे इसलिए नहीं आतीं क्योंकि उनकी ज़रूरत होती है, बल्कि इसलिए थोपी जाती हैं क्योंकि आधुनिक युग का शासन उन्हें हम पर थोपता है, जो जुर्माने वसूलती हैं और हानि पहुँचाती हैं।"

मेरे पति अतिशयोक्ति सहन नहीं कर सकते थे, और मैं देख सकती थी कि यह उन्हें पसंद नहीं आया। लेकिन सभी आभूषण अतिशयोक्ति ही होते हैं। उन्हें ईश्वर ने नहीं, मनुष्य ने बनाया है। मुझे याद है, एक बार अपने किसी असत्य की रक्षा करते हुए मैंने अपने पति से कहा था- "केवल पेड़, पशु और पक्षी ही पूर्ण सत्य बोलते हैं, क्योंकि इन बेचारों के पास कल्पना करने की शक्ति नहीं होती। इस मामले में मनुष्य निम्न जीवों पर अपनी

श्रेष्ठता दिखाता है, और स्त्रियाँ पुरुषों से भी आगे निकल जाती हैं। न तो आभूषणों की अधिकता स्त्री के लिए अनुचित है, और न ही असत्य की अधिकता।"

जब मैं अंतःपुर की ओर जाने वाले गलियारे में पहुँची, मैंने अपनी जेठानी को स्वागत कक्षों की ओर खुलने वाली एक खिड़की के पास खड़ी पाया, जो विनीशियन झरोखे से झाँक रही थीं।

"आप यहाँ?" मैंने आश्चर्य से पूछा।

"चुपके से सुन रही थी!" उन्होंने उत्तर दिया।

5

जब मैं लौटी, तो संदीप बाबू नम्रता से क्षमा माँगते नज़र आए। "मुझे डर है कि हमने आपकी भूख खराब कर दी," उन्होंने कहा।

मुझे बहुत शर्म महसूस हुई। वास्तव में, मैंने अत्यंत बेसब्री और अनुपयुक्त ढंग से खाना खा लिया था। थोड़ी-सी गणना से यह स्पष्ट हो जाता कि मेरा न खाना, खाने से कहीं अधिक था। लेकिन मुझे यह आभास तक नहीं था कि कोई जानबूझकर इसका हिसाब भी रख सकता है।

मुझे लगता है, संदीप बाबू ने मेरी शर्मिंदगी भांप ली, जिससे वह और भी बढ़ गई। "मुझे पूरा विश्वास था," उन्होंने कहा, "कि आपके भीतर वन की हिरणी की तरह भाग जाने की प्रवृत्ति थी, लेकिन यह मेरे लिए बड़ा सौभाग्य है कि आपने मुझे दिया हुआ वचन निभाने का कष्ट किया।"

मैं कोई उपयुक्त उत्तर नहीं सोच सकी, और इस कारण संकोच और असहजता के साथ, शर्म से लाल होकर सोफे के एक किनारे बैठ गई। मेरे भीतर जो कल्पना थी- स्वयं को स्त्रीत्व की शक्ति के अवतार के रूप में देखने की, केवल अपनी उपस्थिति से संदीप बाबू को गौरवान्वित करने की, भव्य और निःसंकोच होकर- वह पूरी तरह से विफल हो गई।

संदीप बाबू ने जानबूझकर मेरे पति से एक चर्चा शुरू की। उन्हें पता था कि उनकी तीव्र बुद्धि तर्क-वितर्क में सबसे प्रभावशाली ढंग से चमकती है। मैंने बाद में अक्सर यह देखा कि जब भी मैं उपस्थित होती, वे वाद-विवाद का अवसर कभी नहीं चूकते थे।

उन्हें 'वंदे मातरम्' के आंदोलन को लेकर मेरे पति के विचारों की अच्छी जानकारी थी और उन्होंने उकसाने वाले अंदाज़ में बात शुरू की- "तो आप यह नहीं मानते कि देशभक्ति के कार्यों में कल्पना के लिए कोई स्थान है?"

"इसका अपना स्थान है, संदीप, मैं मानता हूँ, लेकिन मैं इसे संपूर्ण स्थान देने में विश्वास नहीं करता। मैं अपने देश को उसकी सच्ची और स्पष्ट वास्तविकता में जानना चाहता हूँ, और इसके लिए मैं देशभक्ति के सम्मोहनकारी नारों का सहारा लेने से डरता भी हूँ और लज्जित भी होता हूँ।"

"जिन्हें आप सम्मोहनकारी नारे कहते हैं, मैं उन्हें सत्य कहता हूँ। मैं वास्तव में अपने देश को ही अपना ईश्वर मानता हूँ। मैं मानवता की पूजा करता हूँ। ईश्वर स्वयं को मनुष्य में और उसके देश में प्रकट करता है।"

"यदि आप सच में ऐसा मानते हैं, तो आपके लिए मनुष्य और मनुष्य में कोई भेद नहीं होना चाहिए, और इसी तरह देश और देश में भी नहीं।"

"बिलकुल ठीक। लेकिन मेरी शक्तियाँ सीमित हैं, इसलिए मेरी मानवता की पूजा मेरे देश की पूजा के रूप में जारी रहती है।"

"आपकी पूजा से मुझे कोई आपत्ति नहीं, लेकिन आप ईश्वर की पूजा कैसे कर सकते हैं, जबकि आप उन अन्य देशों से घृणा करते हैं, जहाँ वह समान रूप से प्रकट होता है?"

"घृणा भी पूजा का एक अंग है। अर्जुन ने महादेव की कृपा उनसे मल्ल युद्ध करके प्राप्त की थी। यदि हम ईश्वर से युद्ध करने को तैयार हों, तो अंततः वह हमारे साथ होगा।"

"यदि ऐसा है, तो जो लोग देश की सेवा कर रहे हैं और जो उसे हानि पहुँचा रहे हैं- दोनों ही उसके भक्त हैं। फिर देशभक्ति का उपदेश देने का कष्ट क्यों उठाया जाए?"

"अपने देश के मामले में बात अलग है। वहाँ तो हृदय स्वाभाविक रूप से पूजा की मांग करता है।"

"यदि आप इसी तर्क को आगे बढ़ाएँ, तो कह सकते हैं कि चूँकि ईश्वर हममें प्रकट होता है, इसलिए हमें सबसे पहले अपने आप की पूजा करनी चाहिए; क्योंकि हमारी स्वाभाविक प्रवृत्ति यही कहती है।"

"देखो निखिल, ये सब तो केवल शुष्क तर्क हैं। क्या तुम यह नहीं समझते कि भावना नाम की भी कोई चीज़ होती है?"

"मैं तुम्हें सच्चाई बता रहा हूँ, संदीप," मेरे पति ने उत्तर दिया। "जब भी तुम अन्याय को कर्तव्य और अधर्म को नैतिक आदर्श के रूप में प्रस्तुत करते हो, तब मेरी भावनाएँ आहत होती हैं। यह जो मैं चोरी करने में असमर्थ हूँ, इसका कारण मेरी तार्किक क्षमता नहीं, बल्कि अपने प्रति सम्मान की भावना और आदर्शों के प्रति प्रेम है।"

मैं भीतर-ही-भीतर क्रोध से जल रही थी। अंततः मैं और चुप नहीं रह सकी। "क्या हर देश का इतिहास," मैं चिल्लाई, "चाहे वह इंग्लैंड हो, फ्रांस, जर्मनी या रूस-अपने देश के लिए की गई लूट-पाट का इतिहास नहीं है?

"उन्हें इन चुराई गई चीज़ों का उत्तर देना होगा, वे आज भी उसका भुगतान कर रहे हैं, उनका इतिहास अभी समाप्त नहीं हुआ है।"

"कम से कम," संदीप बाबू ने बीच में टोकते हुए कहा, "हम उसी मार्ग पर क्यों न चलें? पहले हम भी अपने देश का ख़ज़ाना लूटी हुई चीज़ों से भर लें, और फिर यदि ज़रूरत पड़े, तो इन अन्य देशों की तरह सदियों में उसका हिसाब दें। लेकिन मैं आपसे पूछता हूँ, इतिहास में आपने यह 'हिसाब देना' कहाँ देखा है?"

"जब रोम अपने पापों का उत्तर दे रहा था, तब किसी को इसका पता नहीं था। उस पूरे समय उसकी समृद्धि की कोई सीमा स्पष्ट नहीं दिखती थी। लेकिन क्या आप एक बात नहीं देख रहे हैं- कैसे उनके ये राजनीतिक थैले झूठ और विश्वासघात से फटे जा रहे हैं, और अपने ही भार तले उनकी कमर टूट रही है?"

पहले मुझे कभी यह अवसर नहीं मिला था कि मैं अपने पति और उनके पुरुष मित्रों के बीच किसी चर्चा में उपस्थित रह सकूँ। जब भी वे मुझसे तर्क करते थे, मैं महसूस कर सकती थी कि वे मुझे किसी कोने में धकेलने से संकोच करते थे। यह संकोच उनके मेरे प्रति प्रेम से ही उपजा था। आज पहली बार मैंने तर्क-वितर्क में उनकी तलवारबाज़ी जैसी कुशलता देखी।

फिर भी, मेरा हृदय मेरे पति की बात को स्वीकार करने से मना कर रहा था। मैं किसी उत्तर की तलाश में संघर्ष कर रही थी, लेकिन वह नहीं मिल रहा था। जब किसी तर्क में "धर्म" का शब्द आ जाता है, तो यह कहना असंगत लगता है कि कोई चीज़ इतनी अच्छी हो सकती है कि उपयोगी न रह जाए।

अचानक संदीप बाबू मेरी ओर मुड़े और प्रश्न किया- "आप इस बारे में क्या कहती हैं?"

"मुझे सूक्ष्म भेदभावों की परवाह नहीं," मैं फट पड़ी। "मैं आपको साफ-साफ बता दूँ कि मैं क्या महसूस करती हूँ। मैं सिर्फ़ एक इंसान हूँ। मैं लोभी हूँ। मैं अपने देश के लिए अच्छी चीज़ें चाहती हूँ। अगर आवश्यकता पड़ी, तो मैं उन्हें छीन भी लूँगी और चुरा भी लूँगी। मुझमें क्रोध है। मैं अपने देश के लिए क्रोधित हो सकती हूँ। यदि आवश्यकता पड़ी, तो मैं उसके अपमान का बदला लेने के लिए प्रहार भी करूँगी और वध भी। मुझमें मोहित होने की इच्छा है, और यह मोह मेरे देश को किसी मूर्त रूप में मुझे देना होगा। उसमें कोई दृश्यमान प्रतीक अवश्य होना चाहिए, जो मेरे मन पर जादू कर सके। मैं अपने देश को एक व्यक्तित्व प्रदान करूँगी, और उसे माँ, देवी, दुर्गा कहकर पुकारूँगी- जिसके लिए मैं धरती को बलिदान के रक्त से लाल कर दूँगी। मैं मनुष्य हूँ, कोई देवी नहीं।"

संदीप बाबू उछलकर खड़े हो गए, हाथ ऊपर उठाकर और जोर से चिल्लाए, "हुर्रे!" -अगले ही पल उन्होंने स्वयं को ठीक किया और पुकार उठे, "वंदे मातरम्!"

मेरे पति के चेहरे पर एक पीड़ा की छाया सी गुजर गई। उन्होंने बहुत ही कोमल स्वर में मुझसे कहा, "मैं भी कोई देवता नहीं हूँ- मैं भी मनुष्य हूँ। और इसी कारण मैं अपने भीतर मौजूद बुराई को बढ़ा-चढ़ाकर अपने देश की छवि के रूप में गढ़ने की अनुमति नहीं दे सकता- कभी नहीं, कभी भी नहीं!"

संदीप बाबू जोर से बोल पड़े- "देखो निखिल, एक स्त्री के हृदय में सत्य कैसे मांस और रक्त का रूप ले लेता है। स्त्री निष्ठुर होना जानती है- उसकी प्रचंडता एक अंधी आँधी की तरह होती है। वह भयावह होते हुए भी सुंदर होती है। पुरुष में वही बात कुरूप हो जाती है, क्योंकि उसके भीतर तर्क और सोच के कुतरते कीड़े बसे होते हैं। मैं तुम्हें बताता हूँ, निखिल- हमारे देश को हमारी स्त्रियाँ ही बचाएँगी। यह नैतिक संकोचों का समय नहीं है। हमें बिना डगमगाए, बिना तर्क के निर्मम बनना होगा। हमें पाप करना होगा। हमें अपनी स्त्रियों को लाल चंदन देना होगा, जिससे वे हमारे पाप का अभिषेक करें और उसे सिंहासन पर बिठाएँ। क्या तुम्हें याद नहीं कि कवि क्या कहता है-

आओ, पाप, हे सुंदर पाप,
तेरे चुभते हुए लाल चुम्बन हमारी रगों में जलती हुई लाल शराब भर दें,
अहंकारी बुराई का बिगुल बजा दें,

और हमारे माथे पर उल्लासपूर्ण उच्छृंखलता की माला पहना दें,
हे अपवित्रता की देवी!
हमारे सीने पर बदनामी का सबसे काला कीचड़ बिना शर्म के पोत दें।

ध्वस्त हो जाए वह धार्मिकता, जो हँसते हुए विनाश और सर्वनाश नहीं कर सकती।"

एक क्षणिक आवेग में, जब संदीप बाबू ने सिर ऊँचा किया, उन सभी मूल्यों का अपमान कर दिया जिन्हें सभी देशों और सभी युगों में मनुष्यों ने सर्वोच्च माना है, तो एक सिहरन मेरे पूरे शरीर में दौड़ गई।

लेकिन, ज़मीन पर पाँव पटकते हुए, उन्होंने अपना घोषणापूर्ण भाषण जारी रखा- "मैं देख सकता हूँ कि आप वही अग्नि की सुंदर आत्मा हैं, जो घर को राख कर देती हैं और अपनी ज्वाला से व्यापक संसार को प्रकाशमान करती हैं। हमें वह अडिग साहस प्रदान कीजिए, जिससे हम स्वयं विनाश की गहराइयों तक जा सकें। जो कुछ भी विनाशकारी है, उसे भी अपनी कृपा से सुशोभित कर दीजिए।"

यह स्पष्ट नहीं था कि संदीप बाबू ने अपनी अंतिम प्रार्थना किससे की थी। हो सकता है वह वही हों, जिनकी वह "वंदे मातरम्" के साथ पूजा करते थे। यह उनके देश का नारीत्व भी हो सकता था। या फिर वह स्त्री, जो उनके सामने थी- उस देश का प्रतिनिधित्व करती हुई। वह इसी लहजे में और आगे बढ़ते, लेकिन मेरे पति अचानक उठे और उनके कंधे पर हल्का-सा हाथ रखकर बोले- "संदीप, चंद्रनाथ बाबू आए हैं।"

मैं चौंकी और पलटी, तो देखा कि दरवाजे पर एक वृद्ध सज्जन खड़े थे- शांत और गरिमामय- इस उलझन में कि भीतर आएं या लौट जाएं। उनके चेहरे पर डूबते सूर्य की कोमल आभा झलक रही थी।

मेरे पति मेरे पास आए और धीरे से बोले, "यह मेरे गुरु हैं, जिनके बारे में मैं तुमसे अक्सर कहा करता था। इन्हें प्रणाम करो।"

मैं श्रद्धापूर्वक झुकी और उनके चरणों की धूल ली। उन्होंने मुझे आशीर्वाद प्रदान किया और कहा, "ईश्वर सदा तुम्हारी रक्षा करें, मेरी छोटी माता।" उस क्षण मुझे सचमुच ऐसे ही आशीर्वाद की आवश्यकता थी।

निखिल की कहानी

1

एक समय मुझे यह विश्वास था कि मैं ईश्वर की ओर से आने वाली हर विषम परिस्थिति को सह सकूँगा। उस विश्वास की परीक्षा कभी नहीं हुई। अब मुझे लगता है, वह घड़ी आ गई है।

मैं अपनी मानसिक दृढ़ता को परखने के लिए उन सभी संभावित विपत्तियों की कल्पना किया करता था- गरीबी, कारावास, अपमान, मृत्यु- यहाँ तक कि बिमला की मृत्यु तक की। और जब मैं स्वयं से कहता कि मैं इन सबको दृढ़ता से सह सकूँगा, तो मुझे विश्वास होता कि मैं कोई अतिशयोक्ति नहीं कर रहा हूँ। लेकिन एक बात थी, जिसकी कल्पना भी मैं कभी नहीं कर सका, और आज वही बात मेरे मन में है- मैं सोच रहा हूँ, क्या मैं सच में उसे सह पाने में सक्षम हूँ? कोई काँटा है, जो मेरे हृदय में कहीं चुभा हुआ है, जो मेरे प्रतिदिन के काम करते हुए भी लगातार पीड़ा देता रहता है। ऐसा लगता है जैसे यह पीड़ा मेरी नींद में भी बनी रहती है। सुबह जब मैं आँखें खोलता हूँ, तो पाता हूँ कि आकाश के चेहरे से मानो सारी चमक चली गई हो। यह क्या है? क्या घट गया है?

मेरा मन इतना संवेदनशील हो गया है कि मेरा अतीत, जो कभी सुख के वेश में मेरे पास आया था, अब अपनी असत्यता के कारण मेरे हृदय को मरोड़ता मालूम होता है। और जो लज्जा और पीड़ा मेरे समीप आ रही हैं, वे अपनी निजता की परत खोती जा रही हैं- और भी अधिक इसलिए, क्योंकि वे अपने चेहरे छिपाने का प्रयास कर रही हैं। मेरा हृदय जैसे पूरी तरह आँखें बन गया है। जो दृश्य नहीं देखे जाने चाहिए, जिन्हें मैं देखना नहीं चाहता- उन्हें भी अब मुझे देखना पड़ रहा है।

वह दिन अंततः आ ही गया है, जब मेरे अशुभ जीवन को अपनी दरिद्रता को एक लंबी श्रृंखला में अनावृत्त करना पड़ रहा है। यह घोर अभाव, जो पूर्णतः अकल्पनीय था, अब उस हृदय में स्थान पा चुका है जहाँ कभी पूर्णता का राज्य लगता था। जो मूल्य मैंने मात्र नौ वर्षों की युवावस्था में भ्रम को चुकाया था, अब उसे मूल सहित ब्याज के रूप में सत्य को अपने शेष जीवन भर लौटाना होगा।

अपने अभिमान को बनाए रखने के लिए प्रयास करने का क्या अर्थ है? यदि मैं स्वीकार कर लूँ कि मुझमें कुछ कमी है, तो उसमें हानि ही क्या है? संभवतः वही अविवेकपूर्ण दृढ़ता है, जिसे स्त्रियाँ पुरुषों में देखना चाहती हैं। पर क्या शक्ति केवल बाहुबल के प्रदर्शन का नाम है? क्या शक्ति का अर्थ यह है कि वह निर्बलों को रौंदते समय कोई संकोच न करे?

लेकिन इन सभी तर्कों का क्या प्रयोजन? केवल तर्क-वितर्क करके योग्यता प्राप्त नहीं की जा सकती। और मैं अयोग्य हूँ, अयोग्य हूँ, अयोग्य हूँ।

यदि मैं अयोग्य हूँ, तो क्या हुआ? प्रेम का सच्चा मूल्य यही है कि वह अयोग्य को भी अपने उदार भाव से आशीर्वादित कर सकता है। योग्य के लिए ईश्वर की इस धरती पर अनेक पुरस्कार हैं, पर प्रेम को ईश्वर ने विशेष रूप से अयोग्य के लिए सुरक्षित रखा है।

अब तक बिमला केवल मेरे घर की बिमला थी- सीमित दायरे और छोटे-छोटे घरेलू कर्तव्यों की दिनचर्या की उपज। मैंने स्वयं से पूछा, क्या जो प्रेम, मुझे उससे मिला है, वह वास्तव में उसके हृदय के गहरे स्रोत से निकला था, या वह केवल समाज रूपी नगरपालिका के भाप-इंजन द्वारा ऊपर खींचे गए नल के पानी की तरह, एक नियमित व्यवस्था मात्र था?

मैं चाहता था कि बिमला अपनी संपूर्ण सच्चाई और सामर्थ्य के साथ पूर्ण रूप से खिल उठे। लेकिन जिस बात का अनुमान लगाना मैं भूल गया था, वह यह कि यदि किसी व्यक्ति को उसकी सच्चाई में स्वतंत्र रूप से प्रकट होते देखना हो, तो पारंपरिक अधिकारों पर आधारित सभी दावों का परित्याग करना आवश्यक है।

मैं ऐसा क्यों नहीं सोच सका? क्या यह पति के अपनी पत्नी पर स्वामित्व के अभिमान के कारण था? नहीं, इसका कारण यह था कि मैंने प्रेम पर संपूर्ण विश्वास किया था। मैं इतना आत्ममुग्ध था कि यह सोच बैठा कि मुझमें इतना सामर्थ्य है कि मैं सच्चाई को उसके नग्न और भयानक रूप में सह सकूँ। यह ईश्वर को ललकारने जैसा था, फिर भी मैं इस गर्वपूर्ण संकल्प से चिपका रहा कि मैं इस परीक्षा में विजयी होकर निकलूँगा।

बिमला एक बात में मुझे समझ नहीं पाई- वह यह नहीं समझ सकी कि मैं हर प्रकार के बल-प्रयोग को दुर्बलता मानता हूँ। केवल दुर्बल ही न्याय करने का साहस नहीं करते; वे निष्पक्षता की ज़िम्मेदारी से कतराते हैं और अन्याय के रास्ते से शीघ्र परिणाम प्राप्त करना चाहते हैं। बिमला को धैर्य के

साथ धैर्य नहीं है। वह पुरुषों में उथल-पुथल, क्रोध और अन्याय देखना पसंद करती है। उसके सम्मान में भय का एक अंश अनिवार्य है।

मुझे आशा थी कि जब बिमला स्वयं को बाहरी दुनिया में स्वतंत्र पाएगी, तो वह अत्याचार के प्रति अपने मोह से मुक्त हो जाएगी। लेकिन अब मैं आश्वस्त हो गया हूँ कि यह मोह उसकी प्रकृति की गहराई में रचा-बसा है। उसे उग्र और प्रचंड स्वभाव वाले व्यक्तियों में ही आकर्षण प्रतीत होता है। जीवन के साधारण स्वाद को भी अनुभव करने के लिए उसकी जीभ की नोक से लेकर पेट की गहराई तक मिर्च-सी जलन आवश्यक है। पर मेरा यह दृढ़ निश्चय था कि मैं कभी भी उत्तेजना की तीव्रता से उन्मत्त होकर अपने कर्तव्य का पालन नहीं करूँगा। मैं जानता हूँ, बिमला मेरी इस संयमित प्रवृत्ति के कारण मुझे सम्मान की दृष्टि से नहीं देख पाती- वह मेरे विवेक को मेरी दुर्बलता समझती है। और वह इस बात से भी मुझसे रुष्ट है कि मैं "वंदे मातरम्" का उद्‌गार करते हुए उन्माद में नहीं दौड़ रहा हूँ।

वास्तविकता यह है कि मैं अपने देशवासियों के बीच इसलिए अलोकप्रिय हो गया हूँ क्योंकि मैंने उनके उन्माद में सम्मिलित होना स्वीकार नहीं किया। उन्हें पूरा विश्वास है कि या तो मुझे किसी उपाधि की लालसा है, या फिर मैं पुलिस से भयभीत हूँ। उधर, पुलिस को यह संदेह है कि मेरी इस विनम्रता के पीछे कोई गुप्त योजना छिपी है, और मैं अत्यधिक शालीनता से प्रतिवाद कर रहा हूँ।

लेकिन मेरा सच्चा अनुभव यह है कि जो लोग अपने देश को उसकी यथार्थ स्थिति में जानकर भी उत्साहित नहीं हो सकते, या जो केवल इसलिए मनुष्यों से प्रेम नहीं कर सकते कि वे मनुष्य हैं- जिन्हें अपनी उत्तेजना बनाए रखने के लिए देश को देवता बनाकर उसकी स्तुति करनी पड़ती है- ऐसे लोग देश से अधिक अपनी उत्तेजना को प्रेम करते हैं।

सत्य के स्थान पर अपने मोह को उच्चतर मान देने का प्रयास करना, हमारी अंतर्निहित मानसिक दासता का प्रतीक है। जहाँ हमारा मन स्वतंत्र होता है, वहीं हम स्वयं को खोया हुआ महसूस करते हैं। हमारी मरी हुई चेतना को गति देने के लिए या तो किसी कल्पना, किसी सत्ताधारी व्यक्ति, या किसी पंडित की स्वीकृति का सहारा चाहिए होता है। जब तक हम सत्य के प्रति असंवेदनशील हैं और केवल किसी सम्मोहक उत्तेजना से ही संचालित होते हैं, तब तक यह मान लेना चाहिए कि हम आत्म-शासन के योग्य नहीं हैं। हमारी

स्थिति चाहे जैसी भी हो, हमें या तो किसी काल्पनिक भूत की आवश्यकता होगी या किसी वास्तविक ओझा की- जो हमें भयभीत करके नियंत्रित करे।

कुछ दिन पहले, जब संदीप ने मुझ पर कल्पनाशक्ति की कमी का आरोप लगाया- यह कहते हुए कि इसी कारण मैं अपने देश को किसी दृश्य रूप में नहीं देख सकता- तो बिमला ने उसका समर्थन किया। मैंने अपने पक्ष में कुछ नहीं कहा, क्योंकि तर्क में विजय प्राप्त करने से सुख नहीं मिलता। उसका यह मतभेद बुद्धि की असमानता के कारण नहीं, बल्कि स्वभाव की भिन्नता के कारण है।

वे मुझे कल्पनाहीन कहते हैं- अर्थात् उनके अनुसार, मेरे दीपक में तेल तो है, पर उसमें लौ नहीं है। लेकिन यही आरोप मैं भी उन पर लगाता हूँ। मैं उनसे कहना चाहूँगा- "तुम भी अंधकार में हो, जैसे चकमक पत्थर होता है। तुम्हें चिंगारियाँ निकालने के लिए हिंसक टकराव और शोरगुल की आवश्यकता होती है। किंतु तुम्हारी वे बिखरी हुई चमकदार चिंगारियाँ केवल तुम्हारे अहंकार को पोषित करती हैं, तुम्हारी दृष्टि को स्पष्ट नहीं करतीं।"

मैं कुछ समय से देख रहा हूँ कि संदीप में गहरी लोभ की प्रवृत्ति है। उसकी भौतिक प्रवृत्तियाँ उसे धर्म के प्रति भ्रमित करती हैं और उसकी देशभक्ति को एक तरह की अत्याचारी भावना में बदल देती हैं। उसकी बुद्धि तीव्र है, पर स्वभाव रूखा और असंवेदनशील है, इसीलिए वह अपनी स्वार्थपूर्ण इच्छाओं को ऊँचे और प्रभावशाली शब्दों में छिपाकर महिमामंडित करता है। घृणा के सस्ते दिलासे उसके लिए उतने ही आवश्यक हैं, जितनी उसकी इंद्रियों की तृप्ति। बीते दिनों में बिमला ने कई बार मुझे उसके धन के प्रति लोभ के बारे में सतर्क किया था। मैं यह समझता था, लेकिन स्वयं को इस स्थिति में नहीं ला सका कि संदीप से किसी प्रकार का प्रत्यक्ष मोलभाव करूँ। यहाँ तक कि यह स्वीकार करना भी मेरे लिए शर्मनाक था कि वह मुझसे लाभ उठाने का प्रयास कर रहा है।

आज बिमला को यह समझाना सहज नहीं होगा कि संदीप की देशभक्ति, वास्तव में, उसके स्वार्थपूर्ण आत्म-प्रेम का ही एक और रूप है। बिमला द्वारा संदीप की नायक-पूजा मुझे उसके विषय में कुछ कहने से और भी अधिक संकोच में डाल देती है- कहीं ईर्ष्या की कोई हल्की सी छाया मुझे अनजाने में ही अतिशयोक्ति की ओर न ले जाए। यह भी संभव है कि मेरे हृदय की पीड़ा ही मुझे संदीप की विकृत छवि दिखा रही हो। फिर भी, शायद यह अधिक

उचित होगा कि मैं अपने मन की बात स्पष्ट रूप से कह दूँ, बजाय इसके कि मेरी भावनाएँ भीतर ही भीतर मुझे कचोटती रहें।

2

मैं अपने गुरु को पिछले तीस वर्षों से जानता हूँ। न तो निंदा, न कोई विपत्ति, और न ही स्वयं मृत्यु- इनमें से कोई भी उन्हें भयभीत नहीं कर सकती। हमारे इस पारंपरिक परिवार में जन्म लेने के कारण, मुझे कोई चीज़ नहीं बचा सकती थी, सिवाय इसके कि उन्होंने अपने जीवन को अपनी शांति, सत्य और आध्यात्मिक दृष्टि सहित मेरे जीवन के केंद्र में स्थापित कर दिया- और इसी कारण मेरे लिए सच्ची अच्छाई को उसकी वास्तविकता में पहचान पाना संभव हो सका।

उस दिन मेरे गुरु मेरे पास आए और बोले, "क्या संदीप को अब और यहाँ रोकना आवश्यक है?"

उनका स्वभाव बुरे संकेतों के प्रति अत्यंत संवेदनशील था, इसलिए उन्होंने तुरंत ही स्थिति को समझ लिया। वे सामान्यतः जल्दी विचलित नहीं होते, लेकिन उस दिन उन्होंने आने वाले संकट की गहरी छाया को स्पष्ट रूप से अनुभव किया। क्या मैं नहीं जानता कि वह मुझसे कितनी गहराई से प्रेम करते हैं?

चाय के समय मैंने संदीप से कहा, "अभी-अभी मुझे रंगपुर से एक पत्र मिला है। वहाँ के लोग शिकायत कर रहे हैं कि मैं स्वार्थवश आपको यहाँ रोके हुए हूँ। आप वहाँ कब जा रहे हैं?"

बिमला चाय डाल रही थी। उसका चेहरा तुरंत उतर गया। उसने संदीप की ओर बस एक प्रश्न भरी दृष्टि डाली।

संदीप ने कहा, "मैं सोच रहा हूँ कि यहाँ-वहाँ भटकना ऊर्जा की भारी बर्बादी है। मुझे लगता है कि यदि मैं किसी केंद्र से काम कर सकूँ, तो अधिक स्थायी परिणाम प्राप्त कर सकता हूँ।"

यह कहते हुए उसने बिमला की ओर देखा और पूछा, "क्या तुम भी ऐसा नहीं सोचती?"

बिमला ने उत्तर देने में थोड़ा संकोच किया, फिर कहा, "दोनों मार्ग अच्छे लगते हैं- एक केंद्र से काम करना भी, और इधर-उधर जाकर कार्य करना भी। जो मार्ग तुम्हें अधिक संतोष दे, वही तुम्हारे लिए उचित है।"

"तो फिर मुझे अपनी बात स्पष्ट कहने दो," संदीप ने कहा। "मुझे आज तक कोई एक स्रोत ऐसा नहीं मिला, जिससे मुझे पूर्ण प्रेरणा मिल सके। इसी कारण मैं निरंतर यहाँ-वहाँ घूमता रहा हूँ, लोगों में उत्साह जगाते हुए, और उसी उत्साह से मैं अपनी ऊर्जा प्राप्त करता रहा हूँ। आज तुमने मुझे मेरे देश का संदेश दिया है। ऐसा ज्वाला समान उत्साह मैंने किसी पुरुष में भी नहीं देखा। अब मैं अपने देश में उत्साह की यह अग्नि तुमसे उधार लेकर फैला सकूँगा। नहीं, संकोच मत करो। तुम संकोच और झिझक से कहीं ऊपर हो। तुम हमारे छत्ते की रानी-बिमला हो, और हम श्रमिक तुम्हारे चारों ओर एकत्र होंगे। तुम हमारा केंद्र बनोगी, हमारी प्रेरणा बनोगी।"

बिमला लज्जा से भरे गर्व के कारण पूरे चेहरे तक लाल हो उठी, और जब वह चाय डाल रही थी, तो उसका हाथ काँप गया।

कुछ दिन बाद मेरे गुरु मेरे पास आए और बोले, "तुम दोनों दार्जिलिंग क्यों नहीं चले जाते? थोड़ा परिवर्तन हो जाएगा। तुम्हारी तबीयत ठीक नहीं लग रही है। क्या तुम्हें भरपूर नींद मिल रही है?"

शाम को मैंने बिमला से पूछा कि क्या वह पहाड़ों की सैर पर जाना चाहेगी। मुझे पता था कि वह हिमालय देखने की गहरी इच्छा रखती है। लेकिन उसने मना कर दिया... शायद देश की सेवा के कारण!

मुझे अपना विश्वास नहीं खोना चाहिए- मैं प्रतीक्षा करूँगा। संकीर्ण जीवन से व्यापक संसार की ओर जाने का मार्ग सदैव तूफानी होता है। जब वह इस स्वतंत्रता से परिचित हो जाएगी, तभी मुझे यह जानने को मिलेगा कि मेरा स्थान कहाँ है। यदि मैं यह देखूँ कि मैं बाहरी संसार की नई व्यवस्था में स्वयं को नहीं ढाल सकता, तो मैं अपने भाग्य से संघर्ष नहीं करूँगा- निःशब्द भाव से विदा ले लूँगा...बल का प्रयोग करूँ? लेकिन क्यों? क्या बल कभी सत्य पर विजयी हो सकता है?

संदीप की कहानी

1

असहाय व्यक्ति कहता है, "जो कुछ मेरे हिस्से में आया है, वही मेरा है।" और दुर्बल व्यक्ति चुपचाप उसकी हाँ में हाँ मिलाता है। लेकिन संसार का सत्य यही

है- "वही वास्तव में मेरा है, जिसे मैं छीनकर ले सकता हूँ।" मेरा देश केवल इसलिए मेरा नहीं हो जाता कि मेरा जन्म वहाँ हुआ है। वह मेरा तब होता है, जब मैं उसे बलपूर्वक प्राप्त करने की शक्ति रखता हूँ।

हर मनुष्य को प्राप्त करने का एक स्वाभाविक अधिकार है, और इसी कारण लोभ भी प्रकृति-सम्मत है। प्रकृति की बुद्धिमत्ता यह नहीं सिखाती कि हम वंचित रहकर भी संतुष्ट रहें। जिसकी लालसा मेरा मन करता है, उसे मेरा परिवेश मुझे उपलब्ध कराए- यही इस संसार में हमारी आंतरिक और बाह्य प्रकृति के बीच का सच्चा संबंध है। नैतिक आदर्शों को उन दुर्बल और क्षीण इच्छाओं वाले प्राणियों के लिए रहने देना चाहिए, जिनकी पकड़ जीवन पर कमज़ोर होती है। जो व्यक्ति संपूर्ण आत्मा से इच्छा करता है और पूर्ण हृदय से उसका आनंद लेता है- जिसे न कोई झिझक है, न कोई संकोच- वही विधि के सच्चे अभिषिक्त होते हैं। प्रकृति अपने वैभव और सबसे मनोहर रत्न ऐसे ही लोगों के लिए सजाती है। वे नदियाँ पार करते हैं, दीवारें लाँघते हैं, द्वारों को लात मारकर खोलते हैं- जो कुछ भी लेने योग्य है, उसे छीनने के लिए आगे बढ़ते हैं। ऐसी प्राप्ति में ही सच्चा आनंद है; इस प्रकार छीनकर लेना ही उस वस्तु को वास्तविक मूल्य प्रदान करता है।

प्रकृति स्वयं को समर्पित करती है, लेकिन केवल उसी के आगे, जो उसे लूट लेने का साहस रखता है। क्योंकि उसे इसी प्रबल इच्छा में, इसी बलपूर्वक हरण में आनंद आता है। और इसलिए वह अपनी स्वीकृति की माला उस तपस्वी के सूखे, कंकाल जैसे गले में नहीं डालती। विवाह के मंगल गीत बज उठे हैं। मैं इस विवाह का अवसर हाथ से नहीं जाने देना चाहता। इसलिए मेरा हृदय उत्सुक है। क्योंकि, दूल्हा कौन है? वह मैं हूँ। दूल्हे का स्थान उसी का होता है, जो समय रहते हाथ में मशाल लिए पहुँच सके। प्रकृति के इस वैवाहिक मंडप में दूल्हा अनपेक्षित आता है, बिना निमंत्रण के।

शर्मिंदा? नहीं, मैं कभी शर्मिंदा नहीं होता! मैं जो चाहता हूँ, उसे माँगता हूँ- और हर बार माँगने से पहले रुकता भी नहीं, कभी-कभी तो सीधे ले ही लेता हूँ। जो लोग अपनी ही झिझक के कारण वंचित रह जाते हैं, वे अपनी इस कमी को 'विनम्रता' का नाम देकर उसे सजाते हैं। जिस दुनिया में हम जन्म लेते हैं, वह वास्तविकता की दुनिया है। जब कोई व्यक्ति असली चीज़ों के बाजार से खाली हाथ और भूखे पेट लौटता है, और केवल बड़ी-बड़ी गूंजती हुई बातों से ही अपनी झोली भरता है, तो मैं हैरान होता हूँ कि वह फिर इस

कठोर संसार में आया ही क्यों था। क्या इन लोगों को धर्म के आनंदप्रियों से कोई ज़िम्मेदारी मिली थी, कि वे उस सुख-बगिया में मधुर, धर्मोपदेशों की रटी-रटाई धुनें बजाएँ, जहाँ केवल खोखले सपनों के फूल ही खिला करते हैं? न तो मैं उन धुनों में कोई आकर्षण पाता हूँ, और न ही उन सपनों के फूलों में मुझे कोई पोषण ही मिलता है।

जिसे मैं चाहता हूँ, उसे पूरे जोर से, पूरी तीव्रता और उत्कटता से चाहता हूँ। मैं उसे अपने दोनों हाथों और दोनों पैरों से मसलना चाहता हूँ। मैं उसे अपने पूरे शरीर पर लपेट लेना चाहता हूँ। मैं उस सुख से स्वयं को पूरी तरह तृप्त कर लेना चाहता हूँ। उन लोगों की मद्धम, कराहती धुनें, जो नैतिक उपवास करते-करते स्वयं को थका चुके हैं, यहाँ तक कि वे भूख से सूखकर ऐसे दुर्बल और पीले पड़ गए हैं जैसे कोई भूखे कीड़े, जो किसी बहुत पुराने, वीरान बिस्तर में पल रहे हों, उनकी वह बेसुरी धुन मेरे कानों तक कभी नहीं पहुँचेगी।

मैं कुछ नहीं छिपाऊँगा, क्योंकि छिपाना कायरता है। लेकिन अगर मैं वहाँ भी न छुपा सका, जहाँ छुपाना ज़रूरी था- तो वह भी कायरता ही है। तुम अपनी चाहत में दीवारें खड़ी करते हो, और मैं अपनी चाहत में उन दीवारों को तोड़ता हूँ। तुम अपनी ताकत का सहारा लेते हो, और मैं अपनी चालाकी का। यही है जीवन का यथार्थ। इन्हीं के बल पर टिके रहते हैं राज्य, साम्राज्य, और मनुष्यता के सारे बड़े-बड़े काम।

रही बात उन अवतारों की, जो अपने स्वर्ग से उतरकर हमारे बीच आते हैं और हमसे किसी पवित्र भाषा में बातें करते हैं- उनकी बातें सच नहीं होतीं। इसलिए चाहे उन्हें जितनी भी सराहना क्यों न मिल जाए, उनके ये उपदेश बस कमज़ोर दिलों के किसी कोने में ही छुपकर बैठ जाते हैं।

वे लोग उन्हें तुच्छ समझते हैं, जो वास्तव में शक्तिशाली हैं- इस संसार के शासक। जिन्होंने इस सच को देखने का साहस किया, वही सफलता के अधिकारी बने। लेकिन वे बेचारे दुर्बल लोग, जिन्हें एक ओर प्रकृति अपनी ओर खींचती है और दूसरी ओर ये अवतार बहकाते हैं, वे एक पाँव यथार्थ की नाव में रखते हैं और दूसरा माया की नाव में। और इसी कारण वे ऐसी दयनीय स्थिति में पड़े रहते हैं, जहाँ न तो वे आगे बढ़ पाते हैं, न ही अपनी जगह पर टिक पाते हैं।

कई लोग ऐसे होते हैं, जिन्हें देखकर लगता है कि वे बस मरने के जुनून के साथ ही जन्मे हैं। शायद जीवन में इस धीमे-धीमे मरते रहने में भी कोई

सौंदर्य होता है- जैसे डूबते सूरज का सौंदर्य, जो उन्हें मोहित करता है। निखिल भी ऐसा ही जीवन जी रहा है- अगर इसे जीवन कहा जा सके। सालों पहले, इसी बात पर मेरी उससे बड़ी बहस हुई थी।

"यह सही है," उसने कहा, "कि बल के बिना कुछ भी नहीं पाया जा सकता। लेकिन यह बल है क्या? और इसे पाना ही क्यों है? जिस शक्ति में मैं विश्वास करता हूँ, वह त्याग की शक्ति है।"

"तो तुम," मैंने विस्मय से कहा, "दिवालियापन के गौरव पर मोहित हो।"

"उतनी ही बेताबी से, जितनी बेताबी से चूजा अपने खोल के फूटने पर मोहित होता है," उसने उत्तर दिया। "खोल बिलकुल वास्तविक होता है, फिर भी उसे छोड़ दिया जाता है, केवल छू न सकने वाले प्रकाश और हवा के बदले। एक बेकार सौदा, शायद तुम इसे यही कहोगे?"

एक बार जब निखिल रूपकों पर आ जाता है, तब उसे यह समझाना नामुमकिन हो जाता है कि वह केवल शब्दों से खेल रहा है, हकीकत से नहीं। ठीक है, रहने दो, वह अपने रूपकों के साथ ही खुश रहे। हम इस दुनिया के मांसाहारी लोग हैं; हमारे पास दाँत हैं, नाखून हैं; हम पीछा करते हैं, झपटते हैं, और चीर डालते हैं। हम सुबह खाई गई घास से शाम तक जुगाली करके संतुष्ट नहीं होते। वैसे भी, हम तुम्हारे रूपक गढ़ने वालों को अपने जीवन के साधनों का रास्ता रोकने नहीं देंगे। ऐसे में हम बस चोरी या डकैती कर लेंगे, क्योंकि हमें तो जीना ही है।

लोग कहेंगे कि मैं कोई नया सिद्धांत गढ़ रहा हूँ, केवल इसलिए क्योंकि इस दुनिया में जो लोग जी रहे हैं, वे कुछ और बोलते हैं, जबकि असल में हर समय उसी के अनुसार व्यवहार करते हैं। इसलिए वे यह नहीं समझ पाते, जैसा कि मैं समझता हूँ, कि यही एकमात्र कारगर नैतिक सिद्धांत है। असल में, मैं जानता हूँ कि मेरा विचार कोई खोखला सिद्धांत नहीं है, क्योंकि इसे व्यावहारिक जीवन में सिद्ध किया जा चुका है। मैंने पाया है कि मेरा तरीका हमेशा औरतों के दिल जीत लेता है, जो इस यथार्थ की दुनिया की संतान हैं और पुरुषों की तरह कल्पनाओं से भरे गुब्बारों में उड़ते हुए बादलों की दुनिया में नहीं भटकतीं।

औरतें मेरे रूप, मेरे स्वभाव, मेरी चाल, मेरी वाणी में एक विजयी, प्रबल उत्कटता महसूस करती हैं- ऐसी उत्कटता नहीं, जो तपस्या की तपिश में

सूखकर निस्तेज हो गई हो, और न ही ऐसी उत्कटता, जो हर कदम पर संशय और विवाद में उलझकर पीछे हट जाती हो, बल्कि वह उत्कटता जो पूरी तरह सजीव और प्रवाहित है। वह बाढ़ की तरह गरजती और बहती है, यह पुकारते हुए- "मुझे चाहिए, मुझे चाहिए, मुझे चाहिए।" औरतें अपने हृदय की गहराइयों में महसूस करती हैं कि यह अदम्य उत्कटता ही संसार का जीवन-स्रोत है, जो अपने सिवा किसी भी नियम को नहीं मानती, और इसी कारण विजयी रहती है। इसी कारण वे बार-बार स्वयं को मेरी इस उत्कटता की बाढ़ में बहा देती हैं, बिलकुल परवाह किए बिना कि यह उन्हें जीवन की ओर ले जाएगी या मृत्यु की ओर। यह शक्ति, जो इन औरतों को जीत लेती है, महान पुरुषों की शक्ति है, वही शक्ति, जो इस यथार्थ की दुनिया को जीतती है।

जो लोग किसी और दुनिया को अधिक चाहने योग्य मानते हैं, वे केवल अपनी इच्छाओं को धरती से उठाकर आकाश में पहुँचा देते हैं। यह देखना बाकी है कि उनकी यह उफ़नती हुई धार कितनी ऊँचाई तक जाएगी और कितनी देर तक टिकेगी। लेकिन इतना तो निश्चित है : औरतों का सृजन इन निस्तेज प्राणियों के लिए नहीं हुआ- इन आदर्शवाद के सपनों में डूबे कमलभक्षियों के लिए नहीं हुआ।

"संबंध!" जब मेरी आवश्यकता पड़ी, तब मैंने अक्सर कहा है कि ईश्वर ने विशेष पुरुषों और स्त्रियों के जोड़े बनाए हैं, और ऐसे जोड़ों का मिलन ही एकमात्र वैध मिलन है, जो कानून द्वारा बनाए गए सभी बंधनों से ऊपर है। इसका कारण यह है कि मनुष्य प्रकृति के मार्ग पर चलना तो चाहता है, लेकिन उसे उसमें कोई सुख नहीं मिलता, जब तक वह स्वयं को किसी न किसी शब्दावली की ओट में न छुपा ले। और इसी कारण यह संसार झूठ से इनता भरा हुआ है।

"संबंध!" क्यों केवल एक ही होना चाहिए? संबंध हज़ारों से हो सकते हैं। यह कभी भी प्रकृति के साथ मेरे समझौते में नहीं था कि मैं केवल एक के लिए अपने अनगिनत संबंधों को अनदेखा कर दूँ। अब तक अपने जीवन में मैंने कई संबंधों की खोज की है, फिर भी इससे एक और संबंध के लिए दरवाजा बंद नहीं हुआ है- और वह एक मेरी आँखों के सामने स्पष्ट है। उसने भी मुझसे अपने संबंध को पहचान लिया है।

और फिर?

तब, अगर मैं उसे नहीं जीत सका, तो मैं कायर हूँ।

अध्याय तीन

बिमला की कहानी

6

मुझे आश्चर्य होता है कि मेरी शर्म की भावना को क्या हो गया। असल बात यह है कि मेरे पास स्वयं के बारे में सोचने का समय ही नहीं था। मेरे दिन और रात एक भँवर की तरह गुजर रहे थे, जिसमें मैं स्वयं केंद्र में थी। संकोच या कोमलता के प्रवेश के लिए कोई स्थान नहीं बचा था।

एक दिन मेरी जेठानी ने मेरे पति से कहा- "अब तक इस घर की औरतों को ही रुलाया गया है। अब मर्दों की बारी है।"

"हमें देखना चाहिए कि वे यह अवसर न चूकें," उन्होंने कहा, मेरी ओर मुड़ते हुए। "मैं देख रही हूँ, छोटी[12] रानी! तुम भी अब युद्ध के मैदान में उतर चुकी हो। अपने तीर सीधे उनके दिलों पर चलाओ।"

उनकी तीखी निगाहों ने मुझे ऊपर से नीचे तक देखा। मेरा श्रृंगार, मेरे वस्त्र, मेरे व्यवहार, मेरी वाणी- इनमें जो भी रंग खिले थे, उनमें से कोई भी उनकी नज़र से नहीं बचा। आज यह कहने में मुझे शर्म आती है, लेकिन तब मुझे कोई शर्म नहीं थी। मेरे भीतर कुछ ऐसा काम कर रहा था, जिसकी मुझे खुद भी कोई समझ नहीं थी। यह सच है कि मैं आवश्यकता से अधिक सजती थी, लेकिन जैसे कोई यंत्रवत्, बिना किसी विशेष योजना के। बेशक,

---

12. बिमला, छोटे भाई की पत्नी, छोटी रानी थी।

मैं जानती थी कि मेरी कौन-सी कोशिश संदीप बाबू को विशेष रूप से प्रसन्न कर सकती है, लेकिन इसके लिए किसी अंतर्ज्ञान की आवश्यकता नहीं थी, क्योंकि वह स्वयं ही सबके सामने इस पर खुलकर चर्चा करते थे।

एक दिन उन्होंने मेरे पति से कहा- "क्या तुम जानते हो, निखिल, जब मैंने पहली बार हमारी रानी बिमला को देखा था, वह वहाँ अपनी सुनहरी किनारी वाली साड़ी में बड़ी ही संयमित होकर बैठी थी। उसकी आँखें आसमान की ओर वैसे ही देख रही थीं, जैसे रास्ता भटक चुके तारे। जैसे वह न जाने कितने समय से किसी अंधकार के किनारे खड़ी होकर किसी अज्ञात चीज़ की तलाश में हो। लेकिन जब मैंने उसे देखा, तो मेरे भीतर एक कंपन-सा दौड़ गया। मुझे ऐसा लगा कि उसकी साड़ी की सुनहरी किनारी उसकी अपनी भीतरी ज्वाला है, जो बाहर निकलकर उसे घेरे हुए है। यही है वह ज्वाला जिसकी हमें तलाश है- दिखाई देने वाली अग्नि! सुनो, रानी बिमला, तुम्हें एक बार फिर हम पर यह कृपा करनी होगी- उसी जीती-जागती ज्वाला के रूप में सजकर।"

अब तक मैं एक गाँव के किनारे बहती छोटी नदी की तरह थी। मेरी गति और मेरी भाषा वैसी नहीं थी जैसी अब है। लेकिन समुद्र से ज्वार उठकर आया, और मेरा सीना उछल पड़ा; मेरे किनारे टूट गए, और समुद्र की लहरों की महान डुगडुगी मेरी उन्मत्त धारा में गूँज उठी। मैं उस स्वर का अर्थ, जो मेरे लहू में गूँज रहा था, समझ नहीं सकी। कहाँ थी मेरी वह पुरानी पहचान? कहाँ से आ गई थी मेरे भीतर यह उमड़ती हुई गौरव की बाढ़? संदीप की भूखी निगाहें मेरे मंदिर के आगे पूजा के दीपों की तरह जल रही थीं। उसकी हर दृष्टि यही घोषणा कर रही थी कि मैं रूप और शक्ति का एक अद्भुत चमत्कार हूँ। उसके कहे और अनकहे प्रशंसा के स्वर मेरे संसार की सारी अन्य आवाजों को डुबो रहे थे। क्या सृष्टिकर्ता ने मुझे फिर से रचा है? मैं सोचती थी। क्या वह अब तक की अपनी उपेक्षा की भरपाई करना चाहता था? मैं, जो पहले साधारण थी, अचानक सुंदर हो गई थी। मैं, जो पहले कुछ भी नहीं थी, अब अपने भीतर पूरे बंगाल का वैभव महसूस कर रही थी।

क्योंकि संदीप बाबू केवल एक व्यक्ति नहीं थे। उनमें देश के लाखों मनों का संगम था। जब उन्होंने मुझे मधुमक्खियों के छत्ते की रानी कहा, तब हमारे सभी देशभक्त कार्यकर्ताओं ने एक स्वर में मेरी प्रशंसा की। इसके बाद मेरी जेठानी के तीखे व्यंग्य भी मुझे नहीं छू सके। मेरे संबंध पूरे संसार के साथ

बदल गए। संदीप बाबू ने यह स्पष्ट कर दिया कि पूरा देश मेरी आवश्यकता महसूस कर रहा है। उस समय मुझे इस पर विश्वास करने में कोई कठिनाई नहीं हुई, क्योंकि मैं महसूस कर रही थी कि मेरे भीतर सब कुछ कर सकने की शक्ति है। मेरे भीतर एक दिव्य शक्ति आ गई थी। यह ऐसी अनुभूति थी, जो मैंने पहले कभी नहीं महसूस की थी, जो मेरे अपने अस्तित्व से भी परे थी। मेरे पास यह सोचने का समय नहीं था कि यह शक्ति कैसी है, इसकी प्रकृति क्या है। यह शक्ति मेरी अपनी लगती थी, फिर भी मुझे पार कर जाती थी। यह पूरे बंगाल को अपने में समेटे हुए थी।

संदीप बाबू किसी भी छोटी-सी बात में, जो उद्देश्य से जुड़ी होती, मुझसे सलाह लेते थे। शुरू में मुझे बहुत असहज महसूस होता था और मैं पीछे हट जाती थी, लेकिन यह जल्दी ही समाप्त हो गया। मैं जो भी सुझाव देती, वह उन्हें हैरान कर देता। वे उत्साहित होकर कहते- "पुरुष केवल सोच सकते हैं। तुम स्त्रियों के पास बिना सोचे समझने का तरीका होता है। स्त्री को ईश्वर ने अपनी कल्पना से रचा। लेकिन पुरुष को गढ़कर आकार देना पड़ा।"

संदीप बाबू के पास देश के कोने-कोने से पत्र आया करते थे, जिन्हें मेरी राय के लिए मुझे दिखाया जाता था। कभी-कभी वे मुझसे असहमत भी हो जाते थे। लेकिन मैं उनसे बहस नहीं करती थी। फिर एक-दो दिन बाद – जैसे अचानक उन्हें कोई नई रोशनी मिल गई हो – वे मुझे बुलाते और कहते, "मेरी गलती थी। तुम्हारा सुझाव ही सही था।" वे अक्सर मुझसे यह स्वीकार करते थे कि जहाँ-जहाँ उन्होंने मेरी सलाह के विपरीत कदम उठाए, वहाँ वे गलत ही साबित हुए। इस तरह मुझे धीरे-धीरे यह विश्वास हो गया कि जो कुछ भी हो रहा है उसके पीछे संदीप बाबू हैं, और संदीप बाबू के पीछे है एक साधारण स्त्री की सहज बुद्धि। एक महान उत्तरदायित्व का गौरव मेरे भीतर भर गया।

मेरे पति की हमारे विचार-विमर्श में कोई जगह नहीं थी। संदीप बाबू उन्हें एक छोटे भाई की तरह मानते थे, जिससे व्यक्तिगत रूप से बहुत स्नेह हो सकता है, लेकिन जिसके व्यावसायिक सुझावों का कोई उपयोग न हो। वह मेरे पति की बालसुलभ सरलता के बारे में बड़े स्नेह और मुस्कान के साथ बात करते थे, और कहते थे कि उनके विचित्र सिद्धांतों और मन की उलझनों में एक हास्य का रंग है, जो उन्हें और भी प्रिय बना देता है। निखिल के प्रति यही स्नेह संदीप बाबू को इस बात से रोकता था कि वे देश का बोझ उन पर डालें।

प्रकृति के पास अपनी औषधियों की भंडारशाला में कई तरह की पीड़ा-शामक औषधियाँ होती हैं, जिन्हें वह चुपचाप तब देती है जब जीवन के सबसे महत्वपूर्ण संबंध धीरे-धीरे कट रहे होते हैं। ताकि किसी को इसका आभास भी न हो, और अंत में जाकर कोई जागकर देखता है कि कितना बड़ा घाव हो चुका है। जब यह छुरी मेरे जीवन के सबसे निकट संबंध को काट रही थी, तब मेरा मन इतने नशे की धुंध में ढका हुआ था कि मुझे बिलकुल भी एहसास नहीं था कि मेरे साथ कितना क्रूर काम हो रहा है। शायद यही औरत का स्वभाव है। जब उसकी भावनाएँ जाग जाती हैं, तब वह उसके बाहर की हर चीज़ के प्रति अपनी संवेदनशीलता खो बैठती है। जब हम स्त्रियाँ नदी की तरह अपने किनारों में बँधी रहती हैं, तो अपने पूरे अस्तित्व से पोषण देती हैं; लेकिन जब हम अपने किनारों को लाँघ जाती हैं, तो अपने पूरे अस्तित्व के साथ विनाश कर देती हैं।

संदीप की कहानी

2

मैं समझ सकती हूँ कि कुछ गड़बड़ हो गई है। कुछ दिन पहले ही मुझे इसका थोड़ा आभास हो गया था।

मेरे यहाँ आने के बाद से निखिल का बैठकखाना कुछ अजीब-सा हो गया था- आधा औरतों का कमरा, आधा मर्दों का। बिमला को अंतःपुर से वहाँ जाने की छूट थी, और बाहर की ओर से मेरे लिए भी वहाँ कोई रोक नहीं थी। अगर हम थोड़ा संभलकर चलते और अपनी इस छूट का संयम से उपयोग करते, तो शायद दूसरों के साथ टकराव न होता। लेकिन हम इतनी तेजी से आगे बढ़े कि परिणामों के बारे में सोच ही नहीं सके।

जब भी बिमला निखिल के कमरे में आती, मुझे किसी न किसी तरह अपने कमरे से इसकी भनक मिल जाती। कभी चूड़ियों की खनक, तो कभी कोई और छोटी-छोटी आवाजें। कभी दरवाजा कुछ अधिक जोर से बंद कर दिया जाता। कभी बुककेस कुछ कड़ा होता और झटके से खोलने पर चरमराता। जब मैं अंदर जाता, तो बिमला दरवाजे की ओर पीठ किए शेल्फ

से किताब चुनने में व्यस्त मिलती। और जब मैं इस कठिन काम में उसकी मदद करने का प्रस्ताव रखता, तो वह चौंक जाती और एतराज जताती। और फिर बात स्वाभाविक रूप से किसी और मुद्दे पर चली जाती।

अन्य किसी दिन, एक अपशकुन[13] भरे गुरुवार की दोपहर, मैं उन्हीं आवाज़ों की आहट पर अपने कमरे से बाहर निकल आया। रास्ते में एक आदमी पहरे पर था। मैं उसकी ओर देखे बिना आगे बढ़ गया, लेकिन जैसे ही मैं दरवाजे के पास पहुँचा, वह मेरे रास्ते में आकर बोला- "इस रास्ते से नहीं, साहब।"

"इस रास्ते से नहीं! क्यों?"

"रानी माँ वहाँ हैं।"

"अच्छा, ठीक है। अपनी रानी माँ से कहो कि संदीप बाबू उनसे मिलना चाहते हैं।"

"यह नहीं हो सकता, साहब। यह आदेश के खिलाफ़ है।"

मुझे बहुत क्रोध आया। मैंने ऊँची आवाज़ में कहा- "मैं तुम्हें आदेश देता हूँ! जाकर मेरा नाम बताओ।"

उस आदमी का रवैया मेरी बात सुनकर थोड़ा डगमगा गया। इसी बीच मैं दरवाजे के और पास पहुँच गया। मैं लगभग दरवाजे तक पहुँच ही गया था, तभी वह मेरे पीछे आया और मेरा हाथ पकड़कर बोला- "नहीं साहब, आप वहाँ नहीं जा सकते।"

क्या! एक नौकर का मुझे छूना! मैंने अपना हाथ झटक लिया और उस आदमी को जोरदार तमाचा जड़ दिया। उसी समय बिमला कमरे से बाहर आई और देखा कि वह आदमी मुझे अपमानित करने ही वाला था।

मैं उसके क्रोध का वह दृश्य कभी नहीं भूलूँगा! बिमला सुंदर है, यह मेरी अपनी खोज है। हमारे अधिकतर लोग उसमें कुछ खास नहीं देखते। उसकी लंबी, पतली काया को ये गंवार लोग 'दुबली-पतली' कहेंगे। लेकिन मैं उसकी इसी लोचपूर्ण काया की प्रशंसा करता हूँ- जीवन के उस उछाल मारते फव्वारे की तरह, जो सीधे सृष्टिकर्ता के हृदय की गहराइयों से निकलता है। उसका रंग साँवला है, लेकिन वह चमकदार साँवली है- तलवार की धार जैसी, तीखी और चमकती हुई।

---

13. हिंदू पंचाग के अनुसार।

"ननकू!" उसने दरवाजे पर खड़े होकर उँगली से इशारा करते हुए आदेश दिया, "हमें अकेला छोड़ दो।"

"उससे नाराज़ मत हो," मैंने कहा। "अगर यह आदेश के खिलाफ़ है, तो मुझे पीछे हटना चाहिए।"

बिमला की आवाज़ अब भी काँप रही थी जब उसने कहा- "आप नहीं जा सकते। अंदर आइए।"

यह निवेदन नहीं था, बल्कि फिर से एक आदेश था। मैं उसके पीछे अंदर गया और एक कुर्सी पर बैठकर मेज पर रखा पंखा लेकर खुद को हवा करने लगा। बिमला ने कागज़ पर पेंसिल से कुछ लिखा और एक नौकर को बुलाकर वह कागज़ देते हुए कहा- "यह महाराज को दे आओ।"

"मुझे क्षमा करो," मैंने कहा। "मैं स्वयं को रोक नहीं सका और तुम्हारे उस आदमी को मार दिया।"

"आपने सही किया," बिमला ने कहा।

"लेकिन आखिर वह बेचारा दोषी नहीं था। वह तो बस अपने आदेश का पालन कर रहा था।"

तभी निखिल कमरे में आया, और जैसे ही वह आया, मैं तेजी से अपनी कुर्सी छोड़कर खिड़की के पास जाकर कमरे की ओर पीठ किए खड़ा हो गया।

"उस पहरेदार ननकू ने संदीप बाबू का अपमान किया है," बिमला ने निखिल से कहा।

निखिल सचमुच इतना हैरान दिखा कि मुझे मुड़कर उसकी ओर देखना पड़ा। यह सच है कि चाहे कोई आदमी कितना ही ईमानदार क्यों न हो, अपनी पत्नी के सामने- अगर वह सही मायनों में पत्नी हो- अपनी सच्चाई का अभिमान टिकाए नहीं रख सकता।

"जब संदीप बाबू यहाँ आ रहे थे, तो वह उनके रास्ते में अभद्रता से खड़ा हो गया," बिमला ने कहा। "उसने कहा कि उसे आदेश मिले थे..."

"किसके आदेश?" निखिल ने पूछा।

"मैं कैसे जानूँ?" बिमला ने अधीर होकर कहा, उसकी आँखों में अपमान के आँसू भरे थे।

निखिल ने उस आदमी को बुलवाया और उससे पूछा। ननकू ने खिन्न स्वर में दोहराया, "यह मेरी गलती नहीं थी। मुझे आदेश मिले थे।"

"तुम्हें आदेश किसने दिया?"

"बड़ी रानी माँ ने।"

हम सब कुछ देर के लिए चुप हो गए। उस आदमी के चले जाने के बाद बिमला ने कहा- "ननकू जाओ!"

निखिल चुप रहा। मैं देख सकता था कि उसका न्यायबोध उसे ऐसा करने की इजाज़त नहीं देता। उसके संकोच का कोई अंत नहीं था। लेकिन इस बार वह कठिन समस्या से घिरा था। बिमला वह स्त्री नहीं थी जो बात को आसानी से जाने दे। वह इस आदमी को सजा देकर अपनी जेठानी से बदला लेना चाहती थी। और जब निखिल चुप रहा, तो बिमला की आँखों में आग सी चमक उठी। उसे समझ नहीं आ रहा था कि अपने पति की इस कमज़ोरी पर अपनी घृणा कैसे प्रकट करे। निखिल थोड़ी देर बाद बिना कुछ कहे कमरे से बाहर चला गया।

अगले दिन ननकू दिखाई नहीं दिया। पूछताछ करने पर मुझे पता चला कि उसे जायदाद के किसी और हिस्से में भेज दिया गया है, और इस तबादले से उसकी तनख्वाह पर कोई असर नहीं पड़ा है।

मैं परदे के पीछे इस मामले पर उठे तूफ़ान की कुछ झलकें पकड़ सका। मैं केवल इतना ही कह सकता हूँ कि निखिल एक विचित्र व्यक्ति है, आम लोगों से बिलकुल अलग।

परिणाम यह हुआ कि इसके बाद बिमला ने मुझे बैठकखाने में बातचीत के लिए बुलाना शुरू कर दिया- बिना किसी बहाने या इसे संयोग बताने की कोशिश के। इस तरह केवल संकेत से हम सीधे स्पष्ट इशारे तक पहुँच गए- जो पहले अटकलें थीं, वे अब खुलकर कही जाने लगीं। किसी राजघराने की बहू एक ऐसे सितारों भरे क्षेत्र में रहती है, जो बाहरी लोगों के लिए इतना दूर होता है कि वहाँ तक पहुँचने का कोई सीधा रास्ता भी नहीं होता। यह सत्य की कैसी विजय यात्रा थी, जिसने धीरे-धीरे लेकिन लगातार, परंपराओं की एक के बाद एक परतों को हटाते हुए अंततः स्वयं प्रकृति को निर्वस्त्र कर दिया।

सत्य? बिलकुल, यह तो सत्य ही था! पुरुष और स्त्री का एक-दूसरे के प्रति आकर्षण मूलभूत है। धूल के कण से लेकर समस्त भौतिक जगत तक, सब इसका समर्थन करते हैं। फिर भी लोग इसे शब्दों के जाल में छुपाकर आँखों से ओझल रखने की कोशिश करते हैं, और अपने बनाए नियमों और

निषेधों के सहारे इसे एक घरेलू साधन बना देते हैं। यह तो वैसा ही है, जैसे पूरे सौरमंडल को गलाकर अपने दामाद[14] के लिए घड़ी की चेन बनाना!

जब तमाम कोशिशों के बावजूद भी सच अपनी असली नग्नता के साथ जाग उठता है, तो कितनी अफ़रा-तफ़री मचती है, दाँत पीसे जाते हैं, छाती पीटी जाती है! लेकिन क्या कोई तूफ़ान से झगड़ सकता है? तूफ़ान कभी जवाब देने की जहमत नहीं उठाता, वह तो बस हिला देता है।

मैं इस सत्य के दृश्य का आनंद ले रहा हूँ, जैसे-जैसे वह धीरे-धीरे स्वयं को प्रकट कर रहा है। कदमों का इस तरह काँपना, चेहरे का इस तरह से फिर जाना- यह सब मुझे मधुर लगता है। और मधुर हैं वे छल, जो केवल दूसरों को ही नहीं, बल्कि बिमला को भी छलते हैं। जब यथार्थ का सामना अवास्तविकता से होता है, तब छल ही उसका मुख्य हथियार बन जाता है। क्योंकि उसके शत्रु हमेशा यथार्थ को 'स्थूल' कहकर उसे शर्मिंदा करने की कोशिश करते हैं। इसलिए यथार्थ को स्वयं को छुपाना पड़ता है, या कोई वेश धारण करना पड़ता है। परिस्थितियाँ ऐसी होती हैं कि वह खुलकर स्वीकार नहीं कर सकता : "हाँ, मैं स्थूल हूँ, क्योंकि मैं सच्चा हूँ। मैं शरीर हूँ। मैं वासना हूँ। मैं भूख हूँ- निस्संकोच और निर्दय हूँ।"

अब सब कुछ मेरे लिए साफ हो गया है। परदा हिलता है, और उसके पार मैं विनाश की तैयारियाँ देख सकता हूँ। उसके घने बालों में से झाँकता छोटा-सा लाल रिबन, जिसमें छुपी हुई कामना की लाली झलकती है, वह लाल तूफ़ानी बादल की लटकती जीभ है। मैं उसकी साड़ी के हर मोड़ की गर्मी को महसूस करता हूँ, उसके वस्त्रों के हर संकेत को, जिसका पूरा एहसास शायद पहनने वाले को भी न हो।

बिमला को इसका एहसास नहीं था, क्योंकि वह इस सच्चाई से शर्मिंदा थी, जिसे पुरुषों ने 'शैतान' का नाम देकर बदनाम कर दिया है। और इसलिए वह सर्प का रूप लेकर चुपके से स्वर्ग के बगीचे में घुसता है, और मनुष्य की चुनी हुई संगिनी के कानों में रहस्य फुसफुसाता है, उसे विद्रोही बना देता है। फिर विदाई होती है हर सुख-चैन से, और उसके बाद आती है मृत्यु!

मेरी बेचारी छोटी रानी बिमला एक स्वप्न में जी रही है। उसे यह भी नहीं पता कि वह किस दिशा में चल रही है। समय से पहले उसे जगाना सुरक्षित नहीं होगा। मेरे लिए यही बेहतर है कि मैं भी उतना ही अनजान बनने का दिखावा करूँ।

---

14. दामाद हिंदू परिवारों में बहुत लाड़-प्यार पाने वाला होता है।

कुछ दिन पहले, रात के खाने के समय, वह एक अजीब-सी निगाह से मुझे देख रही थी, बिलकुल भी समझे बिना कि ऐसे नज़रिए का मतलब क्या होता है। जैसे ही मेरी नज़र उसकी नज़रों से मिली, उसने लज्जा के कारण तुरंत मुँह फेर लिया। "तुम मेरी भूख देखकर हैरान हो," मैंने कहा। "मैं सब कुछ छुपा सकता हूँ, सिवाय इसके कि मैं लालची हूँ! फिर भी, मुझसे लजाने की क्या ज़रूरत, जब मैं ख़ुद ही बेशर्म हूँ?"

यह सुनकर वह और भी अधिक लज्जित हो गई और हकलाते हुए बोली- "नहीं, नहीं, मैं तो बस..."

"मैं जानता हूँ," मैंने बीच में टोका। "औरतों को लालची मर्दों के प्रति एक तरह की कमज़ोरी होती है, क्योंकि हमारा यही लालच उन्हें हम पर हावी होने का अवसर प्रदान करता है। उनके प्यार और लाड़ ने ही मुझे और भी निडर और बेशर्म बना दिया है। तुम्हारा यह देखना कि सारी अच्छी चीज़ें समाप्त होती जा रही हैं- इससे मुझे बिलकुल भी फ़र्क नहीं पड़ता। मैं तो हर एक चीज़ का पूरा आनंद लेने के इरादे से बैठा हूँ।"

कुछ दिन पहले मैं एक अंग्रेज़ी किताब पढ़ रहा था, जिसमें यौन-समस्याओं को बेहद बेबाक और यथार्थपूर्ण ढंग से प्रस्तुत किया गया था। मैंने वह किताब बैठकखाने में ही छोड़ दी थी। अगले दिन दोपहर मैं किसी काम से वहाँ गया, तो देखा बिमला वही किताब हाथ में लिए बैठी थी। जैसे ही उसने मेरे कदमों की आहट सुनी, उसने जल्दी से वह किताब नीचे रख दी और उस पर मिसेज हैमन्स की कविताओं की एक किताब रख दी।

"मैं कभी समझ नहीं पाया," मैंने कहना शुरू किया, "कि औरतें कविता पढ़ते हुए पकड़े जाने पर इतनी संकोच क्यों करती हैं। हम मर्द- चाहे वकील हों, कारीगर हों या कुछ और- अगर कविता पढ़ें, तो शायद हमें शर्म आ सकती है। अगर हमें कविता पढ़नी भी हो, तो वह रात के सन्नाटे में, बंद दरवाजों के पीछे पढ़नी चाहिए। लेकिन तुम औरतें तो ख़ुद कविता की आत्मा के समान होती हो। स्वयं सृष्टिकर्ता एक गीतकार हैं, और जयदेव[15] ने यह दिव्य कला निश्चित ही उनके चरणों में बैठकर सीखी होगी।"

---

15. जयदेव एक वैष्णव (संस्कृत) कवि थे, जिनके भक्ति गीतों में ईश्वर-आराधना के साथ-साथ मानव भावनाओं के सभी रंगों और रूपों का भी सुंदर चित्रण मिलता है।

बिमला ने कोई जवाब नहीं दिया, बस असहज होकर लजा गई। उसने जैसे कमरे से जाने का निश्चय किया। तब मैंने कहा- “नहीं, नहीं, कृपया पढ़ती रहो। मैं तो बस अपनी किताब ले रहा हूँ, फिर चला जाऊँगा।” इतना कहकर मैंने मेज पर से अपनी किताब उठा ली।

“अच्छा हुआ कि तुम्हारा ध्यान इसके पन्नों पर नहीं गया,” मैंने कहा, “नहीं तो तुम शायद मुझे सजा देना चाहतीं।”

“सच में! क्यों?” बिमला ने पूछा।

“क्योंकि यह कविता नहीं है,” मैंने कहा। “यह तो बस सीधे-सपाट बातें हैं, बिलकुल सीधे तरीके से कही गईं, बिना किसी बनावटी मिठास के। काश निखिल इसे पढ़ता।”

बिमला ने जरा सा भौंहें सिकोड़ते हुए धीमे स्वर में पूछा- “तुम ऐसा क्यों चाहते हो?

वह भी आखिर एक आदमी है, हममें से ही एक। मेरी उससे बस यही शिकायत है कि वह इस दुनिया को एक धुँधले सपने की तरह देखना पसंद करता है। क्या तुमने नहीं देखा कि उसकी यही आदत उसे स्वदेशी को भी किसी कविता की तरह देखने पर विवश करती है, जैसे हर चरण में उसकी लय पूरी तरह सही रहनी चाहिए? और हम अपनी गद्य की गदा लेकर उस लय के बंधनों को तोड़ने वाले हैं।”

“लेकिन आपकी उस किताब का स्वदेशी से क्या संबंध है?”

“अगर तुम वह किताब पढ़ो, तो ख़ुद ही समझ जाओगी। निखिल हमेशा बने-बनाए सिद्धांतों के हिसाब से चलना चाहता है- स्वदेशी में भी और बाकी हर चीज़ में भी। इसी वजह से वह हर मोड़ पर मानवीय स्वभाव से टकराता है, और फिर उसी को दोष देता है। उसे कभी यह समझ नहीं आता कि मानव स्वभाव सिद्धांतों और वाक्यों से बहुत पहले बना था- और उनसे आगे भी रहेगा।”

बिमला कुछ देर चुप रही, फिर गंभीर स्वर में बोली- “क्या अपने आप से ऊपर उठने का प्रयास करना भी मानव स्वभाव का हिस्सा नहीं है?”

मैं मन ही मन मुस्कराया। “ये तुम्हारे अपने शब्द नहीं हैं,” मैंने सोचा। “तुमने ये बातें निखिल से सीखी हैं। तुम एक स्वस्थ इंसान हो। तुम्हारे शरीर और रक्त ने यथार्थ के आह्वान को स्वीकार कर लिया है। तुम्हारी हर नस में जीवन की आग जल रही है- क्या मैं यह नहीं जानता? कब तक वे तुम्हें नैतिक उपदेशों के गीले तौलिये से ठंडा करने की कोशिश करेंगे?”

"कमज़ोर लोग ही बहुमत में होते हैं," मैंने ऊँची आवाज में कहा। "वे बार-बार यही घिसी-पिटी बातें दोहराकर लोगों के कान जहर से भरते रहते हैं। प्रकृति ने उन्हें शक्ति नहीं दी, इसलिए वे दूसरों को भी निर्बल करने की कोशिश करते हैं।"

"हम औरतें तो कमज़ोर होती हैं," बिमला ने जवाब दिया। "तो शायद हमें भी कमजोरों की इस साजिश में शामिल होना चाहिए।"

"औरतें कमज़ोर!" मैंने हँसते हुए कहा। "पुरुष तुम्हें नाजुक और कोमल बताकर बस यह भ्रम पैदा करना चाहते हैं कि तुम ख़ुद को कमज़ोर समझो। लेकिन असल में, शक्ति तो तुम औरतों में ही है। पुरुष अपनी तथाकथित स्वतंत्रता का बड़ा दिखावा करते हैं, लेकिन जो उनके मन को सच में जानते हैं, वे उनकी असली गुलामी से भी परिचित हैं। उन्होंने अपने ही हाथों से ऐसे शास्त्र गढ़े हैं, जिनसे वे खुद को बाँधते हैं। अपने आदर्शवाद के ज़रिए उन्होंने औरतों को सुनहरी जंजीरों में बाँधने का जतन किया है, जो उनके तन और मन दोनों को जकड़ती हैं। अगर पुरुषों में यह अद्भुत क्षमता न होती कि वे ख़ुद अपने ही रचे जालों में उलझ जाएँ, तो कोई भी उन्हें बाँध नहीं सकता था। लेकिन तुम औरतें, तुमने यथार्थ को अपने तन-मन से ग्रहण करना चाहा है। तुमने यथार्थ को जन्म दिया है। तुमने अपनी छाती से यथार्थ को दूध पिलाया है।

बिमला एक औरत होते हुए भी, खूब पढ़ी-लिखी थी और इतनी आसानी से मेरे तर्कों के आगे झुकने वाली नहीं थी। "अगर यह सच होता," उसने आपत्ति जताई, "तो पुरुष औरतों को आकर्षक नहीं पाते।"

"औरतें इस संकट को जानती हैं," मैंने उत्तर दिया। "उन्हें पता है कि पुरुष भ्रमों को पसंद करते हैं, इसलिए वे उन्हीं की भाषा उधार लेकर उन्हें भरपूर भ्रम देती हैं। उन्हें मालूम है कि पुरुष, जो शराबी है, भोजन से अधिक नशे को महत्व देता है, और इसलिए वे ख़ुद को एक नशे की तरह प्रस्तुत करने की कोशिश करती हैं। असल में, अगर पुरुष का सवाल न हो, तो औरत को किसी बनावटीपन की आवश्यकता ही नहीं है।"

"तो फिर, तुम इस भ्रम को नष्ट करने की कोशिश क्यों कर रहे हो?"

"आज़ादी के लिए।" मैंने उत्तर दिया। "मैं चाहता हूँ कि देश स्वतंत्र हो। मैं चाहता हूँ कि मानवीय रिश्ते स्वतंत्र हों।"

3

मुझे पता था कि सोते में चलने वाले को अचानक जगा देना सुरक्षित नहीं होता। लेकिन मैं स्वभाव से ही इतना उतावला हूँ कि रुक-रुक कर चलना मुझे रास नहीं आता। मुझे मालूम था कि उस दिन मैं कुछ ज़्यादा ही साहस दिखा बैठा था। यह भी जानता था कि ऐसे विचारों का पहला झटका अक्सर असहनीय होता है। लेकिन औरतों के साथ हमेशा साहस ही जीतता है।

जैसे ही हमारी बातचीत अच्छे मोड़ पर पहुँच रही थी, निखिल के पुराने गुरु, चंद्रनाथ बाबू तभी वहाँ आ पहुँचे। दुनिया रहने लायक जगह होती, अगर ये शिक्षक न होते, जो आदमी को ऊब और झुंझलाहट में छोड़े जाने पर विवश कर देते हैं। निखिल जैसे लोग चाहते हैं कि दुनिया हमेशा एक स्कूल बनी रहे। और उस दोपहर, ठीक उसी मनोवैज्ञानिक क्षण पर, यह शिक्षा का अवतार वहाँ आ पहुँचा।

हम सबके दिल के किसी कोने में हमेशा एक स्कूली लड़का छिपा रहता है, और मैं भी, हाँ मैं भी, थोड़ा सँभल गया। बेचारी बिमला की तो बात ही अलग थी, वह तुरंत गंभीर होकर अपनी जगह पर बैठ गई, जैसे कक्षा की सबसे अव्वल लड़की सामने की बेंच पर बैठती है। ऐसा लगा जैसे उसे अचानक याद आ गया हो कि अब उसे परीक्षा का सामना करना है।

कुछ लोग ऐसे होते हैं जैसे हमेशा पटरी के किनारे खड़े रहने वाले सिग्नलमैन, जो किसी के विचारों की गाड़ी को एक पटरी से दूसरी पटरी पर मोड़ने के लिए हर समय तैयार रहते हैं।

चंद्रनाथ बाबू अभी कमरे में आए ही थे कि तुरंत वहाँ से निकलने का कोई बहाना ढूँढने लगे, और बड़बड़ाते हुए बोले-"माफ़ कीजिए, मैं तो बस..."

उनके बात पूरी करने से पहले ही बिमला उनके पास गई और विनम्रता के साथ सिर झुकाकर बोली- "कृपया हमें छोड़कर न जाइए, गुरुवर। क्या आप ससम्मान आसन ग्रहण नहीं करेंगे?" वह उस क्षण किसी डूबते हुए व्यक्ति की भाँति सहारे के लिए उनसे आश्रय माँगती-सी मालूम हो रही थी- यह छोटी-सी भयभीत नारी!

किंतु संभव है कि मेरी यह धारणा गलत हो। यह भी संभव है कि उसमें नारी-सुलभ चतुराई का अंश रहा हो। शायद वह मेरी दृष्टि में अपनी महत्ता

और प्रतिष्ठा को बढ़ाना चाहती थी। संभव है वह मुझे यह संकेत देना चाहती हो- "कृपया यह न समझें कि मैं पूर्णतः आपके प्रभाव में आ गई हूँ। मेरा श्रद्धा-भाव चंद्रनाथ बाबू के प्रति और भी गहरा है।"

अच्छी बात है, अपनी श्रद्धा-भाव का पूर्णतः पालन कीजिए! आखिर ऐसे गुरुजनों का आदर ही उनकी गरिमा का आधार है। परंतु मैं उन लोगों में नहीं हूँ, जिन्हें इस प्रकार की औपचारिक प्रशंसा की आवश्यकता हो।

चंद्रनाथ बाबू ने स्वदेशी के बारे में बोलना शुरू किया। मैंने सोचा, उन्हें उनकी बात कह लेने दूँ। बुजुर्गों को बोलने देना सबसे अच्छा उपाय है, इससे उन्हें लगता है कि वे ही दुनिया को दिशा दे रहे हैं, भले ही असल दुनिया उनकी बातों से कितनी ही दूर क्यों न हो।

लेकिन मेरे सबसे बड़े शत्रु भी मुझे धैर्यवान् कहने की गलती नहीं करेंगे। और जब चंद्रनाथ बाबू बोले- "यदि हम बिना बीज बोए फल की अपेक्षा करें, तो..." मैं ख़ुद को रोक नहीं सका और बीच में ही बोल पड़ा।

"कौन चाहता है फल?" मैंने ऊँची आवाज़ में कहा। "हम तो गीता के उस उपदेशक के साथ हैं, जो कहता है कि हमें केवल कर्म करने का अधिकार है, फल की चिंता का नहीं।"

"तो फिर बताइए, आप वास्तव में क्या चाहते हैं?" चंद्रनाथ बाबू ने पूछा।

"काँटे!" मैंने जोर से कहा, "जिन्हें बोने में कुछ भी खर्च नहीं होता।"

"काँटे केवल दूसरों का ही रास्ता नहीं रोकते," उन्होंने उत्तर दिया। "वे अपने ही पैरों को भी चुभते हैं।"

"यह तो किताब में लिखी जाने वाली बातें हैं," मैंने पलटकर कहा। "लेकिन सच्चाई यह है कि हमारे दिल में यह आग जल रही है। अभी हमारा काम है दूसरों के पैरों के नीचे काँटे बोना; बाद में जब वही काँटे हमें चुभेंगे, तब पछताने का समय मिल जाएगा। पर उससे डरने की क्या आवश्यकता है? जब अंत में मरना ही है, तो ठंडा पड़ने का समय भी तभी आएगा। जब तक हमारे भीतर यह आग है, तब तक हमें जलना और खौलना चाहिए।"

चंद्रनाथ बाबू मुस्कराए। "गुस्सा करना है तो बेहिचक करो," उन्होंने कहा, "लेकिन इसे कर्म या वीरता मानने की भूल मत करना। जिन राष्ट्रों ने संसार में प्रगति की है, उन्होंने यह कर्म करके पाई है, न कि केवल आवेग और उत्तेजना से। जो लोग सदा परिश्रम से डरते रहे हैं, जब वे अचानक

अपनी दयनीय दशा को पहचानते हैं, तो मुक्ति के लिए सरल उपायों और बचाव के रास्तों की तलाश करने लगते हैं।"

मैं भी पूरी तरह तैयार था एक ज़ोरदार जवाब देने के लिए, तभी निखिल लौट आया। चंद्रनाथ बाबू उठे और बिमला की ओर देखते हुए बोले- "अब मुझे जाने दो, छोटी माँ, मुझे कुछ काम निपटाने हैं।"

"मैं रानी बिमला को इस किताब के बारे में बता रहा था," मैंने कहा।

निन्यानवे प्रतिशत लोगों को झूठ के सहारे भरमाया जाता है, लेकिन इस गुरुजी के आजीवन शिष्य को सच बोलकर भरमाना कहीं आसान है। इसे तो सबसे अच्छा खुलकर ही ठगा जा सकता है। इसलिए उसके साथ खेलते समय सबसे आसान तरीका यही था कि अपने पत्ते खुले रखूँ।

निखिल ने किताब के कवर पर लिखा शीर्षक पढ़ा, लेकिन कुछ नहीं कहा। "ये लेखक," मैंने आगे कहा, "अपने झाड़ू लेकर उन विशेषणों की धूल साफ करने में लगे हैं, जिनसे लोगों ने इस हमारी दुनिया को ढक रखा है। तो जैसा कि मैं कह रहा था, काश तुम इसे पढ़ते।"

"मैंने इसे पढ़ा है," निखिल ने कहा।

"तो फिर तुम्हारा क्या कहना है?"

"यह उन लोगों के लिए तो ठीक है, जो सच में सोचने का साहस रखते हैं, लेकिन उनके लिए विष है, जो सोचने से बचते हैं।"

"तुम्हारा मतलब क्या है?" मैंने पूछा।

"जो लोग 'संपत्ति के समान अधिकार' का उपदेश देते हैं, उन्हें चोर नहीं होना चाहिए। क्योंकि यदि वे चोर हैं, तो वे झूठा उपदेश दे रहे होते हैं। जब वासना या उत्तेजना हावी होती है, तब इस तरह की किताब को सही ढंग से नहीं समझा जाता।"

"वासना," मैंने उत्तर दिया, "वह सड़क का दीपक है, जो हमें मार्ग दिखाता है। इसे असत्य कहना उतना ही व्यर्थ है, जितना अपनी प्राकृतिक आँखें निकालकर बेहतर देखने की आशा करना।"

निखिल स्पष्ट रूप से उत्तेजित हो रहा था। "मैं वासना (उत्तेजना) की सच्चाई को स्वीकार करता हूँ" उसने कहा, "लेकिन तभी, जब मैं संयम की सच्चाई को भी मानता हूँ। जिसे हम देखना चाहते हैं, अगर उसे जबरन अपनी आँखों में ठूंस दें, तो हम अपनी आँखों को केवल नुकसान पहुँचाते हैं; देख नहीं पाते। ठीक वैसे ही, वासना की वह उग्रता, जो मन और उसके लक्ष्य

के बीच कोई भी दूरी नहीं रहने देना चाहती, अपने ही उद्देश्य को विफल कर देती है।"

"यह तो बस तुम्हारा बौद्धिक दिखावा है," मैंने उत्तर दिया, "जो तुम्हें नैतिक कोमलता में लिप्त कर देता है, और सत्य के उग्र पक्ष को अनदेखा करने पर विवश करता है। यही तुम्हें बातों को रहस्यमय बनाने में मदद करता है, और इसी कारण तुम अपना काम किसी भी प्रकार की दृढ़ता के साथ नहीं कर पाते।"

"बल का अकारण हस्तक्षेप," निखिल ने अधीरता से कहा, "जहाँ बल का स्थान नहीं होता, वहाँ उसका प्रयोग तुम्हारे कार्य में सहायता नहीं करता... लेकिन हम इन बातों पर बहस क्यों कर रहे हैं? निरर्थक तर्क-वितर्क तो बस सत्य की कोमल कली को मसल देते हैं।"

मैं चाहता था कि बिमला भी इस चर्चा में शामिल हो, मगर अब तक उसने एक शब्द भी नहीं कहा। क्या मैंने उसे कुछ ज़्यादा ही कठोर झटका दे दिया था, जिससे वह शंकाओं से घिर गई हो और अब फिर से गुरु के पास जाकर अपनी सीख दोबारा पाने की चाह रखती हो? फिर भी, पूरी तरह झकझोर देना कभी-कभी ज़रूरी होता है।

"मैं खुश हूँ कि मेरी तुमसे यह बातचीत हुई," मैंने निखिल से कहा, "क्योंकि मैं तो बस यही सोच रहा था कि यह किताब रानी बिमला को पढ़ने के लिए दे दूँ।"

"क्या बुराई है इसमें?" निखिल ने कहा। "अगर मैं वह किताब पढ़ सकता हूँ, तो बिमला क्यों नहीं पढ़ सकती? मैं बस इतना कहना चाहता हूँ कि यूरोप में लोग हर चीज़ को विज्ञान की नज़र से देखते हैं। लेकिन इंसान सिर्फ़ शरीर, दिमाग, या समाजशास्त्र का विषय नहीं है। भगवान के लिए यह मत भूलो कि इंसान इससे कहीं ज़्यादा है।"

"तुम मेरा मज़ाक उड़ाते हो, कहते हो कि मैं मास्टर का चेला हूँ, लेकिन असल में तुम ही हो, मैं नहीं। तुम इंसान की सच्चाई अपने विज्ञान के गुरुओं से जानना चाहते हो, न कि अपने दिल से।"

"लेकिन यह इतना हंगामा क्यों?" मैंने व्यंग्य किया।

"क्योंकि मैं देख रहा हूँ कि तुम मनुष्य का अपमान करने पर तुले हो और उसे तुच्छ साबित करने में लगे हो।"

"भला यह सब तुम्हें कहाँ नज़र आ रहा है?"

"हवा में, मेरे आहत भावों में। तुम मनुष्य में जो महान् है, जो निःस्वार्थ है, जो सुंदर है – उसे लगातार आघात पहुँचाना चाहते हो।"

"यह कैसी पागलपन भरी बात कर रहे हो?"

निखिल अचानक उठ खड़ा हुआ। "मैं तुम्हें साफ-साफ बता देता हूँ, संदीप," उसने कहा, "मनुष्य घायल हो सकता है, मरने की हद तक भी, लेकिन वह मरेगा नहीं। यही कारण है कि मैं सब कुछ सहने को तैयार हूँ, सब कुछ जानते हुए, आँखें खोलकर।"

यह कहकर वह तेज़ी से कमरे से बाहर चला गया।

मैं उसे जाते हुए अपलक देख रहा था, तभी मेज़ से गिरती हुई किताब की आवाज़ ने मुझे चौंकाया। मैंने देखा बिमला उसके पीछे-पीछे घबराए क़दमों से जा रही थी, और मेरे बहुत पास से न गुजरने के लिए वह एक चक्कर काटकर निकली।

कितना विचित्र प्राणी है यह निखिल! वह अपने घर पर मंडराते हुए ख़तरे को महसूस करता है, फिर भी मुझे बाहर क्यों नहीं निकालता? मैं जानता हूँ, वह बिमला के संकेत की प्रतीक्षा कर रहा है। अगर बिमला कह दे कि उनका मिलन असंगत रहा है, तो वह सिर झुकाकर मान लेगा कि शायद यह एक भूल थी! उसमें यह समझने की मानसिक दृढ़ता नहीं है कि किसी भूल को स्वीकार करना ही सबसे बड़ी भूल होती है। वह इस बात का जीता-जागता उदाहरण है कि कैसे विचार मनुष्य को दुर्बल बना देते हैं। मैंने ऐसा कोई और नहीं देखा – प्रकृति की कितनी विचित्र उपज है यह! वह तो किसी उपन्यास या नाटक के पात्र के लायक भी नहीं है, असली जीवन की तो बात ही छोड़ो।

और बिमला? मुझे डर है, उसका स्वप्नलोक आज से समाप्त हो गया। अब वह उस प्रवाह की प्रकृति को समझ चुकी है जो उसे बहाए लिए जा रहा था। अब उसे या तो आँखें खोलकर आगे बढ़ना होगा या पीछे हटना होगा। संभावना है कि वह एक कदम आगे बढ़ेगी, फिर एक कदम पीछे हटेगी। लेकिन इससे मुझे कोई चिंता नहीं। जब कोई आग में होता है, तो यह आगे-पीछे दौड़ना उस आग को और भी तेज़ कर देता है। जो डर उसे लगा है, वही उसकी भावना की आग को और भड़काएगा।

शायद मुझे उससे ज़्यादा कुछ कहने की ज़रूरत नहीं है, बस उसके लिए कुछ आधुनिक किताबें चुननी चाहिए। उसे धीरे-धीरे इस विश्वास तक पहुँचना चाहिए कि कामना को सर्वोच्च यथार्थ मानकर उसे सम्मान देना

ही आधुनिक होना है – उससे शर्माना नहीं, न ही संयम को महिमा मंडित करना। अगर वह "आधुनिकता" जैसे किसी शब्द में आश्रय पा सके, तो उसे बल मिलेगा।

जो भी हो, अब मुझे इस नाटक का पाँचवाँ अंक पूरा देखना ही है। दुर्भाग्यवश, मैं सिर्फ़ दर्शक बनकर राजसी लॉज में बैठा ताली बजाने वाला व्यक्ति नहीं हूँ। मेरे हृदय में एक खिंचाव है, मेरी नस-नस में एक टीस। जब मैं बत्ती बुझाकर बिस्तर में होता हूँ, तो छोटे-छोटे स्पर्श, छोटी-छोटी निगाहें, छोटे-छोटे शब्द अंधकार में उड़ते रहते हैं और उसे भर देते हैं। जब सुबह उठता हूँ, तो मन में एक रोमांच होता है, जैसे रक्त में संगीत बह रहा हो...

मेज़ पर एक दोहरा फोटो फ्रेम रखा था जिसमें बिमला की तस्वीर निखिल की तस्वीर के बगल में थी। मैंने बिमला की तस्वीर निकाल दी थी। कल मैंने बिमला को वह खाली हिस्सा दिखाते हुए कहा : "चोरी केवल कंजूसी के कारण ज़रूरी बनती है, इसलिए उसका पाप चोर और कंजूस, दोनों में बँटता है। क्या तुम ऐसा नहीं मानती?"

"वह अच्छी तस्वीर नहीं थी," बिमला ने बस मुस्कुराकर कहा।

"अब क्या किया जा सकता है?" मैंने कहा। "एक चित्र, चित्र से बेहतर नहीं हो सकता। जैसा है, मुझे उसी से संतुष्ट होना होगा।"

बिमला ने एक किताब उठाई और उसके पन्ने पलटने लगी। "यदि तुम नाराज हो," मैं बोलता गया, "तो मुझे उस खालीपन को भरने का कोई उपाय करना होगा।"

आज मैंने उसे भर दिया है। यह मेरी तस्वीर मेरी प्रारंभिक युवावस्था में ली गई थी। तब मेरा चेहरा अधिक तरोताजा था, और मेरा मन भी। तब मैं इस संसार और परलोक के बारे में कुछ भ्रमों को भी संजोए हुए था। आस्था मनुष्य को धोखा देती है, लेकिन इसकी एक बड़ी विशेषता है : यह चेहरे पर एक उजास ला देती है।

अब मेरी तस्वीर निखिल की तस्वीर के पास रखी है, क्योंकि क्या हम दोनों पुराने मित्र नहीं हैं?

अध्याय चार

निखिल की कहानी

3

मैं कभी आत्म-सचेत नहीं था। लेकिन आजकल मैं अक्सर बाहर से देखने की कोशिश करता हूँ- स्वयं को उस नज़र से देखने की, जैसे बिमला मुझे देखती है। कितनी उदास और गंभीर सी तस्वीर बनती है, बातों को बहुत अधिक गंभीरता से लेने की मेरी आदत से!

निश्चित रूप से, दुनिया को आँसुओं में डुबोने से अच्छा है हँसते हुए उसे भुला देना। असल में, यही तरीका है जिससे दुनिया चलती है। हम अपने भोजन और विश्राम का आनंद ले पाते हैं, केवल इसलिए कि हम दुःखों को, जिन्हें हम चारों ओर बिखरा पाते हैं, घर के भीतर और बाहर फैले दुःखों को खाली परछाइयों की तरह नज़रअंदाज़ कर देते हैं। अगर हम उन्हें एक क्षण के लिए भी सच मान लें, तो हमारी भूख कहाँ रह जाएगी, और नींद कैसे आएगी?

लेकिन मैं स्वयं को इन परछाइयों में से एक नहीं मान सकता, नज़रअंदाज़ नहीं कर सकता। और इसीलिए, मेरे दुःख का बोझ मेरी दुनिया के हृदय पर सदा के लिए भारी बना रहता है।

इस अनंत ब्रह्मांड के राजपथ पर एकांत भाव से खड़े क्यों न हो जाएं, और स्वयं को संपूर्णता का एक अंश क्यों न अनुभव करें? मानवता की इस विशाल, युगों पुरानी भीड़ के बीच बिमला तुम्हारे लिए क्या है? तुम्हारी पत्नी?

पत्नी क्या है? एक नाम का बुलबुला, जिसे तुमने अपनी ही साँसों से फुला लिया है, जिसे तुम दिन-रात बड़ी सतर्कता से संभाले रहते हो, फिर भी, बाहर से किसी भी सुई की चुभन से फूट जाने को तत्पर।

मेरी पत्नी- और इसीलिए, जैसे कि वह पूर्णतः मेरी हो गई हो! यदि वह कहे : "नहीं, मैं अपनी स्वयं की हूँ" -

तो क्या मैं उत्तर दूँ : "यह कैसे हो सकता है? क्या तुम मेरी नहीं हो?"

"मेरी पत्नी"- क्या यह कोई तर्क है, या सत्य का प्रमाण? क्या एक संपूर्ण व्यक्तित्व को केवल उस नाम में बाँधा जा सकता है?

मेरी पत्नी!- क्या मैंने इस छोटे से संसार में अपने जीवन की सबसे पवित्र और मधुर वस्तु को सहेजकर नहीं रखा है, कभी एक क्षण के लिए भी उसे अपने हृदय से गिराकर धूल में नहीं मिलने दिया? क्या-क्या पूजा की सुगंध, कैसी-कैसी अनुराग की स्वर-लहरियाँ, क्या-क्या वसंत और शरद ऋतु के पुष्प मैंने उसके इस मंदिर में अर्पित नहीं किए? यदि वह एक कागज़ की नाव की तरह गंदे नाले के कीचड़ भरे पानी में बह जाए- तो क्या मैं भी उसके साथ...नहीं बह जाऊँगा?

लो फिर आ गई मेरी वह सुधर न सकने वाली गंभीरता! क्यों? "गंदी नाली" जैसे शब्द-ईर्ष्या के आवेश में कहे गए- दुनिया की सच्चाई को नहीं बदलते। यदि बिमला मेरी नहीं है, तो नहीं है; और कोई क्रोध, घबराहट या तर्क यह सिद्ध नहीं कर सकते कि वह मेरी है। अगर मेरा हृदय टूट रहा है- तो टूटने दो! इससे न तो दुनिया दिवालिया हो जाएगी, और न मैं ही समाप्त हो जाऊँगा; क्योंकि मनुष्य, इस जीवन में जो कुछ वह खोता है, उनसे कहीं अधिक महान होता है। आँसुओं का समुंदर भी एक किनारे पर समाप्त होता है, नहीं तो कोई कभी रोता ही नहीं।

परंतु फिर समाज भी तो है, जिसे ध्यान में रखना होता है...तो रहने दो, समाज ही सोचे अपने बारे में! यदि मैं रोता हूँ, तो वह मेरे लिए है, समाज के लिए नहीं। यदि बिमला कह दे कि वह मेरी नहीं है, तो मुझे क्या फर्क पड़ता है कि मेरी 'समाज-स्वीकृत पत्नी' कहाँ है?

कष्ट तो होंगे ही; लेकिन मुझे अपने सामर्थ्य से, एक प्रकार की आत्म-पीड़ा से स्वयं को बचाना होगा : मुझे कभी यह नहीं सोचना चाहिए कि उपेक्षा के कारण मेरा जीवन अपनी महत्ता खो बैठा है। मेरे जीवन की संपूर्ण महत्ता केवल मेरे संकुचित घरेलू संसार को प्राप्त करने में नहीं सिमटी है; मेरे जीवन का

महान लेन-देन मेरी निजी खुशियों और दुःखों के छोटे-मोटे सौदों की सफलता या असफलता पर निर्भर नहीं है।

अब वह समय आ गया है जब मुझे बिमला को उन सभी आदर्श अलंकारों से मुक्त करना होगा, जिन्हें मैंने स्वयं उस पर सजा दिया था। यह मेरी अपनी कमज़ोरी थी कि मैंने उसे इस तरह की मूर्तिपूजा के योग्य समझा। मैं अत्यधिक लालची था। मैंने बिमला को एक देवदूत का रूप दे दिया, ताकि अपने सुख की अनुभूति को बढ़ा-चढ़ाकर जी सकूँ। लेकिन बिमला जैसी है, वैसी ही है। यह सर्वथा अनुचित है कि मैं उससे यह अपेक्षा करूँ कि वह मेरे सुख के लिए एक देवदूत की भूमिका निभाए। सृष्टिकर्ता पर यह कोई बाध्यता नहीं है कि वह मेरी कल्पनाओं के अनुरूप मुझे देवदूत ही दे, सिर्फ़ इसलिए कि मुझे काल्पनिक पूर्णता की भूख है।

मुझे यह स्वीकार करना चाहिए कि मैं बिमला के जीवन में केवल एक संयोग था। संभव है कि उसकी प्रकृति का सच्चा मेल केवल संदीप जैसे व्यक्ति से ही हो सकता है। साथ ही, मुझे झूठी विनम्रता के कारण अपनी अस्वीकृति को अपने भाग्य का फल मानकर स्वीकार नहीं करना चाहिए। निस्संदेह, संदीप में कुछ आकर्षक गुण हैं, जिनका प्रभाव मुझ पर भी पड़ा है; पर फिर भी, मुझे पूरा विश्वास है कि वह मुझसे बड़ा व्यक्ति नहीं है। यदि आज विजय का हार उसके गले में डाला जाता है और मुझे अनदेखा कर दिया जाता है, तो उस हार बाँटने वाले को भी एक दिन उत्तर देना होगा।

मैं यह अहंकारवश नहीं कह रहा। बल्कि यह तो मात्र आवश्यकता है जिसने मुझे यहाँ ला खड़ा किया है, कि आत्म-विनाश से बचने के लिए मुझे अपने भीतर की वास्तविक गरिमा को पहचानना ही होगा। इसलिए, इस दुःखद अनुभव की यातना के माध्यम से, मुझे मुक्ति का आनंद प्राप्त हो- स्वयं पर अविश्वास से मुक्ति।

अब मैं यह भलीभाँति समझने लगा हूँ कि मेरे भीतर वास्तव में क्या है और क्या मैंने मूर्खतावश वहाँ होने की कल्पना की थी। लाभ-हानि का हिसाब अब साफ हो चुका है, और जो शेष बचा है, वह मैं स्वयं हूँ- न कोई टूटा-फूटा 'मैं', जो चिथड़ों में लिपटा हो, न कोई बीमार आत्मा, जिसे बनावटी सहारे से जीवित रखा जाए, बल्कि एक ऐसी आत्मा, जो सबसे बुरे तूफ़ानों से गुजर चुकी है, और फिर भी जीवित है।

मेरे गुरु थोड़ी देर पहले मेरे कमरे से गुजरे और मेरे कंधे पर हाथ रखकर बोले : "जाओ, निखिल, अब सोने का समय हो गया है, रात बहुत बीत चुकी है।"

सच्चाई यह है कि मेरे लिए देर रात तक सोने जाना बेहद कठिन हो गया है- जब तक कि बिमला गहरी नींद में न चली जाए। दिन में हम मिलते हैं, और बातचीत भी होती है, पर जब हम रात की उस गहरी नीरवता में अकेले होते हैं, तो मैं उससे क्या कहूँ? क्योंकि मन और तन, दोनों में मुझे गहरी लज्जा महसूस होती है।

"आप अब तक सोए क्यों नहीं, गुरुदेव?" मैंने भी पूछ लिया। मेरे गुरु थोड़ा सा मुस्कराए और चलते-चलते बोले : "मेरे सोने के दिन अब बीत गए हैं। अब मैं जाग्रत अवस्था में प्रवेश कर चुका हूँ।"

मैं यहीं तक लिख चुका था और उठकर सोने जाने ही वाला था, कि तभी मेरे सामने की खिड़की से मैंने देखा, जुलाई के भारी बादल थोड़े हटे, और एक बड़ा तारा चमकने लगा। ऐसा मालूम हुआ मानो वह मुझसे कह रहा हो : "स्वप्नलोक में बंधन बनते हैं और टूटते भी हैं, पर मैं तो सदैव यहीं हूँ- विवाह-रात्रि का अमर दीपक।"

एकाएक मेरा हृदय इस विचार से भर उठा, कि मेरी शाश्वत प्रेमिका युगों से, भौतिकता के परदे के पीछे, अडिग प्रतीक्षा कर रही है। अनेकों जीवनों में, अनेकों दर्पणों में, मैंने उसका प्रतिबिंब देखा है- टूटे हुए दर्पण, टेढ़े-मेढ़े दर्पण, धूल से ढके दर्पण में। जब भी मैंने दर्पण को अपना मानकर उसे अपने संदूक में बंद कर लेना चाहा, मैं उस छवि को खो बैठा। पर उससे क्या? मुझे दर्पण से क्या लेना, या उस छवि से भी क्या संबंध?

मेरी प्रिये, तुम्हारी मुस्कान कभी मुरझाएगी नहीं, और हर सुबह तुम्हारे माथे पर ताजा सिंदूर की रेखा मेरे लिए प्रकट होगी!

"क्या यह खुद को धोखा देने की बचकानी बहलावेबाजी नहीं?" कोई अंधेरे कोने से एक शैतानी स्वर उपहास करता है- "बच्चों को चुप कराने वाली मूर्खतापूर्ण बातें!"

हो सकता है ऐसा हो। परंतु करोड़ों बच्चों को, उनकी करोड़ों पुकारों के साथ, चुप तो कराना ही होता है। क्या यह संभव है कि यह समस्त भीड़ केवल झूठ से शांत हो जाती है? नहीं, मेरा शाश्वत प्रेम मुझे धोखा नहीं दे सकता, क्योंकि वह सच्चा है!

वह सच्ची है; इसलिए मैं उसे देख चुका हूँ और बार-बार देखता रहूँगा, यहाँ तक कि अपनी भूलों में, आँसुओं के सबसे घने धुँधलके में भी। मैंने उसे जीवन के इस बाजार की भीड़ में देखा और खो दिया, फिर पुनः पाया;

और मैं उसे एक बार फिर तब पाऊँगा, जब मैं मृत्यु की संकरी राह से पार हो जाऊँगा।

अरे, निर्दयी प्रिये! अब और मेरे साथ खेल मत खेलो! यदि मैं तुम्हारे पदचिह्नों के सहारे तुम्हारा मार्ग न खोज सका, या हवा में फैली तुम्हारे केशों की सुगंध से तुम्हारी पहचान न कर सका, तो कृपा करके मुझे इसके लिए सदा रोने को मत छोड़ो। वह अनावृत्त तारा मुझसे कहता है, भयभीत मत हो। जो शाश्वत है, वह सदा विद्यमान रहता है।

अब मुझे चलकर अपनी बिमला को देखना चाहिए। वह अपने संघर्षों से थकी हुई, अपने अंगों को बिस्तर पर फैलाए, निश्चल लेटी होगी और नींद में होगी। मैं उसके माथे पर एक चुम्बन छोड़ आऊँगा, बिना उसे जगाए- वह मेरी पूजा की पुष्पांजलि होगी। मुझे विश्वास है कि मृत्यु के बाद मैं सब कुछ भूल जाऊँगा- अपनी सारी भूलें, अपने सारे दुःख। लेकिन उस चुम्बन की स्मृति का कोई सूक्ष्म कंपन शेष रह जाएगा; क्योंकि अनेक जन्मों के चुम्बनों से जो माला बुनी जा रही है, वह मेरी शाश्वत प्रिया के सिर का मुकुट बनेगी।

घड़ी की घंटी ने दो बजने का संकेत दिया ही था कि मेरी भाभी कमरे में आ गईं। "भैया, आप क्या कर रहे हैं?"[16] उन्होंने व्यथित होकर कहा। "भगवान के लिए अब सो जाइए और इतनी चिंता मत कीजिए। मैं आपके चेहरे पर वह पीड़ा की छाया नहीं देख पा रही।" यह कहते हुए उनकी आँखों में आँसू भर आए और बह निकले।

मैं एक शब्द भी नहीं कह सका, केवल उनके चरणों की धूल ली और चुपचाप सोने चला गया।

16. जब किसी संबंध की स्थापना विवाह द्वारा होती है, या विशेष मित्रता अथवा स्नेह से उत्पन्न आपसी समझ के द्वारा, तो संबंधित व्यक्ति एक-दूसरे को उस संबंध के अनुसार संबोधित करते हैं, ना कि नाम लेकर।

बिमला की कहानी

7

प्रारंभ में मुझे न कोई संदेह था, न कोई भय। मैं तो बस अपने देश को समर्पित होने का अनुभव कर रही थी। इस पूर्ण, निस्संदेह समर्पण में कितनी अद्भुत आनंद की भावना थी! वास्तव में मैंने अनुभव किया कि संपूर्ण आत्म-विसर्जन में मनुष्य किस प्रकार परम आनंद प्राप्त कर सकता है।

जहाँ तक मुझे ज्ञात है, मेरी यह उन्मत्तता धीरे-धीरे, स्वाभाविक रूप से समाप्त हो सकती थी। लेकिन संदीप बाबू को यह स्वीकार नहीं था, वह स्वयं को प्रकट करने पर आमादा हो गए। उनकी आवाज़ की लय स्पर्श जितनी निकट हो गई, उनकी हर दृष्टि याचना करते हुए जैसे घुटनों पर गिर पड़ी। और इन सबके भीतर एक उग्र इच्छा जल रही थी, जो इतनी तीव्र थी कि मानो मुझे जड़ों से उखाड़कर बालों से घसीटती चली जाए।

मैं सत्य से मुँह नहीं मोड़ूँगी। यह विनाशकारी कामना मुझे दिन-रात अपनी ओर खींचती रही। अपने आप को बर्बाद कर देना- यह कुछ ऐसा था, जो मोहक होते हुए भी विनाशकारी मालूम होता है। कितना लज्जास्पद, कितना भयानक और फिर भी कितना मधुर था यह अनुभव!

फिर थी मेरी वह अत्यधिक जिज्ञासा, जो सीमाओं को नहीं मानती थी। जिसे मैं शायद ही जानती थी, जो कभी मेरा हो भी नहीं सकता था, जिसकी जवानी सैकड़ों लपटों की तरह प्रज्वलित थी। उसकी ज्वलंत इच्छाओं का वह रहस्य इतना विशाल, इतना अशांत!

मैंने उपासना की भावना से शुरुआत की, पर वह जल्दी ही समाप्त हो गई। मैंने संदीप का सम्मान करना भी छोड़ दिया; बल्कि, मैं उसे तुच्छ समझने लगी। फिर भी, मेरी यह शरीर-रूपी वीणा, जो मेरी भावना और कल्पना से बनी थी, उसमें एक कुशल वादक को पा गई। भले ही मैं उसके स्पर्श से सिकुड़ती थी, यहाँ तक कि अपनी ही वीणा से घृणा करने लगी थी- फिर भी, उसकी धुन गूँजती रही।

मुझे स्वीकार करना होगा कि मुझमें कुछ ऐसा था...क्या कहूँ?... जो मुझे यह कामना करने पर विवश करता कि काश मैं मर जाती!

चंद्रनाथ बाबू जब समय निकाल पाते हैं, मेरे पास आते हैं। उनमें यह शक्ति है कि वे मेरे मन को एक ऊँचाई पर उठा देते हैं, जहाँ से मैं एक क्षण में अपने जीवन की सीमाओं को चारों ओर फैला हुआ देख सकती हूँ, और समझ सकती हूँ कि जिन रेखाओं को मैंने अपनी सीमाएँ समझा, वे केवल मेरी कल्पना थीं।

पर इसका क्या लाभ? क्या मैं वास्तव में मुक्ति चाहती हूँ? चाहे दुःख हमारे घर आ जाए, चाहे मेरे भीतर की श्रेष्ठता मुरझाकर काली पड़ जाए; पर यह मोह, यह आकर्षण मुझसे दूर न हो, यही मेरी प्रार्थना लगती है।

जब विवाह से पहले मैंने अपने एक दिवंगत जेठ को देखा- शराब के नशे में पागल, जो अपनी पत्नी को पीटता था और फिर पछतावे में सुबक-सुबककर रोता और चीत्कार करता था, कसम खाता था कि फिर कभी शराब को हाथ नहीं लगाएगा, और फिर उसी शाम, बैठकर लगातार पीने लगता। यह सब देखकर मुझे घोर घृणा होती थी। लेकिन आज मेरा नशा उससे भी अधिक भयानक है। इसे न तो लाना पड़ता है, न गिलास में उड़ेलना पड़ता है; यह तो मेरी रगों के भीतर ही फूट पड़ता है, और मैं नहीं जानती कि इससे कैसे लड़ूँ।

क्या यह जीवन के अंतिम क्षण तक चलता रहेगा? कभी-कभी मैं चौंककर ख़ुद को देखती हूँ, और सोचती हूँ कि मेरा जीवन मानो कोई दुःस्वप्न है जो अचानक अपने समस्त असत्य के साथ समाप्त हो जाएगा। यह जीवन अब इतना डरावना और बेमेल हो गया है। इसका अपने अतीत से कोई संबंध नहीं रह गया। यह क्या बन गया है, और कैसे इस स्थिति तक आ गया, मैं समझ नहीं पाती।

एक दिन मेरी जेठानी ने तीखी हँसी के साथ कहा : "क्या ही अतिथि-सेवा में निपुण छोटी रानी है हमारी! उसका मेहमान तो हिलने का नाम ही नहीं लेता। हमारे ज़माने में भी मेहमान आते थे, पर इतनी सेवा-टहल नहीं मिलती थी। हम तो अपने पतियों में ही इतने मग्न रहते थे। बेचारे निखिल भइया, जरा ज़्यादा आधुनिक पैदा हो गए हैं, यही सजा पा रहे हैं। अगर उसे घर में रहना ही था, तो मेहमान बनकर आता! अब तो लगता है उसे ही घर छोड़ देना चाहिए..." "अरे छोटी चुड़ैल, क्या तुम्हारी नज़र कभी उस बेचारे के पीड़ित चेहरे पर भी पड़ती है?"

यह व्यंग्य मुझे नहीं चुभा; क्योंकि मैं जानती थी कि इन स्त्रियों में इतनी समझ नहीं थी कि वे मेरे समर्पण के कारण की प्रकृति को समझ सकें। मैं

उस समय त्याग के गौरव के सुरक्षा-कवच में लिपटी हुई थी, जिसमें ऐसे तीर मुझ तक पहुँचकर मुझे लज्जित नहीं कर सकते थे।

8

कुछ समय से देश के हित की सारी बातें बंद हो गई हैं। आजकल हमारी बातचीत आधुनिक यौन समस्याओं और अन्य विविध विषयों से भर गई है, जिसमें थोड़ी-बहुत कविता भी मिलती है। प्राचीन वैष्णव पदावली और आधुनिक अंग्रेज़ी काव्य दोनों ही। इसके साथ-साथ एक गहरी, धीमी पर सतत गूंजती धुन-सी स्वर-लहरी बहती रहती है, जैसी मैंने अपने जीवन में पहले कभी नहीं सुनी, जो मेरे लिए एक सच्चे पुरुषत्व की ध्वनि लगती है- शक्ति का स्वर- प्रतिध्वनि।

वह दिन आ गया जब हर परदा हट चुका था। अब तो यह दिखावा भी नहीं बचा था कि संदीप बाबू के रुकने का कोई कारण है, या फिर मेरे उनके साथ समय-समय पर गुप्त वार्तालाप करने का कोई औचित्य है। मुझे ख़ुद से, अपनी जेठानी से, और इस दुनिया के चाल-ढाल से घोर विरक्ति हो रही थी। और मैंने प्रतिज्ञा की कि चाहे जान ही क्यों न चली जाए, अब मैं बाहरी हिस्से में कभी नहीं जाऊँगी।

पूरे दो दिनों तक मैंने बाहर पाँव तक नहीं रखा। तब पहली बार मुझे अहसास हुआ कि मैं कितनी दूर निकल आई हूँ। मेरा जीवन पूरी तरह से नीरस लगने लगा। जिस चीज़ को छूती, उसे दूर फेंक देने का मन होता। मैं सिर से पाँव तक प्रतीक्षा करती मालूम हो रही थी। किसी चीज़ की, किसी व्यक्ति की। मेरे रक्त की धड़कनों में किसी अनाम आशा की झनकार थी।

मैंने अतिरिक्त कामों में स्वयं को व्यस्त रखने की कोशिश की। शयनकक्ष का फ़र्श पहले ही साफ था, फिर भी मैंने उसे दोबारा मेरे सामने घिसवाया। अलमारियों में वस्तुएँ एक क्रम में सजी थीं, लेकिन मैंने सब बाहर निकालकर नए तरीके से पुनः सजाया। उस दोपहर मुझे अपने बाल तक सँवारने का समय नहीं मिला; मैंने उन्हें जल्दी-जल्दी एक ढीली सी गाँठ में बाँध लिया, और स्टोर-रूम में जाकर सबको परेशान करती रही। कभी इस पर ध्यान, कभी उस पर।

सामान कुछ कम लग रहा था, संभव है हाल ही में कुछ चोरी-छिपे निकलता रहा हो, लेकिन मुझमें इतनी हिम्मत नहीं थी कि किसी को स्पष्ट रूप से दोषी ठहरा सकूँ। क्योंकि किसी के मन में यह प्रश्न उठ सकता था : "इन दिनों तुम्हारी आँखें कहाँ थीं?"

संक्षेप में, उस दिन मेरा व्यवहार एक भटकी हुई आत्मा जैसा था। अगले दिन मैंने कुछ पढ़ने की कोशिश की। मैंने क्या पढ़ा, इसका मुझे कोई भान नहीं था, लेकिन थोड़ी देर की अन्यमनस्कता के बाद मुझे पता चला कि किताब हाथ में लिए मैं भटकती हुई चली आई थी, उस गलियारे की ओर जो बाहरी हिस्सों की ओर जाता था, और एक खिड़की के पास खड़ी थी, जो उस बरामदे की ओर खुलती थी जो चौकोर आँगन के दूसरी ओर बने कमरों की कतार से लगा हुआ था। मुझे लगा कि उन कमरों में से एक कमरा अब किसी और किनारे पर चला गया है, और उस तक जाने वाली नाव अब चलनी बंद हो चुकी है। मैं स्वयं के ही दो दिन पुराने अतीत का भटकता भूत लग रही थी। जैसे वहीं ठहर जाने को अभिशप्त हूँ, परंतु फिर भी वास्तव में वहाँ न होने का अनुभव, बस शून्य दृष्टि से बाहर की ओर देखते जाना है।

जब मैं वहाँ खड़ी थी, मैंने संदीप को देखा। वह अपने कमरे से बरामदे में आया, हाथ में अखबार था। मैं देख सकती थी कि वह असामान्य रूप से व्याकुल लग रहा था। उसके सामने का आँगन, रेलिंग-मानो सब उसे क्रोध दिला रहे हों। उसने अखबार को इस तरह फेंका जैसे वह सामने की हवा को चीर देना चाहता हो।

मुझे लगा कि अब मैं अपनी प्रतिज्ञा निभा नहीं सकती। मैं बैठक की ओर बढ़ने ही वाली थी, कि अचानक देखा, मेरी जेठानी मेरे पीछे खड़ी है। "हे भगवान, अब तो हद हो गई!" वह कहती हुई चुपचाप चली गई। मैं आगे नहीं जा सकी, बाहर के कमरे तक नहीं पहुँच पाई।

अगली सुबह जब मेरी नौकरानी आई और बोली, "रानी माँ, राशन बाँटने में देर हो रही है," मैंने चाबियाँ उसकी ओर फेंकते हुए कहा, "हरिमती से कहो, वह देख ले," और मैं खिड़की के पास बैठी अंग्रेज़ी डिजाइन की कढ़ाई में लगी रही।

फिर एक सेवक पत्र लेकर आया। "संदीप बाबू ने भेजा है," उसने कहा। कितनी दुस्साहसिकता! वह सेवक क्या सोचता होगा! लिफ़ाफ़ा खोलते समय

मेरे हृदय में हल्का कंपन हुआ। पत्र पर कोई संबोधन नहीं था, केवल ये शब्द थे : "एक अत्यावश्यक विषय- देश के हित से संबंधित। संदीप।"

मैंने कढ़ाई को एक ओर फेंका और तुरंत उठ खड़ी हुई, आईने के सामने बालों को हल्का ठीक किया। मैंने वही साड़ी पहनी रखी, बस ब्लाउज बदला। क्योंकि एक खास ब्लाउज की कुछ स्मृतियाँ जुड़ी थीं।

मुझे उस बरामदे से होकर गुजरना पड़ा जहाँ मेरी जेठानी सुबह सुपारी काटा करती थीं। मैंने असहज अनुभव करने से इनकार कर दिया। "किधर चलीं छोटी रानी?" उन्होंने चुटकी ली।

"बाहर बैठक में," मैंने कहा।

"इतनी सुबह! मानो कोई नाटक देखने जा रही हो!"

और जब मैं बिना उत्तर दिए आगे बढ़ गई, तो वह मेरे पीछे कोई चंचल-सा गीत गुनगुनाने लगीं।

9

जब मैं बैठक में प्रवेश करने ही वाली थी, मैंने देखा कि संदीप 'ब्रिटिश एकेडमी' की चित्रात्मक-पुस्तिका में डूबा हुआ था, उसकी पीठ दरवाजे की ओर थी। उसे अपनी कला-विशेषज्ञता पर बड़ा अभिमान था।

एक दिन मेरे पति ने उससे कहा : "अगर चित्रकारों को कभी गुरु की आवश्यकता हो, तो जब तक तुम हो, उन्हें किसी की कमी नहीं होगी।" मेरे पति तीखी बात कहने के अभ्यस्त नहीं थे, परंतु हाल के दिनों में वे बदल गए हैं। संदीप के प्रति अब कोई रियायत नहीं रखते।

संदीप ने पलटकर कहा, "तुम्हें क्यों लगता है कि कलाकारों को शिक्षक की आवश्यकता नहीं होती?" मेरे पति ने उत्तर दिया, "कला एक सृजन है। इसलिए हमें विनम्रता से कलाकार की रचनाओं से ही कला की शिक्षा ग्रहण करनी चाहिए।"

संदीप ने इस विनम्रता पर हँसते हुए कहा : "तुम समझते हो कि विनम्रता एक ऐसी पूँजी है, जिसे जितना खर्च करो, उतनी ही बढ़ती है।" मेरा विश्वास है कि जिनमें गर्व नहीं होता, वे केवल जलकुंभी की तरह जल में बहते रहते हैं। जिनकी ज़मीन में कोई जड़ नहीं होती।

जब वे इस तरह बहस करते थे, मेरा मन विरोधाभासों से भर जाता था। एक ओर मैं चाहती थी कि मेरे पति तर्क में विजयी हों और संदीप का अभिमान चकनाचूर हो। फिर भी, दूसरी ओर, संदीप का यह निःसंकोच अभिमान मुझे आकर्षित करता था। यह एक कीमती हीरे की तरह चमकता था, जो संकोच नहीं जानता और स्वयं सूर्य के सामने भी दमकता है।

मैं कमरे में दाखिल हुई। मुझे पता था कि संदीप मेरे कदमों की आहट सुन सकता है, पर उसने अनसुना करने का दिखावा किया और अपनी नज़रें किताब पर टिकाए रखीं।

मुझे उसकी कला-वार्ताओं से डर लगता था, क्योंकि जिन चित्रों की वह बात करता है, और जैसी बातें कहता है, वे मेरे संकोच को छू जातीं हैं, और मुझे अपने भीतर की झिझक छुपाने के लिए बनावटी उदासीनता का मुखौटा ओढ़ना पड़ता है। इसलिए मैं लगभग लौट ही पड़ती हूँ, कि तभी संदीप ने एक गहरी साँस लेकर आँखें उठाईं और मुझे देखकर चौंकने का नाटक किया। "अरे, आप आ गईं!" उसने कहा।

उसकी बातों में, स्वर में, और आँखों में एक गहरे, दबे हुए उलाहने की दुनिया समाई हुई थी, जैसे मुझ पर उसका अधिकार इतना हो चुका था कि इन दो-तीन दिनों की मेरी अनुपस्थिति भी कोई गंभीर अपराध हो। मैं जानती थी कि यह व्यवहार मेरे लिए अपमानजनक है, लेकिन दुर्भाग्यवश, मुझमें इसका विरोध करने की शक्ति नहीं थी।

मैंने कोई उत्तर नहीं दिया, और भले ही मैं दूसरी ओर देख रही थी, मुझे यह तीव्र अनुभूति हो रही थी कि संदीप की करुण आँखें मेरे चेहरे पर गड़ी थीं, और किसी भी प्रकार की उपेक्षा को स्वीकार नहीं कर रही थीं। काश वह कुछ कहे, ताकि मैं उसकी बातों की आड़ लेकर स्वयं को सँभाल सकूँ। यह मेरी तीव्र इच्छा थी। यह स्थिति कितनी देर तक चली, मुझे नहीं मालूम। पर अंततः मैं इसे और सहन नहीं कर सकी। "क्या विषय है," मैंने पूछा, "जिसके लिए आपने मुझे बुलाया था?"

संदीप ने फिर से आश्चर्य का नाटक करते हुए कहा, "क्या हर बार कोई विषय होना ज़रूरी है? क्या केवल मित्रता अपने आप में अपराध है?" अरे, बिमला, यह सोचकर दुःख होता है कि तुम इस धरती की सबसे महान चीज़ को इतना हल्का समझती हो! क्या हृदय की पूजा को किसी आवारा कुत्ते की तरह भगा दिया जाएगा?"

मेरे भीतर फिर से वही कंपकंपी उठी। मुझे लग रहा था कि संकट अब टालने योग्य नहीं रहा। हर्ष और भय आपस में प्रभुत्व के लिए संघर्ष कर रहे थे। मैं सोचने लगी- क्या मेरे कंधे इतने मजबूत हैं कि इस आघात को सह सकें, या यह मुझे धूल में गिराकर छोड़ देगा?

मैं पूरी तरह कांप रही थी। स्वयं को सँभालते हुए मैंने फिर से कहा : "आपने देश के हित से जुड़ी किसी बात के लिए बुलाया था, इसलिए मैंने अपने घर के कार्य छोड़कर यहाँ आना उचित समझा।"

"यही तो मैं समझाने की कोशिश कर रहा था," उसने एक सूखी हँसी के साथ कहा। "क्या तुम नहीं जानती कि मैं यहाँ पूजा करने आता हूँ? क्या मैंने नहीं कहा कि तुम्हारे रूप में, मैं अपने देश की शक्ति को देखता हूँ? किसी देश का भूगोल ही संपूर्ण सत्य नहीं होता। कोई भी केवल नक्शे के लिए अपनी जान नहीं देता! जब मैं तुम्हें अपने सामने देखता हूँ, तभी मुझे लगता है कि मेरा देश कितना सुंदर है। जब तुम अपने हाथों से मेरा अभिषेक करोगी, तभी मैं समझूँगा कि मुझे देश का आशीर्वाद प्राप्त है; और यदि उस आशीर्वाद को हृदय में लिए मैं युद्ध में गिरूँ, तो वह किसी नक्शे की धूल पर नहीं, बल्कि एक स्नेह से बिछाए आँचल पर होगा। जानती हो कैसा आँचल? जैसी तुमने उस दिन वह मटमैले-रंग की साड़ी पहनी थी, जिसकी चौड़ी लाल किनारी थी। क्या मैं उसे कभी भूल सकता हूँ? ऐसे ही दृश्य जीवन को ऊर्जा प्रदान करते हैं, और मृत्यु को भी मधुर बना देते हैं!"

संदीप की आँखें जल उठीं जब वह बोलता रहा, पर वह आग श्रद्धा की थी या वासना की, मैं नहीं समझ सकी। मुझे वह दिन याद आ गया जब मैंने उसे पहली बार बोलते सुना था, जब मैं तय नहीं कर पाई थी कि वह मनुष्य है या कोई जीवित ज्वाला।

मुझमें एक शब्द भी कहने की शक्ति नहीं थी। जब अग्नि एक क्षण में भड़क उठे, तो मर्यादा की दीवारें कोई शरण नहीं बन पातीं, और अपनी तलवार की चमक और अट्टहास की गूंज से कंजूस की समस्त जमा-पूँजी भस्म कर देती है। मुझे भय था कि कहीं वह अपने आप को न भूल जाए और मेरा हाथ न पकड़ ले। वह काँपती अग्नि-जिह्वा की तरह कांप रहा था, उसकी आँखों से अंगारों की वर्षा मुझ पर हो रही थी।

"क्या तुम हमेशा के लिए यही ठान चुकी हो," उसने थोड़ी देर बाद पुकारा, "कि तुम अपने तुच्छ घरेलू कार्यों को देवता बना दोगी- तुम, जिसमें

यह शक्ति है कि हमें जीवन या मृत्यु की ओर भेज सको? क्या यह शक्ति तुम्हारी पर्दे में छिपाकर रखी जाएगी? झूठी लज्जा को त्याग दो, मैं प्रार्थना करता हूँ; इन कानाफूसी करने वालों की ओर ऊँगली उठाकर उपहास करो। आज ही बाहर की स्वतंत्रता में डुबकी लगा दो।"

जब संदीप की अपील में देश की पूजा और मेरी पूजा एक दूसरे में गुप्त रूप से गूंथ जाती है, तब मेरा रक्त सचमुच नाचने लगता है, और मेरी हिचकियों की दीवारें डगमगाने लगती हैं। उसकी कला और यौन विषयों पर बातें, उसके 'वास्तविक' और 'अवास्तविक' के भेद, मेरी प्रतिक्रिया को एक घृणित झिझक में जकड़ देते थे। परंतु अब यह सब फिर से एक ऐसी तेजस्विता में बदल गया, जिसके सामने मेरी घृणा भी मिट गई। मैंने अनुभव किया कि मेरा तेजस्वी नारीत्व वास्तव में मुझे एक देवी बना रहा था। क्यों न इसका तेज मेरे मस्तक से झलकते प्रकाश की तरह प्रकट हो? क्यों मेरी वाणी को कोई शब्द नहीं मिलता, कोई ऐसी ध्वनि नहीं, जो मेरे देश के लिए अग्नि-संस्कार के समान कोई पावन मंत्र बन जाए?

अचानक मेरी नौकरानी खेमा बिखरे बालों और अस्त-व्यस्त अवस्था में कमरे में घुस आई। "मेरी मजदूरी दीजिए और मुझे जाने दीजिए," वह चिल्लाई। "अपने जीवन में मैंने कभी इतना अपमान नहीं सहा..." आगे के शब्द उसके रुद्ध स्वर और सिसकियों में डूब गए।

"क्या बात है?"

मालूम हुआ कि ठाको, बड़ी रानी की दासी, ने बिना किसी कारण उसे बहुत ही भद्दे और अपमानजनक शब्द कहे थे। वह इतनी विचलित अवस्था में थी कि यह कहना कि मैं बाद में इस बात की जांच करूँगी, उसे शांत करने का कोई उपाय नहीं था।

नारीत्व की कमल-समान पवित्रता के नीचे छिपे घरेलू जीवन का कीचड़ सतह पर आ गया। मैं नहीं चाहती थी कि संदीप इस दृश्य को अधिक देर तक देखे, इसलिए मुझे शीघ्र भीतर लौट जाना पड़ा।

10

मेरी जेठानी अपने पान के सुपारी में तल्लीन थीं, होंठों पर एक हल्की-सी मुस्कान की झलक थी, मानो कुछ भी असामान्य घटित ही न हुआ हो। वह अब भी वही गीत गुनगुना रही थीं।

"आपकी ठाको ने बेचारी खेमा को गालियाँ क्यों दी हैं?" मैं झल्लाकर बोल उठी।

"सचमुच? वह दुष्टा! मैं उसे झाड़ू पकड़ाकर घर से निकलवा दूँगी। कितनी शर्म की बात है कि तुम्हारी यह सुबह की सैर इस तरह खराब हो गई! और खेमा... उस छिछोरी को यह भी नहीं मालूम कि जब तुम किसी से मिल रही हो, तब बीच में नहीं आते! खैर, छोटी रानी, तुम इन घरेलू झगड़ों की फ़िक्र मत करो। उन्हें मुझ पर छोड़ दो और अपने मित्र के पास लौट जाओ।"

कैसे अचानक हमारे मन की पतवार में लगी हवा की दिशा बदल जाती है! जनाना मर्यादा के दृष्टिकोण से संदीप से बाहर जाकर मिलना, सच में, एक असाधारण और मर्यादाभंग करने वाला कार्य लगने लगा। मैं कोई उत्तर न सूझने पर अपने कमरे में लौट गई। मैं जानती थी कि यह सब मेरी जेठानी की ही चाल थी और उसी ने अपनी नौकरानी को उकसाकर यह सारा दृश्य रचाया था। लेकिन अपने मन को मैंने इतनी अस्थिर स्थिति में पहुँचा दिया था कि अब मैं अपने मन की बात करने का साहस ही नहीं जुटा सकी।

अभी कुछ ही दिन पहले मुझे यह एहसास हुआ कि मैं उस कठोर और अडिग गर्व को अंत तक बनाए नहीं रख सकी, जिसके साथ मैंने अपने पति से ननकू को निकाल देने की माँग की थी। मैं अचानक लज्जित हो उठी, जब बड़ी रानी आकर बोलीं : "यह तो सचमुच मेरी ही गलती है, भैया। हम पुराने विचारों के लोग हैं, और मुझे तुम्हारे संदीप बाबू का व्यवहार कुछ अच्छा नहीं लगा, इसलिए मैंने बस पहरेदार से कह दिया... पर मुझे क्या पता था कि हमारी छोटी रानी इसे अपमान समझ लेंगी? मुझे तो उल्टा ही लगा था! यह तो बस मेरी सुधार न सकने वाली मूर्खता है!"

जो बात देश के उद्देश्य को ऊँचाइयों से देखने पर गौरवशाली मालूम होती है, वही नीचे से देखने पर कीचड़ के समान लगती है। शुरुआत क्रोध से होती है, फिर घृणा का अनुभव होता है।

मैं अपने कमरे में चली गई और खिड़की के पास बैठकर सोचने लगी। कितना आसान होता जीवन, यदि कोई अपने वातावरण के साथ सामंजस्य बनाए रख सकता। बड़ी रानी कितनी सहजता से अपने बरामदे में सुपारी के साथ बैठती हैं, और मेरी अपनी वह स्वाभाविक जगह, जहाँ मेरा रोजमर्रा का जीवन था, अब मेरे लिए कितनी दूर हो गई है! मैंने स्वयं से पूछा- यह सब कहाँ जाकर थमेगा? क्या मैं कभी इस बुखार जैसी स्थिति से उबर सकूँगी और सब कुछ भूल जाऊँगी; या फिर मैं ऐसे गर्त में जा रही हूँ जहाँ से इस जीवन में मुक्ति असंभव है? मैंने अपने सौभाग्य को कैसे जाने दिया, और अपनी ज़िंदगी को यूँ कैसे बिगाड़ डाला? इस कमरे की हर दीवार, जिसमें मैं नौ साल पहले एक दुल्हन बनकर आई थी, आज मुझे हैरानी और दुःख से देख रही है।

जब मेरे पति एम.ए. की परीक्षा के बाद घर लौटे थे, तो वे मेरे लिए समुद्र पार के किसी दूर देश का एक ऑर्किड पौधा लाए थे। इन थोड़े-से पत्तों के नीचे से फूलों की ऐसी झड़ी फूटी कि ऐसा लगता था मानो सौंदर्य का कोई उलटा घड़ा बह रहा हो। हमने मिलकर तय किया था कि इसे इस खिड़की के ऊपर टाँग देंगे। वह केवल एक बार खिला, लेकिन हम हमेशा इसकी फिर से खिलने की आशा में रहे। अजीब बात है कि मैं आज भी इसे आदतन पानी देती हूँ- और यह आज भी हरा है।

अब चार साल हो गए जब मैंने अपने पति की तस्वीर को हाथीदांत के फ्रेम में रखकर वहाँ उस आले में रखा था। अगर मेरी नज़र उधर चली जाए, तो मुझे अपनी आँखें झुका लेनी पड़ती हैं। पिछले हफ़्ते तक मैं रोज नहाने के बाद वहाँ पूजा के फूल रखती थी। मेरे पति ने इस बात पर मुझे कई बार टोका है। "मुझे शर्म आती है कि तुम मुझे उस ऊँचाई पर रखती हो, जिसका मैं अधिकारी नहीं हूँ," उन्होंने एक दिन कहा।

"क्या मूर्खता है!" मुझे न केवल शर्म आती है, बल्कि ईर्ष्या भी होती है।

"सुनो तो सही! ईर्ष्या, किससे भला?"

"उस झूठे यानी मुझसे। यह तो यही दिखाता है कि मैं तुम्हारे योग्य नहीं, और तुम किसी असाधारण पुरुष की कामना करती हो जो तुम्हें अपनी महानता से अभिभूत कर दे। और इसलिए तुमने अपने लिए एक दूसरा 'मैं' गढ़ लिया है, जिसमें तुम शरण लेती हो।"

"इस तरह की बात मुझे गुस्सा दिलाती है," मैंने कहा।

"मुझसे गुस्सा करने से क्या लाभ?" उन्होंने उत्तर दिया। "अपने भाग्य को दोष दो, जिसने तुम्हें कोई विकल्प नहीं दिया और आँखें बंद करके मुझसे बाँध दिया। अब तुम उसी गलती को सुधारने के लिए मुझे एक आदर्श पुरुष बना रही हो।"

इस विचार से ही मुझे इतनी ठेस पहुँची कि उस दिन मेरी आँखों से आँसू बह निकले। और जब भी मैं उस बात को याद करती हूँ, उस आले की ओर नज़र उठाना मुझसे नहीं होता।

अब मेरे गहनों के डिब्बे में एक और तस्वीर है। कुछ दिन पहले जब मैं बैठक सजा रही थी, तब मैंने वह डबल फ्रेम हटा लिया जिसमें संदीप की तस्वीर मेरे पति की तस्वीर के साथ थी। इस तस्वीर पर मैं पूजा के फूल नहीं चढ़ाती, लेकिन यह मेरे रत्नों के नीचे छुपी रहती है। इसका आकर्षण और भी बढ़ जाता है क्योंकि यह गुप्त है। मैं कभी-कभी दरवाजे बंद कर इसे देखती हूँ। रात को मैं दीपक बढ़ाकर उसे हाथ में लेकर देर तक निहारती रहती हूँ। हर रात मैं सोचती हूँ कि इसे दीपक की लौ में जला दूँ और सदा के लिए इस संबंध का अंत कर दूँ; पर हर रात एक आह भरकर मैं इसे फिर से अपने मोतियों और हीरों में छिपा देती हूँ।

अरे, अभागिनी स्त्री! इन गहनों में कितने प्रेम के धागे उलझे हुए थे! हाय! मैं मर क्यों नहीं जाती?

संदीप ने बार-बार यह बात मेरे मन में बैठा दी थी कि स्त्री के स्वभाव में हिचक नहीं होती। उसके लिए न दायाँ होता है, न बायाँ – वह बस आगे बढ़ती है। जब हमारे देश की स्त्रियाँ जागेंगी, वह बार-बार जोर देकर कहता था, तो उनकी आवाज़ में कोई झिझक नहीं होगी, वो स्पष्ट, दृढ़ और निडर होंगी, जब वो पुकारेंगी : "मैं चाहती हूँ!

"मैं चाहती हूँ!" एक दिन संदीप ने कहा- यह वही मूल शब्द है, जो समस्त सृष्टि की जड़ में है। इस शब्द का मार्गदर्शन करने वाला कोई सिद्धांत नहीं था, फिर भी यह अग्नि बना और स्वयं को सूर्य और तारों में ढाल दिया। इसकी पक्षपातपूर्ण प्रवृत्ति भयानक है। क्योंकि इसमें मनुष्य की इच्छा थी, इसने उस इच्छा को पाने के लिए करोड़ों वर्षों तक निर्दयतापूर्वक करोड़ों पशुओं की बलि दे दी। वह भयावह शब्द "मैं चाहती हूँ" अब स्त्री में साकार हो चुका है, और इसी कारण पुरुष, जो कि कायर हैं- पूरे बल से इस आदिम बाढ़ को मिट्टी के बाँधों से रोकने की चेष्टा करते हैं। उन्हें डर है कि यह

हँसती-खेलती हुई बाढ़ उनके कद्दू के खेत की समस्त बाड़ और सहारों को बहा न ले जाए। हर युग में पुरुष स्वयं को यह समझाकर बहलाते हैं कि उन्होंने इस शक्ति को अपनी सुविधा की सीमाओं में बाँध लिया है, परंतु यह शक्ति भीतर ही भीतर इकट्ठी होती रहती है और बढ़ती रहती है। अभी यह झील की तरह शांत और गहरी है, लेकिन धीरे-धीरे इसका दबाव बढ़ेगा, बाँध टूटेंगे, और वह शक्ति, जो अब तक मौन थी, एक दहाड़ के साथ आगे बढ़ेगी- "मैं चाहती हूँ!"

संदीप के ये शब्द मेरे हृदय की धड़कनों में युद्ध के नगाड़ों की तरह गूँजने लगे। ये शब्द मेरे भीतर के सभी द्वंद्वों को लज्जा से चुप करा देते हैं। मुझे क्या फर्क पड़ता है कि लोग मेरे बारे में क्या सोचते हैं? उस ऑर्किड और मेरे शयनकक्ष के आले का क्या मूल्य है? उनमें मुझे तुच्छ दिखाने या लज्जित करने की शक्ति ही क्या है? सृष्टि की मूल अग्नि मुझमें प्रज्वलित है।

मुझे तीव्र इच्छा हुई कि उस ऑर्किड को खींचकर नीचे उतार दूँ और खिड़की से बाहर फेंक दूँ, उस आले से तस्वीर हटा दूँ, अपने भीतर उठ रहे उस निर्वस्त्र, निःसंकोच विनाश के उन्माद को खुलकर प्रकट कर दूँ। मेरा हाथ उठ चुका था, पर अचानक मेरे हृदय में एक तीव्र पीड़ा उठी, मेरी आँखों में आँसू भर आए। मैं ज़मीन पर गिर पड़ी और फफक कर रो पड़ी- "इन सबका अंत क्या है? इसका अंत क्या है?

संदीप की कहानी

4

जब मैं अपने जीवन की कथा के इन पृष्ठों को पढ़ता हूँ, तो गहराई से अपने आपसे प्रश्न करता हूँ : क्या यह संदीप है? क्या मैं केवल शब्दों से बना हूँ? क्या मैं केवल एक पुस्तक हूँ, जिसमें मांस और रक्त की जिल्द चढ़ी है?

चंद्रमा की तरह पृथ्वी कोई निर्जीव वस्तु नहीं है। वह साँस लेती है। उसकी नदियाँ और सागर वाष्प बनाकर ऊपर उठते हैं, और इन्हीं में वह आवृत्त रहती है। वह अपनी ही धूल की चादर में ढकी रहती है, जो वायु में उड़ती रहती है। जो उसे बाहर से निहारता है, वह केवल इस वाष्प और

धूल से परावर्तित प्रकाश को ही देख सकता है। विशाल महाद्वीपों के चिह्न स्पष्ट रूप से दिखाई नहीं देते।

मनुष्य, जो कि इस पृथ्वी की ही तरह जीवित है, उसी प्रकार अपने विचारों की धुंध में हमेशा ढका रहता है। जिसे वह स्वयं साँसों के साथ बाहर छोड़ रहा होता है। उसकी वास्तविक भूमि और जल छिपे रहते हैं, और वह केवल प्रकाश और छायाओं से बना हुआ प्रतीत होता है।

मुझे ऐसा मालूम होता है कि, अपने जीवन की इस कथा में, मैं किसी जीवित पौधे की तरह एक आदर्श जगत का चित्र प्रदर्शित कर रहा हूँ। लेकिन मैं केवल वह नहीं हूँ जो मैं चाहता हूँ, या जो मैं सोचता हूँ। मैं वह भी हूँ जिसे मैं प्रेम नहीं करता, जो मैं होना नहीं चाहता। मेरा सृजन तो मेरे जन्म से पहले ही प्रारंभ हो चुका था। मेरे पास अपने परिवेश को चुनने का कोई विकल्प नहीं था, अतः जो कुछ भी मेरे हाथ आया, उसी से सर्वश्रेष्ठ बनाना मुझे सीखना पड़ा।

मेरे जीवन-दर्शन ने यह निश्चित कर दिया है कि महान व्यक्ति क्रूर होते हैं। न्याय करना साधारण लोगों का काम है; महान लोगों के लिए अन्याय करना आरक्षित है। पृथ्वी की सतह समतल थी। ज्वालामुखी ने अपने अग्निमय सींग से उसे धक्का दिया और अपनी ही ऊँचाई पा ली- उसका न्याय अपने मार्ग में आए अवरोध के प्रति नहीं, बल्कि स्वयं के प्रति था। सफल अन्याय और वास्तविक क्रूरता ही वे शक्तियाँ रही हैं जिनसे कोई व्यक्ति या राष्ट्र करोड़पति या सम्राट बना है।

इसीलिए मैं "महान अन्याय की शिक्षा" का उपदेश देता हूँ। मैं सबको कहता हूँ : मुक्ति की नींव अन्याय पर ही है। अन्याय वह अग्नि है जिसे स्वयं को राख बनने से बचाने के लिए निरंतर कुछ न कुछ जलाते रहना पड़ता है। जब भी कोई व्यक्ति या राष्ट्र अन्याय करने में अक्षम हो जाता है, तो वह इस संसार के कूड़ेदान में फेंक दिया जाता है।

अब तक यह केवल मेरा एक विचार भर है- यह मैं पूरी तरह नहीं हूँ। इस कवच में दरारें हैं, जिनसे कुछ ऐसा झाँकता है जो अत्यंत कोमल और संवेदनशील है। क्योंकि, जैसा कि मैं कह चुका हूँ, मेरा श्रेष्ठतम अंश मेरी इस वर्तमान स्थिति में आने से पहले ही रच दिया गया था।

समय-समय पर मैं अपने अनुयायियों की क्रूरता की परीक्षा लेता हूँ। एक दिन हम पिकनिक पर गए। पास ही एक बकरी चर रही थी। मैंने उनसे

पूछा, "तुममें कौन है जो इस चाकू से उस जीवित बकरी की टांग काटकर मेरे पास ला सकता है?" जब वे सभी झिझकते रहे, तब मैं स्वयं गया और मैंने यह कर दिखाया। उनमें से एक तो यह दृश्य देखकर बेहोश हो गया। परंतु जब उन्होंने मुझे निर्लिप्त देखा, तो वे मेरे चरणों की धूल लेकर कहने लगे कि मैं समस्त मानवीय दुर्बलताओं से ऊपर हूँ। अर्थात्, उस दिन उन्होंने केवल उस धुँधले आवरण को देखा जो मेरा विचार था, पर वे मेरे भीतर के उस "मैं" को न देख सके, जिसे किसी विचित्रता के भाग्यवश कोमल और दयालु बनाया गया है।

मेरे जीवन के वर्तमान अध्याय में, जो प्रतिदिन बिमला और निखिल के इर्द-गिर्द और अधिक रोमांचक होता जा रहा है- उसमें भी बहुत कुछ है जो भीतर छिपा हुआ है। विचारों का यह रोग, जो मुझे ग्रसित किए हुए है, मेरे अंतर्मन को एक रूप दे रहा है; फिर भी मेरे जीवन का एक बड़ा भाग इसकी पकड़ से बाहर है; और इस प्रकार मेरी बाहरी जीवन-शैली और मेरे भीतर के स्वरूप के बीच विरोधाभास उत्पन्न हो गया है, जिसे मैं पूरी कोशिश करता हूँ कि स्वयं से भी छुपाए रखूँ; अन्यथा यह न केवल मेरी योजनाओं को, बल्कि मेरे पूरे जीवन को ही तहस-नहस कर सकता है।

जीवन अनिश्चित है- विरोधाभासों की एक गठरी है। हम मनुष्य अपने विचारों के सहारे इसे एक निश्चित रूप देने का प्रयत्न करते हैं, इसे एक साँचे में ढालकर- "सफलता" के स्पष्ट रूप में। सभी विश्व विजेता- अलेक्जेंडर से लेकर आधुनिक अमेरिकी करोड़पतियों तक या तो स्वयं को तलवार बना लेते हैं, या कोई टकसाल, और इस प्रकार वे अपने उस स्पष्ट रूप को पा लेते हैं, जो उनकी सफलता का मूल स्रोत होता है।

मेरे और निखिल के बीच का मुख्य मतभेद इस बात को लेकर है : कि मैं भी "अपने आप को जानो" कहता हूँ और निखिल भी यही कहता है, लेकिन उसका अर्थ इस 'जानने' को ऐसा बना देता है मानो वह 'न जानना' हो।

"तुम्हारी जैसी सफलता पाना," निखिल ने एक बार आपत्ति जताते हुए कहा, "ऐसी सफलता है जो आत्मा को खोकर मिलती है; पर आत्मा, सफलता से कहीं अधिक मूल्यवान है।"

मैंने बस इतना कहा : "तुम्हारी बातें बहुत अस्पष्ट हैं।"

"इसका मैं कुछ नहीं कर सकता," निखिल ने उत्तर दिया। "मशीन स्पष्ट हो सकती है, पर जीवन नहीं।" अगर तुम स्पष्टता के लिए जीवन

को मशीन की तरह समझना चाहो, तो वह स्पष्टता सत्य का प्रतिनिधित्व नहीं करती। आत्मा सफलता जितनी स्पष्ट नहीं होती, और इसलिए जब तुम उसे सफलता में खोजते हो, तो उसे खो बैठते हो।"

"तो फिर यह अद्भुत आत्मा है कहाँ?"

"जहाँ वह स्वयं को अनंत में पहचानती है, और अपनी सफलता से ऊपर उठ जाती है।"

"पर यह सब हमारे देश के लिए किए जा रहे कार्य पर कैसे लागू होता है?"

"वही बात यहाँ भी है। जब हमारा देश स्वयं को ही अंतिम लक्ष्य मान लेता है, तब वह आत्मा की कीमत पर सफलता प्राप्त करता है। जहाँ वह परम को सर्वश्रेष्ठ मानता है, वहाँ हो सकता है वह सफलता से चूक जाए, लेकिन अपनी आत्मा को पा लेता है।"

"क्या इतिहास में इसका कोई उदाहरण है?"

"मनुष्य इतना महान है कि वह न केवल सफलता को तुच्छ समझ सकता है, बल्कि उदाहरण को भी। संभव है कि उदाहरण न हो, जैसे बीज में फूल का कोई प्रत्यक्ष उदाहरण नहीं होता। लेकिन फिर भी, बीज के भीतर फूल बनने की एक गहरी आकुलता होती है।"

यह नहीं है कि मैं निखिल का दृष्टिकोण बिलकुल नहीं समझता; असल में यही तो मेरे लिए सबसे बड़ा संकट है। मैं भारत में जन्मा हूँ और इसकी आध्यात्मिकता का विष मेरी नसों में बहता है। चाहे मैं आत्मत्याग के मार्ग को कितना ही पागलपन कहकर नकारूँ, मैं पूरी तरह उससे बच नहीं सकता।

इसी प्रकार की विचित्र विसंगतियाँ आजकल हमारे देश में देखने को मिलती हैं। हमें चाहिए कि हमारे पास धर्म भी हो और राष्ट्रवाद भी; हमारी *भगवद्गीता* भी हो और हमारा *वंदे मातरम्* भी। परिणाम यह होता है कि दोनों ही पक्ष पीड़ित होते हैं। यह वैसा है जैसे किसी अंग्रेज़ सैन्य बैंड के साथ-साथ हमारी भारतीय बाँसुरी और शहनाई भी बज रही हो। मुझे अपने जीवन का उद्देश्य बना लेना चाहिए कि इस घृणित भ्रम का अंत करूँ। मैं चाहता हूँ कि पश्चिमी सैन्य शैली विजयी हो, न कि भारतीय। तब हमें अपने उस ध्वज पर शर्म नहीं आएगी, जो हमारे जुनून का प्रतीक है, जिसे प्रकृति माता ने जीवन के युद्धक्षेत्र में हमारे साथ हमारे ध्वज के रूप में भेजा है। जुनून सुंदर है और पवित्र भी, उतना ही पवित्र जितना कीचड़ में से उगने

वाला कमल का पुष्प। यह अपने अपवित्र स्रोत से ऊपर उठ जाता है और इसे धोने के लिए किसी पियर्स साबुन की आवश्यकता नहीं होती।

5

पिछले कुछ दिनों से एक प्रश्न मुझे परेशान कर रहा है। मैं क्यों अपने जीवन को बिमला के जीवन में उलझने दे रहा हूँ? क्या मैं कोई बहती हुई लकड़ी हूँ, जो जहाँ-तहाँ अटक जाए हर बाधा पर?

यह नहीं कि मुझे कोई झूठी लज्जा हो कि बिमला मेरी इच्छा का विषय बन गई है। यह तो पूरी तरह स्पष्ट है कि वह मुझे चाहती है, और इसीलिए मैं उसे पूरी वैधता से अपनी मानता हूँ। फल डाली पर डंठल से लटका होता है, पर इसका यह अर्थ नहीं कि डंठल का उस पर सदा के लिए अधिकार हो। पका हुआ फल अपनी ढीली होती पकड़ को लेकर हमेशा उसकी कसम नहीं खा सकता। उसकी सारी मिठास मेरे लिए ही संचित हुई है; मेरे हाथों में समर्पण करना ही उसके अस्तित्व का कारण है, उसका स्वभाव है, उसका सच्चा धर्म है। इसलिए मुझे उसे तोड़ना ही होगा, क्योंकि उसे व्यर्थ जाने देना मेरे लिए शोभा नहीं देता।

लेकिन जो बात मुझे परेशान कर रही है, वह यह है कि मैं स्वयं उलझता जा रहा हूँ। क्या मेरा जन्म शासन करने के लिए नहीं हुआ? क्या मैं अपनी यथोचित सवारी – जनसमूह – पर सवार होकर उसे अपनी इच्छा के अनुसार नहीं चलाऊँ? लगाम मेरे हाथ में, मंजिल केवल मुझे ज्ञात है, और उसी के लिए रास्ते के काँटे, कीचड़, सब मैं सहूँ? वो सवारी तो अब दरवाज़े पर तैयार खड़ी है, पैर पटकती हूँ, लगाम चबाती हुई, उसकी हिनहिनाहट आसमान तक गूंज रही है। लेकिन मैं कहाँ हूँ, कर क्या रहा हूँ, जब हर दिन, हर पल, एक-एक सुनहरा अवसर मेरे हाथों से फिसलता जा रहा है?

मैं पहले यह सोचता था कि मैं एक तूफ़ान के समान हूँ- कि जो फूल मैं अपने मार्ग नें बिखेरता गया, चाहे वे दब गए हों, वे मेरे आगे बढ़ने में बाधा नहीं बनेंगे। पर मैं तो केवल एक मधुमक्खी की तरह फूल के चारों ओर मंडरा रहा हूँ- तूफ़ान नहीं हूँ। इसलिए, जैसा कि मैं कह रहा था, मनुष्य अपने विचारों को जो रंग देता है वह केवल सतही होता है। अंदर का मनुष्य पहले की ही तरह साधारण बना रहता है। यदि कोई ऐसा हो जो मुझे भीतर तक

देख सके और मेरी जीवनी लिखे, तो वह मुझे उस मूर्ख पंचू से, या यहाँ तक कि निखिल से भी भिन्न नहीं पाएगा!

कल रात मैं अपनी पुरानी डायरी के पन्ने पलट रहा था...मैंने अभी-अभी की उपाधि प्राप्त की थी, और मेरा मस्तिष्क दर्शन से भरा हुआ था। इतनी कम आयु में ही मैंने यह संकल्प किया था कि मैं न तो अपने और न ही दूसरों के किसी भ्रम को मन में स्थान दूँगा, बल्कि मैं अपने जीवन को यथार्थ की ठोस नींव पर स्थापित करूँगा। परंतु तब से अब तक इसकी वास्तविक कहानी क्या रही है? उस ठोसपन का क्या हुआ? यह तो एक जाल जैसा बन गया है, जिसमें धागा तो अवश्य जुड़ा है, परंतु स्थान अधिक छेदों ने घेर लिया है। चाहे मैं जितना भी संघर्ष करूँ, ये हार मानने को तैयार नहीं हैं। जैसे ही मैं स्वयं को यह कहकर बधाई दे रहा था कि मैं निरंतर धागे का अनुसरण कर रहा हूँ- तभी मैं बुरी तरह एक छेद में फँस गया हूँ! क्योंकि अब मैं पश्चाताप के प्रति संवेदनशील हो गया हूँ।

"मैं इसे चाहता हूँ, यह यहाँ है, मुझे इसे ले लेने दो"- यह एक स्पष्ट, सीधी-सादी नीति है। जो लोग इस मार्ग पर दृढ़ता से चलते हैं, वे अंततः अवश्य ही सफल होते हैं। परंतु देवता यह नहीं चाहते कि यह यात्रा इतनी सरल हो, इसलिए उन्होंने 'सहानुभूति' नाम की मोहिनी को पथिक को भटकाने के लिए भेज दिया है, जो अपने आँसुओं की धुंध से उसकी दृष्टि को धुंधला कर देती है।

मैं देख सकता हूँ कि बेचारी बिमला एक फँसे हुए हिरण की भाँति संघर्ष कर रही है। उसकी आँखों में कितनी करुण भय-चेतना है! वह किस प्रकार अपने बंधनों को तोड़ने के प्रयास में छटपटा रही है! यह दृश्य तो निःसंदेह एक सच्चे शिकारी के हृदय को प्रसन्न कर सकता है। और मैं भी आनंदित होता हूँ, लेकिन साथ ही, मैं भावुक भी हो जाता हूँ, और इसलिए मैं विलंब करता हूँ, और इस कगार पर खड़े होकर फाँस को कसने में हिचकिचा रहा हूँ।

मुझे पता है, कुछ ऐसे क्षण आए थे जब मैं उसके पास दौड़कर जा सकता था, उसके हाथ पकड़ सकता था और उसे बिना किसी प्रतिरोध के अपने हृदय से लगा सकता था। यदि मैंने ऐसा किया होता, तो वह एक शब्द भी न कहती। उसे यह आभास था कि कोई संकट आसन्न है, जो क्षण भर में ही समस्त संसार के अर्थ को बदल कर रख देगा। उस अनिश्चित, किंतु प्रत्याशित गुफा के द्वार पर खड़ी होकर उसका चेहरा पीला पड़ गया और उसकी आँखों में भयभीत-सी

परमानंद की ज्योति चमक उठी। जब वह क्षण आता, तो उसमें एक संपूर्ण शाश्वतता आकार लेती, जिसकी हमारा भाग्य साँस रोके प्रतीक्षा करता है।

परंतु मैंने इस क्षण को हाथ से निकल जाने दिया। मैंने निश्चय के कगार पर खड़े उस अवसर को अपनी पूर्ण दृढ़ता से निश्चितता में परिवर्तित नहीं किया। अब मुझे स्पष्ट दिखता है कि मेरी प्रकृति के कुछ छिपे हुए तत्त्व खुलकर मेरे मार्ग में बाधा बनकर खड़े हो गए हैं।

यही वह बात है कि रावण, जिसे मैं रामायण का वास्तविक नायक मानता हूँ, इसी प्रकार अपने विनाश से मिला। उसने सीता को अशोक वाटिका में रखा, उसकी स्वीकृति की प्रतीक्षा में, उसे बलपूर्वक अपने अंतःपुर में ले जाने के स्थान पर। उसके इस भव्य चरित्र में जो यह एक दुर्बलता थी, उसी ने उसके संपूर्ण हरण कांड को निष्फल कर दिया। ऐसा ही एक और पश्चाताप का क्षण उसे अपने विश्वासघाती भाई विभीषण को नज़रअंदाज़ करने और उसके प्रति सहानुभूतिशील बनने को बाध्य करता है- और अंततः उसी कारण उसे मृत्यु मिलती है।

इस प्रकार जीवन में जो त्रासदी है, वह अपने आप आती है। प्रारंभ में वह एक छोटी-सी बात होती है, जो किसी अंधेरे तहखाने में छिपी रहती है, और अंततः वह समस्त ढाँचे को गिरा देती है। वास्तविक त्रासदी यह है कि मनुष्य स्वयं को सच में जो है, वह नहीं जानता।

6

फिर, निखिल भी तो है। वह चाहे जितना सनकी हो, और मैं उस पर चाहे जितना हँस लूँ, मैं इस विचार से मुक्त नहीं हो सकता कि वह मेरा मित्र है। पहले मैं उसके दृष्टिकोण पर कोई ध्यान नहीं दिया करता था, परंतु हाल ही में, वह मुझे लज्जित करने और भीतर से आहत करने लगा है। इसलिए मैं उससे उसी पुराने उत्साह के साथ बातचीत और तर्क करने का प्रयास करता रहा हूँ, लेकिन यह अब ठीक नहीं लगता। यह स्थिति मुझे कभी-कभी इतनी बनावटी बनाती है कि मैं उससे सहमत होने का ढोंग तक करने लगता हूँ। परंतु ऐसा ढोंग न तो मेरी प्रकृति में है, और न ही निखिल की। कम से कम यह एक बात हम दोनों में समान है। इसीलिए आजकल मैं उससे मिलने से

बचना चाहता हूँ, और उसकी उपस्थिति से बचते रहने की आदत सी बना ली है।

ये सब दुर्बलता के संकेत हैं। जैसे ही किसी गलती की संभावना को मन में स्वीकार किया जाता है, वह तुरंत वास्तविक बन जाती है, और वह तुम्हें गले से पकड़ लेती है, चाहे तुम फिर उसे नकारने का कितना भी प्रयास क्यों न करो। मैं निखिल से साफ-साफ कहना चाहता हूँ कि, ऐसी घटनाओं का सामना सीधे करना चाहिए। उन्हें एक महान यथार्थ की तरह स्वीकार करना चाहिए और जो सच्चाई है, उसे सच्चे मित्रों के बीच बाधा नहीं बनने देना चाहिए।

इससे इनकार नहीं किया जा सकता कि मैं सचमुच कमज़ोर हो गया हूँ। बिमला को जीतने वाली यह कमज़ोरी नहीं थी, उसने अपने पंख मेरी निःसंकोच, पूर्ण पुरुषत्व की ज्वाला में जला दिए थे। जब भी उस तेज में धुआँ भर जाता है, वह भी भ्रमित हो जाती है और पीछे हट जाती है। तब उसके भीतर पूरी तरह से भावना की विकृति आ जाती है, और वह चाहती है कि जो माला उसने मेरे गले में डाली है, उसे वापस ले ले, पर वह ऐसा नहीं कर सकती, और इसलिए वह केवल अपनी आँखें मूँद लेती है, ताकि उसे देख न सके।

किंतु फिर भी, मुझे उस पथ से विचलित नहीं होना चाहिए जो मैंने स्वयं के लिए निर्धारित किया है। देश के उद्देश्य को, विशेष रूप से इस समय, छोड़ देना उचित नहीं होगा। मैं बिमला को अपने देश के साथ एक रूप कर दूँगा। वह उग्र पश्चिमी हवा, जिसने देश के विवेक का परदा उड़ा दिया है, वही हवा बिमला के चेहरे से पत्नी का परदा भी उड़ा देगी, और उस अनावरण में कोई लज्जा नहीं होगी। जहाज हिलेगा जब वह भीड़ को महासागर के पार ले जाएगा, और 'वंदे मातरम्' का ध्वज लहराता रहेगा, और वही मेरा सामर्थ्य और मेरा प्रेम-दोनों का पालना बनेगा।

बिमला स्वतंत्रता का इतना भव्य दृश्य देखेगी, कि उसके बंधन अपने आप ढीले हो जाएँगे। बिना किसी लज्जा के, यहाँ तक कि बिना उसके जाने भी। इस भयानक परंतु मोहक विध्वंसकारी शक्ति की सुंदरता से मोहित होकर, वह एक क्षण को भी निर्दय बनने में नहीं हिचकिचाएगी। मैंने बिमला के स्वभाव में उस क्रूरता को देखा है, जो अस्तित्व की अंतर्निहित शक्ति है। वह क्रूरता जो अपनी निर्दय शक्ति से संसार को सुंदर बनाए रखती है।

काश, स्त्रियों को उन बनावटी बंधनों से मुक्त किया जा सके, जो पुरुषों ने उनके चारों ओर बाँध रखे हैं, तो हम धरती पर काली का जीवित रूप देख सकते। निर्लज्ज, निर्मम देवी का। मैं काली का उपासक हूँ, और एक दिन मैं उसका सच्चा पूजन करूँगा, बिमला को विनाश की वेदी पर स्थापित करके। इसके लिए मुझे तैयार होना होगा।

हम दोनों के लिए पीछे लौटने का मार्ग अब पूर्णतः बंद हो चुका है। हम एक-दूसरे को लूटेंगे, एक-दूसरे से घृणा करने लगेंगे, पर कभी मुक्त नहीं हो सकेंगे।

अध्याय पाँच

निखिल की कहानी

4

सारा दृश्य अगस्त की बाढ़ के साथ लहरों में डूबा और झूमता हुआ मालूम हो रहा है। धान के कोमल पौधों में शिशु-अंगों के समान चमक है। जल ने हमारे घर के बगल के बाग को घेर लिया है। सुबह की रौशनी, जैसे नीले आकाश का प्रेम, पृथ्वी पर भरपूर बरस रहा है...तो फिर मैं क्यों नहीं गा सकता? दूर बहती नदी का जल प्रकाश से चमक रहा है, पत्तियाँ दमक रही हैं, धान के खेत, अपनी हल्की-हल्की सिहरनों के साथ, स्वर्ण रश्मियों में खिल उठे हैं, और इस शरद ऋतु की सुर-लहरी में केवल मैं ही मौन हूँ। दुनिया की धूप मेरे हृदय पर तो पड़ती है, पर वह लौटकर नहीं चमकती।

जब मैं अपने भीतर अभिव्यक्ति की कमी को महसूस करता हूँ, तभी समझ पाता हूँ कि मैं क्यों वंचित हूँ। कौन मेरी संगति दिन-रात बिना रुके सह सकता है? बिमला जीवन की ऊर्जा से परिपूर्ण है, और इसीलिए इन नौ वर्षों के वैवाहिक जीवन में वह एक क्षण के लिए भी मुझे बोझिल नहीं लगी।

मेरे जीवन में केवल मूक गहराई है, कोई मधुर गति नहीं। मैं केवल ग्रहण कर सकता हूँ, प्रेरणा या गति नहीं दे सकता। और इसीलिए मेरी संगति उपवास के समान हो जाती है। आज मुझे स्पष्ट रूप से दिखता है कि बिमला इस साथ के अकाल से पीड़ित रही है। तो फिर मैं दोष किसे दूँ? मैं तो केवल विद्यापति की तरह विलाप ही कर सकता हूँ :

अगस्त का महीना है, आकाश उन्मत्त वर्षा में फट पड़ा है;
हाय! मेरा घर सूना पड़ा है।

अब मुझे दिखता है कि मेरा घर तो खाली रहने के लिए ही बना था, क्योंकि इसके द्वार खुल नहीं सकते। परंतु अब तक मुझे यह ज्ञात न था कि इसकी दिव्यता तो बाहर ही बैठी थी। मैं मोहवश यह मान बैठा था कि उसने मेरा बलिदान स्वीकार कर लिया है, और प्रत्युत्तर में अपना वरदान दे दिया है। परंतु, हाय! मेरा घर सदा से ही सूना रहा है।

हर वर्ष, लगभग इसी समय, हमारा नियम होता था कि हम सामाल्दा की विस्तीर्ण जलधाराओं में एक नौका-विहार करें। मैं बिमला से कहता था कि हर गीत को बार-बार अपने मुखड़े पर लौटना चाहिए। प्रकृति ही हर गीत का आदि मुखड़ा है, जहाँ वर्षा से भरी बयार लहराती जलधाराओं के ऊपर बहती है, जहाँ हरियाली से ढकी पृथ्वी अपने चेहरे पर छाया की ओढ़नी डालकर बोलते जल की ध्वनि को कान लगाकर सुनती है। वहीं, समय के प्रारंभ में, एक पुरुष और एक स्त्री पहली बार मिले थे। किसी दीवारों के भीतर नहीं। और इसी कारण हम दोनों को, कम से कम वर्ष में एक बार, प्रकृति की गोद में लौटना चाहिए, ताकि अपने प्रेम को फिर से उस पहले निर्मल स्वर पर साध सकें, जहाँ हृदयों का मिलन हुआ था।

हमारे वैवाहिक जीवन की पहली दो वर्षगाँठें मैंने कलकत्ता में बिताईं, जहाँ मैं अपनी परीक्षाओं से गुजर रहा था। परंतु उसके बाद लगातार सात वर्षों तक, हमने अपना मिलन खिले हुए जल-कुमुदिनियों के बीच मनाया। अब मेरे जीवन का अगला सप्तक प्रारंभ हो रहा है।

मेरे लिए इस बात को नज़रअंदाज़ करना कठिन था कि वही अगस्त का महीना फिर से लौट आया है। क्या बिमला को यह याद है? मुझे उसने कुछ याद नहीं दिलाया। मेरे चारों ओर सब कुछ मौन है।

अगस्त का महीना है, आकाश उन्मत्त वर्षा में फट पड़ा है;
हाय! मेरा घर सूना पड़ा है।

वह घर जो प्रेमियों के वियोग से सूना होता है, उसकी रिक्तता के हृदय में अब भी कोई संगीत शेष रहता है। परंतु वह घर जो इसलिए खाली है

क्योंकि हृदय अलग हो चुके हैं, उसका मौन भयावह होता है। वहाँ तो पीड़ा की पुकार भी अजनबी लगती है।

यह पीड़ा की पुकार मुझे अपने भीतर शांत करनी होगी। जब तक मैं पीड़ा में डूबा रहूँगा, बिमला को कभी सच्ची आज़ादी नहीं मिलेगी। मुझे उसे पूरी तरह मुक्त करना होगा, वरना मैं कभी असत्य से अपनी मुक्ति नहीं पा सकूँगा...

मुझे लगता है कि मैं एक बात समझने की कगार पर आ गया हूँ। मनुष्य ने स्त्री-पुरुष के प्रेम की अग्नि को इतना भड़काया है कि वह अपने उचित क्षेत्र से आगे बढ़ गई है, और अब, मानवता के नाम पर भी, वह इसे नियंत्रण में नहीं ला पा रहा है। मनुष्य की पूजा ने उसकी वासना को ही देवता बना दिया है। पर अब इसकी वेदी पर और कोई मानव बलिदान नहीं होना चाहिए...

मैं आज सुबह अपने शयनकक्ष में एक किताब लेने गया। बहुत समय हो गया है, मैं दिन में वहाँ नहीं गया था। आज सुबह की रोशनी में जब मैंने उस कमरे को देखा, तो एक टीस मेरे दिल से गुजरी। कपड़ों के रैक पर बिमला की एक साड़ी टंगी थी, पहनने के लिए तैयार, हल्की सी सिकुड़ी हुई। ड्रेसिंग टेबल पर उसके इत्र, कंघी, बालों की पिनें रखी थीं, और उनके साथ अब भी उसकी सिंदूर की डिब्बी रखी थी! नीचे उसकी सुनहरी कढ़ाई वाली छोटी चप्पलें थीं।

एक समय था, जब बिमला ने अब तक जूते पहनने की झिझक नहीं छोड़ी थी, तब मैंने उसे ललचाने के लिए लखनऊ से ये चप्पलें मँगवाई थीं। पहली बार, वह इतनी शर्म से भर गई थी कि कमरे से बरामदे तक भी उन्हें पहनकर जाने को तैयार नहीं थी। तब से उसने कई जूते पहनकर घिस दिए हैं, लेकिन इस जोड़ी को अब तक सँजो कर रखा है। जब मैंने पहली बार उसे ये चप्पलें दिखाईं, तो मैं उसकी एक अजीब आदत पर उसे छेड़ने लगा; मैंने तुम्हें पकड़ लिया है – मेरे पैरों की धूल लेते हुए, यह सोचकर कि मैं सो रहा हूँ! ये मेरी पूजा की भेंट हैं, ताकि मेरी जागती देवी के पैरों से धूल दूर रहे।" "तुम ऐसी बातें मत कहो," उसने विरोध किया, "नहीं तो मैं कभी तुम्हारे जूते नहीं पहनूंगी!"

मेरा यह शयनकक्ष, इसकी एक सूक्ष्म सी महक है, जो सीधे मेरे दिल तक पहुँचती है। आज से पहले मुझे कभी यह अहसास नहीं हुआ था कि मेरा

प्यासा दिल हर परिचित वस्तु को पकड़ने के लिए अपनी जड़ें फैला चुका है। मुख्य जड़ को काट देना ही जीवन को मुक्त करने के लिए काफी नहीं है। यह छोटी-सी चप्पलें भी किसी को पीछे खींच सकती हैं।

मेरी भटकती हुई नज़र उस आले (दीवार की कोठरी) पर पड़ी। वहाँ मेरी तस्वीर अब भी वैसी ही दिख रही थी, जैसे हमेशा रहती है, जबकि उसके चारों ओर बिखरे फूल काले पड़कर मुरझा चुके थे! कमरे की सारी चीज़ों में, वही मुरझाए फूल मुझे सबसे सच्चे अभिवादन की तरह लगे। वे अब तक यहाँ हैं, सिर्फ़ इसलिए कि उन्हें हटाना भी जरूरी नहीं समझा गया। कोई बात नहीं; मुझे सच का स्वागत करने दो, चाहे वह मुरझाए और उदास रूप में ही क्यों न हो, और उस समय की प्रतीक्षा करूँ, जब मैं भी बिना भाव के, अपनी तस्वीर की तरह, यह कर सकूँ।

जब मैं वहाँ खड़ा था, बिमला पीछे से कमरे में आ गई। मैंने जल्दी से अपनी नज़रें आले से हटाकर अलमारियों की ओर कर लीं और बुदबुदाया : "मैं अमिएल की डायरी लेने आया था।" मुझे यह सफाई देने की क्या ज़रूरत थी? मुझे ऐसा लगा जैसे मैंने कुछ गलत किया हो, जैसे मैं किसी ऐसे रहस्य में झाँक रहा हूँ जो मेरे लिए नहीं था। मैं बिमला की आँखों में नहीं देख सका, और जल्दी से वहाँ से चला गया।

5

मैंने अभी-अभी यह जाना कि अपने बाहरी कमरे में पढ़ने का दिखावा करना बेकार है, और यह भी कि किसी भी काम में मन लगाना मेरे लिए अब मुमकिन नहीं रह गया है- जिससे लगता है कि मेरे भविष्य के सारे दिन एक भारी बोझ की तरह जमकर मेरी छाती पर हमेशा के लिए बैठने वाले हैं। तभी पास के ज़मींदार का किरायेदार पंचू नारियलों से भरी टोकरी लेकर मेरे पास आया और गहरी श्रद्धा से प्रणाम किया।

"अरे पंचू," मैंने कहा, "यह सब किसलिए है?"

मैं पंचू को अपने गुरु के माध्यम से जानता था। वह बहुत गरीब था, और मैं भी ऐसी स्थिति में नहीं था कि उसके लिए कुछ कर पाता; इसलिए मैंने सोचा यह तोहफा किसी छोटी-सी मदद पाने के लिए लाया गया होगा,

ताकि उसका गुजारा चल सके। मैंने अपने बटुए से कुछ पैसे निकाले और उसकी ओर बढ़ाए, लेकिन उसने हाथ जोड़कर कहा : "मैं यह नहीं ले सकता, सरकार!"

"क्यों, बात क्या है?"

"सरकार, मुझे सारा सच कह लेने दीजिए। एक बार जब मैं बहुत मुसीबत में था, मैंने इस बाग से कुछ नारियल चुरा लिए थे। मैं बूढ़ा हो रहा हूँ, और किसी भी दिन मर सकता हूँ, इसलिए उन्हें लौटाने आया हूँ।"

उस दिन अमिएल की डायरी मुझे कोई लाभ नहीं पहुँचा सकती थी। लेकिन पंचू के इन शब्दों ने मेरा मन हल्का कर दिया। जीवन में स्त्री-पुरुष के मिलन या बिछोह से कहीं अधिक चीज़ें होती हैं। यह विशाल संसार बहुत दूर तक फैला है, और जब कोई इसके बीच में खड़ा होता है, तभी वह अपने सुख-दुःख का सही माप कर सकता है।

पंचू मेरे गुरु का बहुत बड़ा भक्त था। मैं भली-भांति जानता हूँ कि वह किस कठिनाई से अपना गुजारा करता है। वह रोज भोर से पहले उठ जाता है और पान के पत्ते, तंबाकू की गुट्टियाँ, रंगीन सूती धागे, छोटी कंघियाँ, आइने और गाँव की औरतों को प्रिय छोटी-मोटी चीज़ों की टोकरी लेकर, घुटनों तक कीचड़ में से होकर नमशूद्रों की बस्ती तक जाता है। वहाँ वह अपना सामान चावल के बदले में देता है, जिससे उसे नगद के मुकाबले थोड़ा अधिक लाभ हो जाता है। अगर वह जल्दी लौट आए, तो जल्दबाजी में खाना खाकर फिर मिठाई वाले के पास जाता है, जहाँ वह वेफ़र के लिए चीनी पीटने में मदद करता है। घर लौटते ही वह शंख की चूड़ियाँ बनाने बैठ जाता है, और अक्सर आधी रात तक लगातार काम करता रहता है। इतनी कठोर मेहनत के बाद भी, साल के आधे से अधिक समय तक, उसे और उसके परिवार को दिन में दो वक्त का भोजन भी ठीक से नहीं मिलता। उसका भोजन करने का तरीका है- पहले भरपूर पानी पी लेना, और उसका मुख्य भोजन होता है सबसे सस्ता बीजदार केला। फिर भी साल के बाकी दिनों में उसका परिवार एक वक्त का खाना ही खा पाता है।

एक समय मुझे उसे नियमित दान देने का विचार आया था, "लेकिन," मेरे गुरु ने कहा, "तुम्हारा दान उस व्यक्ति को नष्ट कर सकता है, उसकी कठिनाई नहीं।" माँ बंगाल के पास सिर्फ़ यही एक पंचू नहीं है। अगर उसके स्तनों में दूध सूख गया है, तो वह बाहर से नहीं लाया जा सकता।"

ये ऐसे विचार हैं जो किसी को ठहर कर सोचने पर मजबूर करते हैं, और मैंने निश्चय किया कि मैं इस पर अपना जीवन समर्पित करूँगा। उसी दिन मैंने बिमला से कहा : "आओ, हम अपना जीवन इस देश के दुःख की जड़ मिटाने में लगा दें।"

"तुम मेरे राजकुमार सिद्धार्थ[17] हो, ऐसा लगता है," उसने मुस्कुराते हुए कहा। "लेकिन अपनी भावनाओं की बाढ़ में मुझे भी मत बहा देना!"

"सिद्धार्थ ने अपने व्रत अकेले लिए थे। मैं चाहता हूँ कि हमारे व्रत साझे हों।"

यह विचार केवल बातचीत तक ही सीमित रह गया। सच्चाई यह है कि बिमला दिल से एक "स्त्री" है, जैसी आमतौर पर कही जाती है। भले ही उसके अपने लोग साधारण हों, वह जन्म से रानी है। उसके मन में कोई संदेह नहीं कि "निचले वर्गों" की कठिनाइयों को मापने का पैमाना अलग और छोटा होता है। "ज़रूरत (चाहना) उनके जीवन का स्थायी हिस्सा है, लेकिन इसका अर्थ हमेशा उनके लिए "चाहना" या "लालसा" नहीं होता। उनकी तुच्छता ही उन्हें बचाती है, जैसे एक तालाब को उसके किनारे बचाते हैं; सीमा फैलाने पर केवल कीचड़ ही बाहर आता है।

सच्चाई यह है कि बिमला केवल मेरे घर में आई है, मेरे जीवन में नहीं। मैंने उसे इतना बड़ा बना दिया, अपने जीवन में इतनी बड़ी जगह दे दी, कि जब वह मुझसे दूर हुई, मेरा पूरा जीवन संकुचित और सीमित हो गया। मैंने जीवन की सारी दूसरी चीज़ों को एक कोने में धकेल दिया था, ताकि बिमला के लिए जगह बन सके। मैं तो उसे सजाने, संवारने, पढ़ाने और दिन-रात उसके चारों ओर घूमने में ही व्यस्त था; यह भूल गया था कि मानवता कितनी महान है और मनुष्य का जीवन कितना कीमती। जब इंसान के जीवन में रोज़मर्रा की चीज़ें हावी हो जाती हैं, तब सत्य ओझल हो जाता है और स्वतंत्रता खो जाती है। बिमला ने इन साधारण वास्तविकताओं को इतनी पीड़ादायक अहमियत दे दी थी कि मेरे लिए सत्य छुप गया। इसीलिए मुझे अपनी पीड़ा में कोई राहत नहीं मिलती, और अपने इस छोटे से खालीपन को मैं पूरी दुनिया पर फैला देता हूँ।

---

17. वह नाम जिससे बुद्ध को उनके संन्यास लेने से पहले, जब वे एक राजकुमार थे, जाना जाता था।

और इस पतझड़ की सुबह, घंटों से एक पंक्ति मेरे कानों में गूँज रही है :

अगस्त का महीना है, आकाश उन्मत्त वर्षा में फट पड़ा है;
हाय! मेरा घर सूना पड़ा है।

बिमला की कहानी

11

बंगाल के मन में जो परिवर्तन एक पल में आया, वह अत्यंत विशाल था। यह ऐसा था जैसे गंगा ने सगर[18] के साठ हज़ार पुत्रों की उन राखों को स्पर्श कर लिया हो जिन्हें कोई अग्नि जला नहीं सकती थी, और न ही कोई दूसरा जल उन्हें फिर से जीवनमय मिट्टी में बदल सका। निर्जीव बंगाल की राख अचानक बोल उठी : "मैं यहाँ हूँ।"

मैंने कहीं पढ़ा है कि प्राचीन यूनान में एक मूर्तिकार को यह सौभाग्य मिला था कि वह अपनी बनाई मूर्ति में प्राण फूँक सके। किंतु उस चमत्कार में भी जीवन से पहले स्वरूप की रचना हुई थी। लेकिन इस बेजान राख के ढेर में एकता कहाँ थी? अगर ये राख पत्थर जैसी कठोर होती, तो शायद कोई रूप उभरने की आशा की जा सकती थी, जैसे अहिल्या, जो पत्थर बन चुकी थी, अंततः फिर से मनुष्य रूप में लौट आई थी। लेकिन ये बिखरी हुई राख मानो सृष्टिकर्ता की उंगलियों के बीच से छिटककर धूल में गिर गई हो, जिसे हवा इधर-उधर उड़ाती रही हो। वह एक स्थान पर इकट्ठी तो हो गई थी, पर कभी एकजुट नहीं हुई थी। फिर भी उस दिन जो बंगाल पर आया, उसमें यह बिखरी हुई ढीली-ढाली राख भी आकार ले उठी और हमारे द्वार पर गूँजती आवाज़ में घोषणा कर उठी : "मैं यहाँ हूँ।"

हम कैसे न सोचते कि यह सब अलौकिक था? हमारे इतिहास का यह क्षण ऐसा मालूम हुआ जैसे किसी मदांध देवता के मुकुट से कोई रत्न अचानक

---

18. उस शाप की शर्त ऐसी थी जिसने उन्हें राख में परिवर्तित कर दिया था कि वे केवल तभी फिर से जीवित हो सकते थे जब गंगा की धारा उनके स्पर्श के लिए नीचे लाई जाए।

हमारे हाथ में आ गिरा हो। इसका हमारे अतीत से कोई मेल नहीं था; और इसलिए हमें यह आशा होने लगी कि हमारी सारी आवश्यकताएँ और दुःख किसी जादुई मंत्र के प्रभाव से समाप्त हो जाएंगे, कि अब हमारे लिए संभव और असंभव के बीच कोई सीमा रेखा नहीं रही। हर चीज़ हमें जैसे यह कह रही थी : "वह आ रहा है; वह आ गया है!"

इस तरह हमें यह विश्वास हो चला कि हमारे इतिहास को किसी घोड़े की आवश्यकता नहीं, बल्कि वह स्वर्ग के रथ की तरह अपनी ही आंतरिक शक्ति से आगे बढ़ेगा। कम से कम सारथी को कोई मजदूरी नहीं देनी पड़ेगी; बस उसका शराब का प्याला बार-बार भरना होगा। और फिर किसी असंभव से स्वर्ग में हमारी आशाओं का लक्ष्य प्राप्त हो जाएगा।

मेरे पति पूरी तरह से निस्पंद नहीं थे, लेकिन हमारे पूरे उत्साह के बीच उनके भीतर एक उदासी थी जो धीरे-धीरे और गहराती जा रही थी। ऐसा लगता था जैसे वे वर्तमान की उथल-पुथल से आगे कुछ देख रहे हों।

मुझे याद है, एक दिन जब वह संदीप से हो रही बहस के दौरान कहने लगे : "सौभाग्य हमारे द्वार पर आता है और अपना परिचय देता है, केवल यह दिखाने के लिए कि हमारे पास उसे स्वीकार करने की शक्ति नहीं है। हमने उसे घर में बुलाने की तैयारी ही नहीं की है।"

"नहीं," संदीप ने जवाब दिया। "आप एक नास्तिक की तरह बात करते हैं क्योंकि आप हमारे देवताओं पर विश्वास नहीं करते। हमारे लिए तो यह स्पष्ट हो गया है कि देवी अपनी कृपा लेकर आई हैं, फिर भी आप उनके स्पष्ट संकेतों पर विश्वास नहीं करते।"

"मैं अपने भगवान पर गहरा विश्वास रखता हूँ," मेरे पति ने कहा, "और इसलिए मुझे यह पूरी तरह विश्वास है कि हम उसकी पूजा की तैयारी में असफल हैं। ईश्वर के पास वरदान देने की शक्ति है, लेकिन हमारे पास उसे ग्रहण करने की शक्ति होनी चाहिए।"

मेरे पति की इस तरह की बातें मुझे सिर्फ़ चिढ़ाती थीं। मैं स्वयं को रोक नहीं पाई और बोल उठी : "आपको लगता है कि यह उत्तेजना सिर्फ़ नशे की आग है, लेकिन क्या नशा किसी हद तक शक्ति नहीं प्रदान करता?"

"हाँ," मेरे पति ने जवाब दिया। "यह शक्ति तो प्रदान कर सकता है, लेकिन हथियार नहीं।"

"लेकिन शक्ति तो ईश्वर का दिया हुआ वरदान है," मैंने कहा। "हथियार तो कोई सामान्य कारीगर भी बना सकता है।"

मेरे पति मुस्कराए। उन्होंने कहा, "कारीगर अपना सामान देने से पहले अपनी मजदूरी माँगेंगे।"

संदीप ने गर्व से सीना फुलाया और जवाब दिया, "इसकी चिंता आपको करने की आवश्यकता नहीं। उनकी मजदूरी दे दी जाएगी।"

मेरे पति ने जवाब दिया, "मैं उत्सव के लिए संगीत की व्यवस्था तभी करूँगा जब भुगतान हो जाएगा, उससे पहले नहीं।"

"आप यह मत सोचिए कि हम संगीत के लिए आपकी दया पर निर्भर हैं।" संदीप ने तिरस्कार के साथ कहा, "हमारा उत्सव पैसों से ऊपर है।"

और अपनी भारी आवाज़ में वह गाने लगा :

"मेरे उस प्रेमी का प्रेम, जो अनमोल है, जो किसी भुगतान को ठुकराता है,
बिना दाम की खरीदी हुई सीधी-सादी बाँसुरी पर संगीत बजाता है,
और मेरा हृदय अपने साथ बहा ले जाता है।"

फिर वह मुस्कराकर मेरी ओर मुड़ा और बोला : "अगर मैं गाता हूँ, रानी बिमला, तो सिर्फ़ यह साबित करने के लिए कि जब जीवन में संगीत आ जाए, तो अच्छी आवाज़ का न होना कोई मायने नहीं रखता। अगर हम सिर्फ़ अपनी मधुरता के दम पर गाते हैं, तो गीत का मूल्य कम हो जाता है। अब जब हमारे देश पर संगीत की बाढ़ आ चुकी है, तो निखिल अपने सुरों का अभ्यास करता रहे, और हम अपनी टूटी-फूटी आवाज़ों से इस धरती को जगाएँ :

मेरा घर मुझे पुकारता है : क्यों बाहर जा रहे हो, अपना सब कुछ खोने?
मेरा जीवन कहता है : जो कुछ भी तुम्हारे पास है, उसे हवाओं में उड़ा दो!
अगर हमें अपना सब कुछ खोना ही है, तो खो दें- आखिर उसका मूल्य ही क्या है?
अगर मुझे विनाश को गले लगाना है, तो हँसते हुए लगाऊँ।
क्योंकि मेरी खोज तो अमरता का मृत्यु-पेय है।

"सच्चाई यह है, निखिल, हम सबने अपने हृदय खो दिए हैं। अब हमें कोई भी उस सीमा में नहीं रोक सकता जो आसानी से संभव है, क्योंकि हम बेताबी से उस ओर बढ़ चले हैं जो असंभव है और जिसकी कोई उम्मीद

भी नहीं।

"जो लोग हमें पीछे खींचना चाहते हैं,
वे यह भयानक आनंद नहीं समझते- जो लापरवाही में होता है।
वे नहीं जानते कि हमें पुकार मिल चुकी है-
उस टेढ़े-मेढ़े रास्ते के अंत से।
जो कुछ भी अच्छा है, सीधा है, सजा-संवरा है-
उसे गिर जाने दो मिट्टी में।"

मैंने सोचा था कि मेरे पति बातचीत को आगे बढ़ाएँगे, किंतु वे चुपचाप अपने स्थान से उठे और हमें छोड़कर चले गए।

मेरे भीतर जो हलचल मची थी, वह केवल बाहर फैली तूफ़ानी उथल-पुथल का एक रूपांतरण मात्र थी, जो देश के एक छोर से दूसरे छोर तक व्याप्त थी। मेरे भाग्य के संचालक की रथ-यात्रा तेजी से निकट आती जा रही थी, और उसके पहियों की ध्वनि मेरे अस्तित्व में गूंज रही थी। मुझे निरंतर यह अनुभूति हो रही थी कि किसी भी क्षण कुछ विलक्षण घटित हो सकता है, किंतु उसकी ज़िम्मेदारी मुझ पर नहीं होगी। क्या मैं उस धरातल से अलग नहीं हो चुकी थी जहाँ सही-गलत और दूसरों की भावनाओं का विचार किया जाता है? क्या मैंने कभी ऐसा कुछ चाहा था- क्या मैं कभी ऐसी किसी बात की प्रतीक्षा या आशा कर रही थी? मेरे समूचे जीवन को देखो और तब बताओ, क्या मैं किसी भी रूप में उत्तरदायी थी?

अपने संपूर्ण अतीत में, मैं सदा अपने समर्पण में अडिग रही- परंतु जब अंततः वरदान प्राप्त करने की घड़ी आई, तो एक भिन्न देवता प्रकट हुए! और जैसे जाग्रत देश 'वंदे मातरम्' के साथ उस अनदेखे भविष्य को नमन करते हुए रोमांचित होता है, उसी प्रकार मेरी समस्त शिराएँ और नसें भी अकल्पित, अज्ञात, और आग्रहशील उस अपरिचित के स्वागत में कंपन भेजती हैं।

एक रात मैं अपने बिस्तर से उठी और अपने कमरे से निकलकर खुली छत पर चली आई। हमारे बाग की दीवार के उस पार पकते धान के खेत फैले हुए हैं। उत्तर दिशा में गाँव के झुरमुटों के बीच से नदी की झलकें दिखाई देती हैं। संपूर्ण दृश्य अंधकार में ऐसे सो रहा था, जैसे किसी भावी

सृष्टि का धुंधला भ्रूण।

उस भविष्य में मैंने अपने देश को देखा-एक स्त्री के रूप में, मेरी ही भाँति, जो आशाभरी प्रतीक्षा में खड़ी थी। वह किसी अज्ञात की अचानक पुकार से अपने घर के कोने से बाहर खींच लाई गई थी। उसके पास न ठहरने का समय था, न सोचने का, न अपने लिए कोई मशाल जलाने का। वह तो अंधकार में भागी चली जा रही थी। मैं भली-भांति जानती हूँ कि दूर से आती बाँसुरी की तानें कैसे उसकी आत्मा को पुकारती हैं और वह उत्तर देती है; कैसे उसका वक्षस्थल फूला और गहरा हुआ जाता है; उसे लगता है कि वह उस मंज़िल के निकट है। नहीं, वह तो पहले से ही उसकी है। इसलिए यह भी आवश्यक नहीं कि वह आँखों से देख रही हो, वह तो अंधी होकर भी दौड़ी चली जाती है।

वह कोई माँ नहीं है। उसके कानों में भूखे बच्चों की पुकार नहीं गूँजती, न शाम को प्रकाशित किए जाने वाले घर की चिंता है, न कोई गृहकार्य शेष है। इसलिए वह अपने मिलन की ओर दौड़ी जाती है। क्योंकि यह वैष्णव कवियों की भूमि है। उसने घर छोड़ दिया है, घरेलू कर्तव्यों को भुला दिया है; उसके पास केवल एक अथाह आकांक्षा है जो उसे दौड़ाती है। किस मार्ग से, किस मंज़िल तक, यह उसे ज्ञात नहीं।

मेरे भीतर भी वैसी ही एक गहरी तड़प समा गई है। मैंने भी अपना घर खो दिया है, और अपना मार्ग भी। मेरे लिए अब साध्य और साधन, दोनों ही समान रूप से धुंधले हो गए हैं। अब बस यह बेचैनी शेष है, और निरंतर बढ़ते चले जाना है। अरे ओ रात्रि के दुःखी भटकते यात्री! जब भोर की लालिमा छाएगी, तब लौटने का कोई मार्ग दिखाई नहीं देगा। पर लौटना ही क्यों? मृत्यु भी तो उसी कार्य को पूरा कर सकती है। यदि वही अंधकार, जिसने बांसुरी की मधुर तान छेड़ी थी, मुझे विनाश की ओर ले जाए तो परलोक की चिंता किसलिए? जब मैं उस अंधकार में विलीन हो जाऊँगी, तब न मैं रहूँगी, न अच्छाई-बुराई, न हँसी, न आँसू- कुछ भी शेष न रहेगा!

12

बंगाल में समय की गति जब इस प्रकार अचानक तीव्रतम हो उठी, तो जो कार्य पहले कठिन थे, वे सरल हो गए। एक के बाद एक सहजता से घटित होने लगे। अब कुछ भी रोका नहीं जा सका, यहाँ तक कि हमारे देश के इस कोने में भी नहीं। प्रारंभ में हमारा जिला पिछड़ा हुआ था, क्योंकि मेरे पति गाँव वालों पर कोई जोर जबरदस्ती करना नहीं चाहते थे। वे कहा करते थे, "जो लोग अपने देश के लिए स्वेच्छा से बलिदान देते हैं, वही वास्तव में उसके सच्चे सेवक होते हैं। लेकिन जो दूसरों को देश के नाम पर बलिदान देने के लिए बाध्य करते हैं, वे देश के शत्रु हैं। वे ऊपर से स्वतंत्रता प्राप्त करने के लिए उसकी जड़ों को ही काट डालते हैं।"

परंतु जब संदीप यहाँ आकर बस गए, और उनके अनुयायी नगरों और बाज़ारों में घूम-घूमकर भाषण देने लगे, तो उत्तेजना की लहरें हमारे क्षेत्र तक भी आ पहुँचीं। यहाँ के कुछ युवकों का एक समूह उनसे जुड़ गया, यहाँ तक कि कुछ ऐसे भी थे, जिन्हें पहले गाँव के लिए कलंक समझा जाता था। किंतु उनके सच्चे उत्साह की ज्योति ने उन्हें भीतर से भी और बाहर से भी प्रकाशित कर दिया। यह स्पष्ट हो गया कि जब किसी महान आनंद और आशा की निर्मल बयार देश में बहती है, तो सारी गंदगी और सड़न स्वयं ही धुल जाती है। यह वास्तव में कठिन होता है कि कोई व्यक्ति निष्कपट, सीधा और स्वस्थ बना रह सके, जब उसका देश निराशा की पीड़ा से गुजर रहा हो।

तब सबकी निगाहें मेरे पति की ओर उठ गईं, जिनकी जायदादों से ही विदेशी चीनी, नमक और कपड़े नहीं हटाए गए थे। यहाँ तक कि ज़मींदारी के कर्मचारियों को भी इस बात पर संकोच और लज्जा होने लगी। किंतु कुछ समय पहले, जब मेरे पति ने देसी वस्तुएँ हमारे गाँव में मँगवानी शुरू की थीं, तो उन्हें बूढ़ों और जवानों, सभी ने छिपकर और खुलकर, उनकी मूर्खता के लिए ताना मारा था। जब स्वदेशी गर्व की बात नहीं बनी थी, तब हम सबने उसे दिल से तुच्छ समझा था।

मेरे पति आज भी अपनी देशी बनी हुई पेंसिल को देशी छुरी से ही तेज करते हैं, वे लिखने के लिए नरकट की कलमों का प्रयोग करते हैं, पानी वे

कांसे के लोटे में पीते हैं, और रात में पुराने समय की अरण्डी के तेल की डब्बी की रोशनी में काम करते हैं। परंतु उनका यह फीका, रसहीन स्वदेशी भाव हमें कभी आकर्षित नहीं कर सका। बल्कि, उनके बैठकखाने के सादे, अनाकर्षक और पुराने ढंग के फर्नीचर को लेकर हमें हमेशा ही शर्म महसूस होती थी, विशेषकर जब उनके अतिथि के रूप में कोई मजिस्ट्रेट या अन्य यूरोपीय आया होता।

मेरे पति मेरी आपत्तियों को हल्के में ले लिया करते थे। वह मुस्कराते हुए कहते, "ऐसी तुच्छ बातों से तुम क्यों विचलित होती हो?"

मैं कहती, "वे हमें असभ्य समझेंगे, या कम से कम यह तो मानेंगे कि हम में सभ्यता और सुसंस्कार की कमी है।"

इस पर वे उत्तर देते, "अगर वे ऐसा सोचते हैं, तो मैं भी यही मान लूँगा कि उनकी सभ्यता उनकी गोरी चमड़ी से आगे नहीं जाती।"

मेरे पति की लिखने की मेज पर एक साधारण पीतल का लोटा रखा रहता था, जिसे वे फूलदान की तरह इस्तेमाल करते थे। अक्सर ऐसा होता कि जब मुझे किसी यूरोपीय अतिथि के आने की सूचना मिलती, तो मैं चुपचाप उनके कमरे में जाकर उस पीतल के लोटे की जगह यूरोपीय काँच का एक सुंदर फूलदान रख देती। आखिरकार उन्होंने टोका- "देखो बिमला, वह पीतल का पात्र अपनी उपस्थिति से उतना ही निस्पृह है जितने वे फूल स्वयं होते हैं; लेकिन यह काँच का फूलदान तो अपनी बनावट और उद्देश्य का ऐसा ढिंढोरा पीटता है कि उसमें केवल नकली फूल ही सजाए जा सकते हैं।"

केवल बड़ी रानी ही मेरे पति की सनकों में साथ देती थीं। एक बार वे हाँफती हुई आईं और बोलीं : "अरे भैया, सुना आपने? कितने सुंदर देशी साबुन आ गए हैं! मेरे ऐशोआराम के दिन तो अब रहे नहीं, फिर भी अगर इनमें कोई पशु-चर्बी न हो, तो मैं ज़रूर कुछ आज़माना चाहूँगी।"

ऐसी बातों से मेरे पति का चेहरा खुशी से खिल उठता है, और घर में देशी इत्रों व साबुनों की बाढ़ आ जाती है। साबुन कहिए! वे तो मानो कास्टिक सोडा की डलियाँ हों। और क्या मुझे पता नहीं कि मेरी जेठानी आज भी स्वयं पर वही पुराने यूरोपीय साबुन इस्तेमाल करती हैं, जबकि ये देशी साबुन नौकरानियों को कपड़े धोने के लिए दे दिए जाते हैं?

कभी और वह कहती हैं : "अरे प्यारे भैया, वे नए देशी कलम-धारियाँ तो मंगवाइए जरा।" उनका "भैया" हमेशा की तरह उमंग से भर उठता

है, और बड़ी रानी का कमरा भांति-भांति की भयंकर डंडीनुमा स्वदेशी कलम-धारियों से अटा पड़ा रहता है। उन्हें तो कोई फर्क ही नहीं पड़ता, क्योंकि पढ़ना-लिखना तो उनके बस की बात ही नहीं। फिर भी, उनकी लेखन पेटी में वही पुराना हाथीदांत का कलम-धारी पड़ा रहता है, जिसका कभी-कभार ही उपयोग हुआ हो।

सच्चाई तो यह है कि यह सब कुछ मुझे चिढ़ाने के लिए किया जाता था, क्योंकि मैं अपने पति की सनकों में उनका साथ नहीं देती थी। मेरी जेठानी की बनावटी भावनाओं को उजागर करना व्यर्थ था; मैं जरा-सी बात भी कह दूँ, तो मेरे पति का चेहरा कठोर हो उठता। ऐसे लोगों को छल से बचाने की कोशिश करना ही उल्टा मुसीबत मोल लेना है!

बड़ी रानी को सिलाई करने का बड़ा शौक है। एक दिन मुझसे रहा नहीं गया और मैं बोल ही पड़ी- "जब आपके 'भैया' सामने होते हैं, तो स्वदेशी कैंची का नाम सुनते ही आपकी आँखें चमक उठती हैं, लेकिन जब आप वास्तव में काम करती हैं, तो हर बार अंग्रेज़ी कैंची ही हाथ में होती है।"

"क्या हानि है इसमें?" उन्होंने उत्तर दिया। "क्या तुम नहीं देखती कि इससे उन्हें कितनी खुशी मिलती है?" हम दोनों ने इस घर में साथ-साथ बचपन बिताया है, जब वह छोटे थे। जैसे तुम सह सकती हो, वैसे मैं उनके चेहरे से मुस्कान के खो जाने का दृश्य सह नहीं सकती। बेचारे को तो इस दुकानदारी के खेल के सिवा कोई और मन बहलाव ही नहीं है। तुम ही उसकी एकमात्र उलझन हो- और अंत में तुम ही उसका सर्वनाश करोगी!"

"तुम कुछ भी कहो, पर दोहरी चाल चलना उचित नहीं है," मैंने तीखे स्वर में उत्तर दिया।

मेरी जेठानी हँस पड़ीं- सीधे मेरे चेहरे पर। "अरे हमारी भोली-भाली छोटी रानी! बिलकुल स्कूल के मास्टर की छड़ी जैसी सीधी, है न?" पर स्त्री की प्रकृति ऐसी नहीं होती। वह कोमल और लचीली होती है, ताकि वह झुक सके बिना टेढ़ी हुए।"

मैं उन शब्दों को भूल नहीं सकी- "तुम ही उसकी विकृति हो, और तुम ही उसे मिटा दोगी।" आज मुझे लगता है- यदि पुरुष को कोई नशा चाहिए ही, तो वह स्त्री न हो।

13

सुकसर, जो हमारे ज़मींदारी क्षेत्र में स्थित है, जिले के सबसे बड़े व्यापारिक केंद्रों में से एक है। एक जलराशि के एक ओर प्रतिदिन का बाज़ार लगता है, और दूसरी ओर साप्ताहिक हाट। वर्षा ऋतु में जब यह जलधारा नदी से जुड़ जाती है और नावें आ-जा सकती हैं, तो बड़ी मात्रा में सूती धागे और आने वाली सर्दियों के लिए ऊनी वस्त्र बिक्री हेतु लाए जाते हैं।

हमारे जोश और उत्साह की चरम अवस्था में, संदीप ने यह घोषणा की कि सभी विदेशी वस्तुएँ, और उनके साथ-साथ विदेशी प्रभाव रूपी दानव को भी हमारे क्षेत्र से बाहर निकाल फेंकना होगा।

"बिलकुल!" मैंने कहा, लड़ाई के लिए खुद को तैयार करते हुए। "इस विषय में मेरी निखिल से बातचीत हो चुकी है," संदीप ने कहा। "वह कहता है कि भाषण देना उसे मंजूर है, पर ज़बरदस्ती वह किसी हाल में नहीं सहेगा।"

"मैं यह देख लूँगी," मैंने गर्व से भरी शक्ति की अनुभूति के साथ कहा। मुझे ज्ञात था कि मेरे पति का प्रेम मेरे लिए कितना गहरा है। यदि मैं अपने होश में होती, तो उस समय उस प्रेम पर अधिकार जताने के बजाय स्वयं को टुकड़े-टुकड़े हो जाने देती। परंतु मुझे संदीप पर अपनी शक्ति की संपूर्ण प्रभावशीलता का प्रभाव डालना था।

संदीप ने अपने सम्मोहक अंदाज़ से मुझ पर यह स्पष्ट कर दिया कि ब्रह्मांडीय शक्ति हर व्यक्ति के भीतर किसी विशेष आकर्षण के रूप में प्रकट होती है। उसने कहा, वैष्णव दर्शन उस आनंदमयी शक्ति की बात करता है जो सृष्टि के हृदय में निवास करती है, और अपने शाश्वत प्रेमी के हृदय को सदा आकर्षित करती रहती है। मनुष्यों के भीतर यह शाश्वत अभिलाषा होती है कि वे अपनी प्रकृति की छिपी गहराइयों से इस शक्ति को बाहर लाएँ, और जो ऐसा करने में सफल होते हैं, वे तुरंत उस अंधकार से आती रहस्यमय संगीत-ध्वनि के अर्थ को स्पष्ट रूप से समझ लेते हैं। तभी वह गाने लगा :

"मेरी बाँसुरी, जो अपने सुरों में व्यस्त थी,
अब जब हम आमने-सामने खड़े हैं, तो वह मौन हो गई है।

मेरा पुकारता स्वर आकाश-आकाश तुम्हें खोजता फिरा
जब तुम छिपे हुए थे।
पर अब मेरी सारी पुकार को उत्तर मिला है एक मुस्कान में
जो मेरे प्रियतम के मुख पर खिली हुई है।"

उसकी उपमाओं और रूपकों को सुनते-सुनते मैं भूल गई थी कि मैं केवल एक सीधी-सादी बिमला हूँ। मैं शक्ति थी; और साथ ही, ब्रह्मांडीय आनंद की साकार मूर्ति। मुझे कोई बाँध नहीं सकता था, मेरे लिए कुछ भी असंभव नहीं था; मैं जिसे भी छू लेती, उसमें नवजीवन संचारित हो जाता। मेरे चारों ओर की यह सृष्टि मेरी अपनी नवनिर्मिति थी; क्योंकि देखो- जब तक मेरे हृदय की प्रतिक्रिया ने उसे नहीं छुआ था, शरद के आकाश में यह स्वर्णिम आभा कहाँ थी! और यह वीर, यह देश का सच्चा सेवक, यह मेरा भक्त- यह ज्वलंत बुद्धिमत्ता, यह दहकती ऊर्जा, यह चमकती प्रतिभा- उसे भी मैं ही पल-पल गढ़ रही थी। क्या मैंने नहीं देखा कि मेरी उपस्थिति उसमें बार-बार नया जीवन भर देती है?

कुछ दिन पहले संदीप ने मुझसे आग्रह किया कि मैं उसके एक शिष्य, अमूल्य नामक एक नवयुवक से मिलूँ। पलभर में ही मैंने उस लड़के की आँखों से एक नई चमक फूटते देखी, और समझ गई कि उसने भी शक्ति के साक्षात् स्वरूप का दर्शन किया है। मेरी सृजनात्मक शक्ति ने उसके रक्त में अपना कार्य आरंभ कर दिया था। "यह तुम्हारा कौन-सा जादू है!" संदीप ने अगले दिन विस्मय से कहा। "अमूल्य अब कोई बालक नहीं रहा- उसके जीवन की बाती पूरी तरह जल उठी है।" तुम्हारी अग्नि को भला कौन तुम्हारे घर की छत के नीचे छिपा सकता है? तुम्हारी इस अग्नि से उन्हें- आज नहीं तो कल-छू जाना ही है। और जब हर दीपक जल उठेगा, तब इस देश में कैसी भव्य दीवाली होगी!"

अपनी ही महिमा की चमक से अंधी होकर मैंने यह वरदान अपने भक्त को देने का निश्चय कर लिया था। मुझे अत्यधिक विश्वास था कि जो कुछ मैं सचमुच चाहती हूँ, उसमें कोई मुझे रोक नहीं सकता। संदीप से बातचीत के बाद जब मैं अपने कमरे में लौटी, तो मैंने अपने बाल खोलकर उन्हें दोबारा सँवारा। मिस गिलबी ने मुझे एक तरीका सिखाया था- गर्दन से बालों को ऊपर समेटकर सिर के ऊपर एक जूड़ा बनाने का। यह शैली मेरे पति को बहुत प्रिय थी। "यह अफसोस की बात है," उन्होंने एक बार कहा था, "कि

विधाता ने कवि कालिदास की जगह मुझ जैसे साधारण व्यक्ति को चुना, एक स्त्री की गर्दन के सौंदर्य को प्रकट करने के लिए। कवि संभवतः इसे किसी फूल के डंठल से तुलना करता; पर मैं इसे एक मशाल मानता हूँ, जो तुम्हारे केशों की काली लौ को ऊँचा थामे रहती है।" जिसके साथ वह... लेकिन मैं क्यों, वो क्यों, उन बीते पलों की ओर फिर लौट जाती हूँ?

मैंने अपने पति को बुलावा भेजा। पुराने दिनों में, मैं उन्हें अपने पास बुलाने के लिए सौ बहाने- चाहे अच्छे हों या बुरे बना लिया करती थी। अब कई दिनों से जब यह सब बंद हो चुका था, तो बहाने बनाने की कला भी मुझसे छिन गई थी।

निखिल की कहानी

6

पंचू की पत्नी अभी-अभी लंबे समय से चली आ रही क्षय रोग की बीमारी से दम तोड़ चुकी है। पंचू को अपने पापों के प्रायश्चित और समाज को संतुष्ट करने के लिए शुद्धिकरण संस्कार कराना अनिवार्य बताया गया है। समाज ने हिसाब-किताब लगाकर उसे बताया है कि इस अनुष्ठान में एक सौ तेईस रुपए का ख़र्च आएगा।

"कितनी बेहूदी बात है!" मैं क्रोध से भरकर बोल पड़ा। "इस बात को मत मानो, पंचू। वे तुम्हारा क्या बिगाड़ सकते हैं?"

उसने थके हुए बोझा ढोते पशु की तरह धैर्य से मेरी ओर देखा और कहा, "सरकार, मेरी बड़ी लड़की है, उसका विवाह करना है। और मेरी गरीब पत्नी का अंतिम संस्कार भी करना है।"

"अगर पाप वास्तव में तुम्हारा भी हो, पंचू," मैं सोचते हुए बोला, "तो भी तुमने उसके लिए पहले ही बहुत कष्ट भोग लिया है।"

"यही बात है, सरकार," उसने सरलता से स्वीकार किया। "डॉक्टर की फीस चुकाने के लिए मुझे अपनी कुछ ज़मीन बेचनी पड़ी, और बाकी को गिरवी रख देना पड़ा। लेकिन ब्राह्मणों को जो चढ़ावा देना है, उससे तो कोई मुक्ति नहीं है।"

तर्क करने का क्या लाभ? मैं सोचने लगा- आखिर वह समय कब आएगा जब उन ब्राह्मणों का शुद्धिकरण होगा, जो ऐसे चढ़ावे को स्वीकार कर लेते हैं?

पत्नी की बीमारी और अंतिम संस्कार के बाद, जो पंचू अब तक भूखों मरने की कगार पर झूल रहा था, अब पूरी तरह डूब गया। किसी भी प्रकार की सांत्वना पाने की एक बेबस चेष्टा में वह एक घुमंतू संन्यासी के चरणों में बैठने लगा, और इतना दर्शन प्राप्त कर लिया कि अपने बच्चों की भूख भी उसे विस्मृत हो गई। कुछ समय तक वह इस विचार में डूबा रहा कि यह संसार मिथ्या है, और यदि इसमें सुख नहीं है, तो दुःख भी केवल एक माया है। अंततः एक रात वह अपने नन्हे बच्चों को जर्जर झोपड़ी में छोड़कर अकेला ही भटकने निकल पड़ा।

उस समय मुझे इस बात की कोई जानकारी नहीं थी, क्योंकि उस समय मेरे मन में मानो देवों और दानवों का वास्तविक समुद्र-मंथन चल रहा था। मेरे गुरुदेव ने भी मुझे यह नहीं बताया था कि उन्होंने पंचू के छोड़े हुए बच्चों को अपने घर में शरण दी है और वे स्वयं अकेले होकर भी, पूरे दिन पाठशाला के कार्य में व्यस्त रहते हुए, उनकी देखभाल कर रहे हैं।

एक महीने बाद पंचू लौट आया, उसका वैराग्य अब बहुत हद तक क्षीण हो चुका था। उसका बड़ा लड़का और लड़की उससे लिपटते हुए रो पड़े- "इतने दिनों से आप कहाँ थे, बाबा?" छोटा बेटा उसकी गोद में चढ़ बैठा; दूसरी बेटी ने पीठ से लिपटकर उसकी गर्दन में बाँहें डाल दीं- और वे सब मिलकर रोने लगे। "हाय सरकार!" अंततः पंचू सिसकते हुए मेरे गुरुदेव से बोला, "इन छोटे-छोटे बच्चों को भरपेट भोजन देने की भी मुझमें शक्ति नहीं है- मैं इन्हें छोड़कर भागने के लिए स्वतंत्र नहीं हूँ। ऐसा कौन-सा पाप किया है मैंने कि मुझे इस प्रकार हाथ-पाँव बाँधकर दंडित किया जा रहा है?"

इस बीच पंचू के छोटे-मोटे व्यापार संबंध पूरी तरह टूट चुके थे और वह उन्हें फिर से जोड़ने में असमर्थ था। वह मेरे गुरुदेव की छत के नीचे शरण लिए रहा, जिसने उसके लौटते ही उसे अपनाया था- और उसने घर लौटने की कोई चर्चा तक नहीं की। "देखो पंचू," मेरे गुरुदेव अंततः बोल पड़े, "अगर तुम अपनी झोपड़ी की सुध नहीं लोगे, तो वह पूरी तरह गिर जाएगी। मैं तुम्हें कुछ पैसे उधार देता हूँ, जिससे तुम थोड़ी बहुत फेरी का काम कर सको और धीरे-धीरे लौटा सको।"

पंचू अधिक प्रसन्न नहीं हुआ- क्या इस धरती पर अब दान-दया नाम की कोई चीज़ शेष नहीं रही? और जब मेरे गुरुदेव ने उससे उस धनराशि की रसीद लिखवाने को कहा, तो उसे यह कृपा भी व्यर्थ ही मालूम हुई- जो बदले की अपेक्षा रखती हो। परंतु मेरे गुरुदेव किसी ऐसी बाहरी कृपा को नहीं मानते थे, जो अंतर्मन में ऋण की भावना छोड़ जाए। उनका मानना था- स्वाभिमान को नष्ट करना ही जाति को नष्ट करना है।

रसीद पर हस्ताक्षर करने के बाद, पंचू की गुरुदेव के प्रति श्रद्धा में बहुत कमी आ गई। वह अब चरणधूलि नहीं लेता था। यह देखकर मेरे गुरुदेव मुस्कुरा दिए। उन्हें यही अच्छा लगा कि शिष्टाचार अब थोड़े ऊँचे स्तर पर खड़ा हुआ है। "सम्मान, जब देना और लेना बराबरी से हो, तो मनुष्य और मनुष्य के बीच का हिसाब संतुलित रहता है," वे कहा करते थे, "पर अत्यधिक श्रद्धा तो अधिक भुगतान है।"

पंचू ने बाजार से कपड़ा खरीदना शुरू किया और गाँव-गाँव फेरी लगाकर बेचना शुरू कर दिया। यह सच है कि उसे नगद भुगतान बहुत कम ही मिलता था, पर जो कुछ वह चावल, पटसन और अन्य खेत की उपज के रूप में प्राप्त कर लेता था, वह उसके हिसाब चुकाने में काम आता था। दो महीने के भीतर वह मेरे गुरुदेव के ऋण की एक किश्त चुका सका, और इसके साथ ही उसके प्रणाम की गहराई में भी उतनी ही कमी आ गई। शायद अब वह यह महसूस करने लगा था कि जिसे वह अब तक संत समझकर पूजता रहा, वह तो महज एक साधारण मनुष्य है। जो धन के लोभ से भी ऊपर नहीं उठ सका।

जब पंचू इस प्रकार अपने काम में लगा था, तभी स्वदेशी आंदोलन की पूरी लहर आकर उस पर टूट पड़ी।

7

यह अवकाश का समय था, और हमारे गाँव तथा आस-पास के क्षेत्रों के अनेक युवक अपने-अपने विद्यालयों और महाविद्यालयों से घर लौट आए थे। वे बड़े उत्साह के साथ संदीप के नेतृत्व से जुड़ गए, और कुछ ने तो अत्यधिक जोश में आकर पढ़ाई-लिखाई तक छोड़ दी। इनमें से कई युवक मेरे इस विद्यालय के निःशुल्क छात्र रह चुके थे, और कुछ कोलकाता में मेरे द्वारा दी

गई छात्रवृत्तियों पर शिक्षा प्राप्त कर रहे थे। वे सभी एक समूह में मेरे पास आए और मुझसे यह मांग करने लगे कि मैं अपने सुकसर बाजार से विदेशी वस्तुओं का बहिष्कार कर दूँ।

मैंने उनसे स्पष्ट कह दिया कि मैं ऐसा नहीं कर सकता।

वे व्यंग्य से बोले, "क्यों महाराज, क्या आपको बहुत अधिक घाटा हो जाएगा?"

मैंने उनके स्वर में छिपे अपमान को अनदेखा किया और यह कहने ही वाला था कि इस निर्णय का घाटा मुझे नहीं, बल्कि गरीब दुकानदारों और उनके ग्राहकों को उठाना पड़ेगा- तभी मेरे गुरु, जो वहाँ उपस्थित थे, बीच में बोल पड़े।

"हाँ, घाटा तो उसे ही होगा- तुम्हें नहीं, यह तो स्पष्ट है," उन्होंने कहा।

"लेकिन देश के लिए तो..."

"देश का अर्थ केवल मिट्टी से नहीं, बल्कि उस पर बसने वाले लोगों से होता है," मेरे गुरु ने फिर बीच में टोका। "क्या तुमने अब तक एक नज़र भी उन पर डाली है, जिन पर यह सब बीत रहा है? और अब तुम यह तय करना चाहते हो कि वे कौन-सा नमक खाएँगे, कौन-से वस्त्र पहनेंगे। आखिर वे इस प्रकार की ज्यादती क्यों सहें? और हम ऐसा होने क्यों दें?"

"पर हमने तो स्वयं भारतीय नमक, चीनी और कपड़ा अपनाया है।"

"तुम अपनी खीज़ मिटाने के लिए, अपने अंधोन्माद को बनाए रखने के लिए जो चाहे कर सकते हो। तुम संपन्न हो, खर्च की परवाह नहीं करते। गरीब लोग तुम्हारे रास्ते में नहीं आना चाहते, पर तुम ज़िद किए हो कि वे तुम्हारी ज़बरदस्ती के आगे झुकें।" उनका हर पल केवल दो वक्त की रोटी के लिए जीवन-मरण का संघर्ष होता है; तुम यह कल्पना भी नहीं कर सकते कि कुछ पैसों का उनके लिए क्या महत्त्व होता है। तुम्हारा और उनका कोई मेल नहीं है। तुमने अपना पूरा अतीत आराम और सुविधा की ऊँची गाड़ी में बिताया है, और अब तुम नीचे उतरकर इन्हें अपने गुस्से का औजार बनाना चाहते हो। मैं इसे कायरता कहता हूँ।"

वे सभी मेरे गुरु के पुराने शिष्य थे, इसलिए क्रोध से काँपते हुए भी वे उनके प्रति असम्मान दिखाने का साहस नहीं कर सके। वे मेरी ओर मुड़े और बोले, "तो क्या आप ही एकमात्र होंगे, महाराज, जो देश की उन्नति के मार्ग में रोड़ा अटकाएँगे?"

"मैं कौन होता हूँ, जो ऐसा दुस्साहस कर सकूँ? क्या मैं देश की सेवा में अपना जीवन अर्पित करने को भी तैयार नहीं हूँ?"

एम.ए. का छात्र व्यंग्यपूर्ण मुस्कान के साथ बोला, "क्या हम यह जानने का साहस कर सकते हैं कि आप वास्तव में देश की सहायता के लिए क्या कर रहे हैं?"

"मैंने भारत में बने मिल के सूत का आयात किया है और उसे अपने सुकसर बाजार में बिक्री के लिए रखा है, साथ ही इसकी गांठें आस-पास के ज़मींदारों के बाजारों में भी भेजी हैं।"

"पर हम आपके बाजार में गए थे, महाराज," वही छात्र उत्तेजित होकर बोला, "और वहाँ तो कोई इस सूत को खरीदता नज़र नहीं आया!"

"यह न तो मेरी गलती है, न ही मेरे बाजार की। यह तो केवल इस बात को दर्शाता है कि पूरे देश ने अभी तक तुम्हारी प्रतिज्ञा को नहीं अपनाया है।"

"बस इतनी सी बात नहीं है," मेरे गुरु ने बात आगे बढ़ाई। "यह तो यह भी दिखाता है कि तुम लोगों ने जो संकल्प लिया है, उसका वास्तविक उद्देश्य केवल दूसरों को परेशान करना है। तुम चाहते हो कि व्यापारी- जिन्होंने तुम्हारा व्रत नहीं लिया- उस सूत को खरीदें; बुनकर- जिन्होंने भी तुम्हारा व्रत नहीं लिया- उससे कपड़ा बनाएँ; और अंत में वह कपड़ा जाकर उन उपभोक्ताओं पर थोप दिया जाए, जिन्होंने तुम्हारा व्रत कभी नहीं लिया। तरीका क्या है? तुम्हारा शोरगुल और ज़मींदारों का दमन। परिणाम? सारा धर्म तुम्हारा, सारी कठिनाइयाँ दूसरों की!"

"और क्या हम यह जानने का साहस कर सकते हैं," एक विज्ञान के छात्र ने आगे पूछा, "कि आपने स्वयं कौन-सा कष्ट सहा है, आपकी त्याग की हिस्सेदारी क्या रही है?"

"तुम जानना चाहते हो, है न?" मेरे गुरु ने उत्तर दिया। "तो सुना- यह निखिल ही है जिसे वह भारतीय मिल का सूत खरीदना पड़ा है; उसे ही बुनवाने के लिए एक बुनाई विद्यालय शुरू करना पड़ा है; और उसके पहले के व्यापारिक अनुभवों को देखकर तो यही लगता है कि जब तक यह कपड़ा करघे से निकलेगा, उसकी लागत सोने-जड़े वस्त्र के समान हो जाएगी। तो शायद उसका एकमात्र उपयोग उसके बैठकखाने के परदों के रूप में ही होगा- भले ही उनका पतलापन उसे ढँक भी न पाए। और जब तुम अपनी प्रतिज्ञा से ऊब जाओगे, तो सबसे ज़्यादा हँसी भी तुम ही उड़ाओगे इन वस्त्रों

की 'कलात्मकता' पर। और यदि कभी इनकी कारीगरी की वास्तव में कोई सराहना करेगा, तो वह कोई विदेशी होगा।"

मैं अपने गुरु को जीवन भर से जानता हूँ, लेकिन उन्हें मैंने कभी इतना व्याकुल नहीं देखा था। मैं समझ गया कि यह पीड़ा उनके हृदय में कुछ समय से चुपचाप संचित हो रही थी- मेरे प्रति उनके गहरे प्रेम के कारण। और उनका जो स्वाभाविक आत्मसंयम था, वह भीतर ही भीतर धीरे-धीरे टूटने की कगार तक पहुँच चुका था।

"आप हमारे बुजुर्ग हैं," मेडिकल के छात्र ने कहा। "हमारे लिए यह शोभा नहीं देता कि हम आपसे तर्क-वितर्क करें। लेकिन कृपया अंत में इतना तो बता दीजिए- क्या आप निश्चयपूर्वक अपने बाजार से विदेशी वस्तुओं को हटाने से इनकार करते हैं?"

"मैं ऐसा नहीं करूँगा," मैंने कहा, "क्योंकि वे वस्तुएँ मेरी नहीं हैं।"

"क्योंकि उससे आपको घाटा होगा!" एम.ए. के छात्र ने मुस्कराकर कहा।

"क्योंकि जिसका घाटा होगा, वही इसका सबसे अच्छा न्याय कर सकता है," मेरे गुरु ने प्रत्युत्तर दिया।

वंदे मातरम् के उद्घोष के साथ वे हमें छोड़कर चले गए।

अध्याय छह

निखिल की कहानी

8

कुछ दिनों बाद, मेरे गुरुदेव पंचू को मेरे पास लेकर आए। पता चला कि उसके ज़मींदार ने उस पर सौ रुपये का जुर्माना लगाया है और उसे ज़मीन से बेदखल करने की धमकी दे रहा है।

"क्या अपराध किया उसने?" मैंने पूछा।

"क्योंकि," मुझे बताया गया, "उसे विदेशी कपड़े बेचते हुए पकड़ा गया है। उसने अपने ज़मींदार, हरिश कुंडू, से बहुत विनती की कि उसे उधारी के पैसों से खरीदे गए कपड़ों का स्टॉक बेच लेने दिया जाए, और उसने सच्ची नीयत से वादा किया कि वह दोबारा ऐसा नहीं करेगा; परंतु ज़मींदार ने उसकी एक न सुनी और ज़िद की कि अगर वह दंड से बचना चाहता है, तो वहीं पर उसी समय सारे विदेशी कपड़े जला डाले। निराशा में पंचू ने साहस करके कह दिया, "मैं यह नहीं कर सकता! आप अमीर हैं- आप क्यों नहीं खरीद लेते और जला देते?" यह सुनकर हरिश कुंडू का चेहरा गुस्से से लाल हो गया और वह चिल्ला उठा, "इस नीच को अदब सिखाना पड़ेगा, जूतों से पीटो इसे!" इस तरह बेचारा पंचू अपमानित भी हुआ और जुर्माना भी भरना पड़ा।

"कपड़ों का क्या हुआ?"

"पूरी गठरी जला दी गई।"

"वहाँ और कौन-कौन मौजूद था?"

"असंख्य लोग वहाँ मौजूद थे, जो सब वंदे मातरम् के नारे लगा रहे थे। संदीप भी वहाँ था। उसने कुछ राख उठाई और चिल्लाया : 'भाइयो! यह तुम्हारे गाँव में विदेशी व्यापार की अंतिम क्रिया के उपलक्ष्य में जलाई गई पहली चिता है। यह पवित्र राख है। इसे अपने शरीर पर लगाओ, यह तुम्हारी स्वदेशी प्रतिज्ञा की निशानी होगी।'"

"पंचू," मैंने उसकी ओर मुड़ते हुए कहा, "तुम्हें इस मामले की शिकायत दर्ज़ करनी चाहिए।"

"कोई मेरी गवाही नहीं देगा," उसने उत्तर दिया।

"कोई भी नहीं देगा गवाही?- संदीप! संदीप!"

संदीप मेरी पुकार सुनकर अपने कमरे से बाहर आया। "क्या बात है?" उसने पूछा।

"क्या तुम इस आदमी के कपड़े जलाए जाने की गवाही नहीं दोगे?"

संदीप मुस्कराया। "बिलकुल, मैं इस मामले में गवाही दूँगा," उसने कहा। "लेकिन मैं विपक्ष में रहूँगा।"

"क्या मतलब है तुम्हारा," मैं चौंककर बोला, "कि तुम किसी एक पक्ष में गवाही दोगे? क्या तुम सत्य की गवाही नहीं दोगे?"

"क्या केवल वही सत्य है जो घटित होता है?"

"और क्या कोई और सत्य भी हो सकता है?"

"वह चीज़ें जो घटित होनी चाहिए थीं! वह सत्य जिसे हमें गढ़ना है, उसे रचने के लिए बहुत-से असत्य की आवश्यकता होगी। जिन्होंने संसार में अपनी जगह बनाई है, उन्होंने सत्य की रचना की है, केवल उसका अनुसरण नहीं किया।"

"और इसलिए-"

"और इसलिए मैं वही करूँगा जिसे तुम लोग झूठी गवाही कहते हो- जैसा उन लोगों ने किया जिन्होंने साम्राज्य बनाए, सामाजिक व्यवस्थाएँ खड़ी कीं, और धर्म संस्थाएँ स्थापित कीं। जो शासन करना चाहते हैं, वे असत्य से नहीं डरते; सत्य की बेड़ियाँ तो उनके लिए होती हैं जो उनके अधीन रहते हैं। क्या तुमने इतिहास नहीं पढ़ा? क्या तुम्हें नहीं पता कि जहाँ विशाल राजनीतिक उथल-पुथल की हंडियाँ पकती हैं, वहाँ असत्य ही मुख्य सामग्री होता है?"

"बिना संदेह, राजनीति की बड़ी रसोई चल रही है, लेकिन-"

"हाँ, हाँ, मुझे मालूम है! आप तो निश्चय ही उस राजनीति की रसोई में कभी हाथ नहीं डालेंगे। आप तो उन लोगों में से हैं जिनके गले में जबरन यह खिचड़ी ठूँसी जाएगी जो पकाई जा रही है। वे बंगाल का विभाजन करेंगे और कहेंगे कि यह तुम्हारे भले के लिए है। वे शिक्षा के द्वार बंद कर देंगे और इसे 'स्तर उन्नयन' कहेंगे। लेकिन तुम तो हमेशा 'भले लड़के' बने रहोगे, कोनों में सिसकते हुए। और हम 'बुरे लोग' देखेंगे कि क्या असत्य की कोई रक्षात्मक दीवार खड़ी की जा सकती है या नहीं।"

"इन बातों पर तर्क करना व्यर्थ है, निखिल," मेरे गुरुदेव ने बीच में कहा। "जिनके भीतर सत्य की अनुभूति नहीं है, वे कैसे समझ सकते हैं कि उसे अंधकार से प्रकाश में लाना ही मनुष्य का सर्वोच्च लक्ष्य है- ना कि बाहर की वस्तुओं का ढेर लगाना?"

संदीप हँसा। "बिलकुल सही, गुरूदेव!" उसने कहा। "यह तो किसी आदर्श शिक्षक की उपदेशात्मक वाणी है। ऐसा सब मैंने किताबों में पढ़ा है; पर असली दुनिया में मैंने देखा है कि मनुष्य का मुख्य काम है बाहरी संसाधनों का संग्रह करना। जो इस कला के उस्ताद हैं, वे अपने व्यापार में सबसे बड़े झूठों का विज्ञापन करते हैं, और अपनी राजनीतिक किताबों में मोटे अक्षरों से झूठे हिसाब दर्ज़ करते हैं, वे अपने अख़बारों को हर दिन झूठ से लादकर निकालते हैं, और विदेशों में प्रचारक भेजते हैं जो झूठ को इस तरह फैलाते हैं जैसे मक्खियाँ रोग के कीटाणु फैलाती हैं। मैं तो इन महान लोगों का एक विनम्र अनुयायी हूँ। जब मैं कांग्रेस पार्टी से जुड़ा था, तब भी मैंने कभी संकोच नहीं किया कि दस प्रतिशत सत्य में नब्बे प्रतिशत असत्य मिलाकर परोस दूँ। और अब सिर्फ़ इसलिए कि मैं उस पार्टी से अलग हो गया हूँ, इसका यह मतलब नहीं कि मैं यह बुनियादी तथ्य भूल गया हूँ कि मनुष्य का लक्ष्य सत्य नहीं, सफलता है।"

"सच्ची सफलता," मेरे गुरुदेव ने संशोधन किया।

"शायद," संदीप ने उत्तर दिया, "पर सच्ची सफलता का फल तभी पकता है जब असत्य की ज़मीन को जोतकर, मिट्टी में मिलाकर तैयार किया जाए। सत्य तो स्वयं ही आपने आप उग आता है- जैसे झाड़-झंखाड़ और काँटे। और केवल कीड़े ही उससे फल की अपेक्षा कर सकते हैं!" यह कहकर वह कमरे से बाहर निकल गया।

मेरे गुरुदेव मुस्कराए और मेरी ओर देख कर बोले, "जानते हो निखिल, मुझे लगता है संदीप अधार्मिक नहीं है- उसका धर्म सत्य के विपरीत पक्ष का

है, जैसे अंधकार से ढँका चाँद, जो चाँद तो है, लेकिन उसकी रोशनी उल्टी दिशा में जा चुकी है।"

"इसलिए ही," मैंने हामी भरी, "मुझे उससे हमेशा स्नेह रहा है, यद्यपि हम कभी भी एक मत नहीं हो पाए। मैं आज भी उसे तिरस्कृत नहीं कर सकता; हालाँकि उसने मुझे गहरा आघात पहुँचाया है, और शायद आगे भी पहुँचाए।"

"यह बात मैं अब महसूस करने लगा हूँ," मेरे गुरुदेव ने कहा। "मैं बहुत दिनों से सोचता रहा कि तुम उसके साथ कैसे निभाते हो। कभी-कभी तो मुझे तुम्हारी कमज़ोरी का भी संदेह हुआ। अब देख रहा हूँ कि तुम दोनों का तुक तो नहीं मिलता, पर लय एक ही है।"

"मेरे साथ तो भाग्य 'आसमान से टूटे' को अनुप्रास-रहित मुक्त-छंद में लिखने पर तुला है, इसलिए उसे कोई तुकबन्द दोस्त चाहिए ही नहीं!" मैंने हँसते हुए उसकी उपमा आगे बढ़ाई।

"लेकिन पंचू का क्या होगा?" गुरुदेव ने फिर बात उठाई।

"आप कहते हैं हरिश कुंडू उसे पैतृक ज़मीन से निकालना चाहता है। मान लीजिए मैं वह ज़मीन खरीद कर उसे ही अपना किरायेदार बना लूँ?"

"और उसका जुर्माना?"

"अगर वह मेरा किरायेदार हुआ तो ज़मींदार जुर्माना किस तरह वसूल करेगा?"

"उसकी जली हुई कपड़े की गठरी?"

"मैं उसे दूसरी गठरी दिला दूँगा। मैं देखना चाहता हूँ कि मेरा किरायेदार स्वतंत्र रूप से व्यापार करे और कोई उसमें दखल न दे!"

"मुझे डर है, सरकार," पंचू ने हताशा से कहा, "जब आप बड़े लोग लड़ाई लड़ेंगे, तब पुलिस और कानून के गिद्ध मजे लूटेंगे, भीड़ तमाशा देखेगी, पर जान जाने की बारी तो बेचारे पंचू की ही आएगी।"

"क्यों, तुम्हें क्या खतरा है?"

"सरकार, वे मेरा घर जला देंगे, बच्चों समेत!"

"अच्छा, तुम्हारे बच्चों की ज़िम्मेदारी मैं लेता हूँ," गुरुदेव ने कहा। "तुम जो चाहो व्यापार करो, वे तुम्हें छू भी नहीं पाएँगे।"

उसी दिन मैंने पंचू की ज़मीन खरीद ली और विधिवत् कब्जा ले लिया। फिर मुसीबतों का सिलसिला शुरू हुआ।

पंचू ने अपने दादा की ज़मीन उनके एकमात्र जीवित उत्तराधिकारी के रूप में उत्तराधिकार में पाई थी। यह बात सबको मालूम थी। लेकिन इसी समय कहीं से एक बुआ प्रकट हुई- अपने बक्सों और गठरियों, जपमाला और एक विधवा भतीजी के साथ। वह पंचू के घर में आकर जम गई और उसने उसकी सारी संपत्ति पर जीवन भर के अधिकार का दावा ठोक दिया।

पंचू स्तब्ध रह गया। "मेरी बुआ तो बहुत पहले मर चुकी हैं," उसने आपत्ति व्यक्त की।

उत्तर में कहा गया कि वह तो अपने चाचा की पहली पत्नी की बात कर रहा है, लेकिन चाचा ने तुरंत दूसरी शादी कर ली थी।

"लेकिन मेरे चाचा तो मेरी बुआ से पहले ही मर गए थे," पंचू और भी उलझन में पड़ते हुए बोला। "तो उनके पास दोबारा शादी करने का समय ही कहाँ था?"

इस बात से इनकार नहीं किया गया। लेकिन पंचू को याद दिलाया गया कि कभी यह नहीं कहा गया कि दूसरी पत्नी पहली के मरने के बाद आई थी, बल्कि उसके चाचा ने पहली पत्नी के जीवित रहते ही दूसरी शादी कर ली थी। सौतन के साथ रहने का विचार उसे पसंद नहीं था, इसलिए वह अपने पति की मृत्यु तक मायके में ही रही। फिर वह धर्म-मार्ग पर चल पड़ी और पवित्र वृंदावन चली गई, जहाँ से अब वह लौट रही थी। ये बातें हरिश कुंडू के कर्मचारियों और उसके कुछ किरायेदारों को भलीभांति ज्ञात थीं। और यदि ज़मींदार का बुलावा पर्याप्त सख्त हो, तो विवाह-भोज में शामिल हुए कुछ लोग भी गवाही देने को तैयार हो सकते हैं!

9

एक दोपहर, जब मैं विशेष रूप से व्यस्त था, मेरे दफ्तर के कमरे में यह संदेश आया कि बिमला ने मुझे बुलाया है। मैं चौंक गया।

"तुमने किसका नाम लिया? मुझे किसने बुलाया?" मैंने संदेशवाहक से पूछा।

"रानी माँ ने।"

"बड़ी रानी?"

"नहीं साहब, छोटी रानी माँ।"

छोटी रानी! ऐसा लगा मानो सदियाँ बीत गईं जब से उन्होंने मुझे बुलवाया था। मैंने सबको वहीं प्रतीक्षा में छोड़ दिया और भीतर के कक्षों की ओर चल पड़ा। जब मैं हमारे कमरे में पहुँचा तो बिमला को सजे-धजे से भाव में देखकर मुझे फिर एक बार आश्चर्य का झटका लगा। जो कमरा लगातार उपेक्षा के कारण हाल-फिलहाल विकराल-सा और तितर-बितर मालूम होने लगा था, उसने आज दोपहर अपनी पुरानी सुव्यवस्था की कुछ झलक वापस पा ली थी। मैं मौन खड़ा रहा, प्रश्नभरी दृष्टि से बिमला की ओर देखता हुआ।

वह हल्का-सा लजा उठी और उसके दाएँ हाथ की उँगलियाँ कुछ देर बाएँ हाथ की चूड़ियों से खेलती रहीं। फिर उसने सहसा मौन तोड़ा- "सुनिए! क्या यह ठीक है कि सारे बंगाल में हमारा ही बाजार विदेशी सामान बेचे?"

"तो फिर उचित उपाय क्या होगा?" मैंने पूछा।

"हुक्म दीजिए, सारा माल हटवा दिया जाए!"

"पर वह सामान मेरा नहीं है।"

"क्या बाजार आपका नहीं है?"

"वह तो उनसे कहीं अधिक उनका है जो वहाँ व्यापार करते हैं।"

"तो उन्हें भारतीय वस्तुओं में ही कारोबार करने दीजिए।"

"मुझे और क्या चाहिए! पर यदि वे न मानें तो?"

"असंभव! उन्हें ऐसी धृष्टता करने का साहस कैसे? आप क्या नहीं..."

"मैं आज दोपहर अत्यंत व्यस्त हूँ, यह बहस नहीं कर सकता। पर अत्याचार करने से मुझे इनकार है।"

"यह स्वार्थ-भरे लाभ के लिए नहीं, देश-हित के लिए होगा, और यह अत्याचार नहीं है।"

"देश के नाम पर अत्याचार करना, दरअसल देश पर ही अत्याचार है- पर मुझे डर है, तुम यह कभी न समझ पाओगी।"

यह कहकर मैं वहाँ से चला आया।

सहसा सारी दुनिया नई उजास से दमक उठी। मुझे अपने रक्त में यह अनुभूति होने लगी कि पृथ्वी ने अपनी मिट्टी से भारीपन झटक दिया है; जीवन ढोने का उसका दैनिक भार अब बोझ न रहकर अद्‌भुत शक्ति-संवृद्धि के साथ दिन-रात की माला जपते हुए अंतरिक्ष में चक्कर काट रहा है। कितने अनंत

कर्म, और साथ ही मुक्ति की असीम ऊर्जा! कोई इसे रोक न सकेगा, हाय, कोई कभी रोक न सकेगा! मेरे अस्तित्व की गहराइयों से आनंद का उफ़ान जल-स्तंभ-सा उठकर आकाश पर धावा बोलने लगा।

मैंने बार-बार स्वयं से पूछा कि इस भावावेग का अर्थ क्या है। पहले तो कोई स्पष्ट उत्तर नहीं मिला। फिर यह स्पष्ट हो गया कि वह बंधन, जिससे मैं दिन-रात भीतर-ही-भीतर कुढ़ता रहा था, टूट चुका है। आश्चर्य यह हुआ कि मेरा मन हर धुँधलके से मुक्त हो गया था। बिमला से जुड़ी हर बात मुझे मानो कैमरे की स्क्रीन पर उभरी-सी स्पष्ट दिखाई दे रही थी। स्पष्ट था कि उसने वह आदेश मनवा लेने के लिए खासतौर पर अपने को सँवारा था। उस घड़ी तक मैंने बिमला की सज्जा को उससे अलग कोई चीज़ नहीं माना था। पर आज अंग्रेज़ी ढंग से जतनपूर्वक गुँथे उसके केश उसे केवल एक सजावट-भर बना रहे थे। जिसमें पहले उसकी शख्सियत का रहस्य समाया था और जो मेरे लिए अनमोल था, वह अब स्वयं को कौड़ियों के मोल बेचने निकल आया था।

उस टूटे-से पिंजरे जैसे शयन-कक्ष से निकलकर जब मैं खुले, सुनहरे उजाले में आया, तो बरामदे के आगे बजरी-बिछी पगडंडी के दोनों ओर की कचनार-पंक्ति आकाश को गुलाबी दीप्ति से रंग रही थी। पेड़ों के नीचे मैना-पक्षियों का झुंड किचकिच करते हुए चहक रहा था। कुछ दूर एक खाली बैल-गाड़ी मुँह झुकाए खड़ी थी, उसकी पूँछ ऊँची तनी- उसके बंधनमुक्त बैलों में से एक घास चर रहा था, दूसरा घास पर बैठा, आँखें मूँदे आराम में डूबा, और उसकी पीठ पर बैठा एक कौआ कीड़े चुन-चुन कर नोच रहा था।

ऐसा लगा, मैं धरती के विराट हृदय-स्पंदनों के और निकट आ गया हूँ, उसकी सहज, रोजमर्रा की धारा में। कचनार-फूलों की सुगंध के साथ उसकी गरम साँस मुझ पर पड़ रही थी; और इस संसार से एक अवर्णनीय मधुर स्तुति-गान गूँज उठा, जहाँ मैं अपनी स्वतंत्रता में सबकी साझी मुक्ति के संग जी रहा हूँ।

हम मनुष्य उन शूरवीरों की तरह हैं जिनकी खोज वह स्वतंत्रता है, जिसकी ओर हमारे आदर्श हमें पुकारते हैं। जो नारी हमारे लिए वह ध्वज गढ़ती है, जिसके तले हम प्रस्थान करते हैं, वही हमारे लिए सच्ची स्त्री है। जो घर में हमारे लिए मोह-जाल बुनती है, उसकी आड़ हमें चीर डालनी चाहिए और उसे उसके वास्तविक रूप में पहचानना चाहिए। हमें सावधान रहना चाहिए कि अपनी आकांक्षाओं और कल्पनाओं के मोह-जादू से उसे न सजा दें, और इस तरह उसे हमारी वास्तविक तलाश से भटकाने न दें।

आज मुझे मालूम हो रहा है कि मैं विजयी होकर निकलूँगा। मैं अब सादगी के द्वार पर आ पहुँचा हूँ; अब मुझे वस्तुओं को जैसे वे हैं, वैसे ही देखने में संतोष है। मैंने स्वयं स्वतंत्रता प्राप्त की है; अब मैं औरों को भी स्वतंत्रता दूँगा। मेरा उद्धार मेरे कर्म में ही होगा।

मैं जानता हूँ कि बार-बार मेरा हृदय पीड़ा से भर उठेगा, पर अब जबकि मैं उस पीड़ा को उसकी पूर्ण सच्चाई में समझ चुका हूँ, तो मैं उसे नज़रअंदाज़ कर सकता हूँ। अब जब यह जान चुका हूँ कि वह पीड़ा केवल मेरी ही है, तो उसकी क्या कीमत रह जाती है? समस्त मानवता की जो पीड़ा है, वही मेरा मुकुट बनेगी।

हे सत्य, मुझे बचा ले! अब फिर कभी मुझे माया के झूठे स्वर्ग की लालसा न होने दे। यदि मुझे अकेले ही चलना हो, तो कम-से-कम मैं तेरे पथ पर ही चलूँ। सत्य की नगाड़ियाँ मुझे विजय की ओर ले चलें।

संदीप की कहानी

7

उस दिन बिमला ने मुझे बुलवाया, पर कुछ समय तक वह एक शब्द भी न कह सकी; उसकी आँखें बार-बार छलकने को होती रहीं। मैं तुरंत समझ गया कि वह निखिल के साथ अपने प्रयत्न में असफल रही थी। उसे पूरा विश्वास था कि वह अपनी बात मनवा लेगी- पर मैंने कभी उसके इस आत्मविश्वास में भागीदारी नहीं की। स्त्री पुरुष को वहाँ अच्छी तरह जानती है जहाँ वह दुर्बल होता है, पर जहाँ वह दृढ़ होता है, वहाँ उसे समझना उसके लिए असंभव-सा हो जाता है। सच्चाई यह है कि पुरुष स्त्री के लिए जितना रहस्यपूर्ण है, स्त्री भी पुरुष के लिए उतनी ही रहस्यपूर्ण है। यदि ऐसा न होता, तो स्त्री-पुरुष का पृथक् अस्तित्व केवल प्रकृति की शक्ति का एक व्यर्थ प्रयोग होता।

अहंकार, अहंकार! समस्या यह नहीं थी कि आवश्यक कार्य पूर्ण नहीं हो सका, बल्कि यह थी कि जिस विनती को करने में उसे इतनी मानसिक पीड़ा और संघर्ष झेलना पड़ा, उसे अस्वीकार कर दिया गया। "मैं" और "मेरा" के चारों ओर स्त्री के भीतर कितनी विविध रंगतें, भाव-चालें, संकेत

और छल-छद्म एकत्रित हो जाते हैं! यही तो उसकी सुंदरता है- वह पुरुष की तुलना में कहीं अधिक व्यक्तिगत होती है, आत्मनिष्ठ होती है। जब पुरुष की रचना हो रही थी, तब सृष्टा एक प्रधानाध्यापक की भाँति थे- उनके थैले में आज्ञाएँ और सिद्धांतों का भंडार भरा था। पर जब वह स्त्री की रचना करने लगे, तो उन्होंने अपने प्रधानाध्यापक पद का त्याग कर दिया और एक कलाकार बन गए- हाथ में केवल तूलिका और रंगों की पेटी लिए।

जब बिमला वहाँ चुपचाप खड़ी थी- लज्जित, अश्रुपूरित और टूटी हुई गरिमा के साथ- मानो कोई मेघमाला हो, वर्षा से भारी और विद्युत से भरी हुई, जो क्षितिज पर मँडरा रही हो, वह इतनी अपूर्व मधुर लग रही थी कि मैं स्वयं को रोक न सका- उसके पास गया और उसका हाथ थाम लिया। उसका हाथ काँप रहा था, फिर भी उसने उसे छुड़ाया नहीं।

"बिमला," मैंने कहा, "हम दोनों सहकर्मी हैं, क्योंकि हमारा उद्देश्य एक है। आओ, बैठकर इस पर चर्चा करें।"

मैंने उसे, जो बिना किसी विरोध के चल रही थी, एक आसन पर बैठा दिया। पर यह कितनी विचित्र बात थी! ठीक उसी क्षण मेरी उतावलेपन की तीव्र धारा अनायास ही रुक गई- जैसे प्रचंड पद्मा नदी की अपराजेय धारा, जो तट को तोड़ती चली जाती है, अचानक ही किसी सूक्ष्म अवरोध से टकराकर अपने मार्ग से मुड़ जाती हो। जब मैंने बिमला का हाथ दबाया, तो मेरे स्नायुओं में जैसे कोई संगीत गूँज उठा- जैसे कोई तार-बद्ध वाद्य बज उठा हो; पर यह मधुरता पहली ही धुन पर थम गई।

रास्ते में बाधा क्या थी? कोई एक चीज़ नहीं थी; वह तो अनेक बातों की उलझन थी- कुछ ठोस या स्पष्ट पकड़ में आने वाला नहीं, बस एक अनजाना-सा अवरोध का एहसास था। फिर भी, इतना तो मेरे लिए अब स्पष्ट हो चुका है कि मैं अपने वास्तविक स्वरूप की भी शपथ नहीं ले सकता। शायद इसी कारण, कि मैं अपने ही मन के लिए एक रहस्य हूँ, मेरी अपनी ओर यह आकर्षण इतना प्रबल है! यदि कभी मेरा संपूर्ण स्वरूप मेरे सामने स्पष्ट हो जाए, तो मैं उसे तुरंत त्याग दूँगा- और परम आनंद को प्राप्त कर लूँगा!

जैसे ही वह बैठी, बिमला का चेहरा राख जैसा फीका पड़ गया। उसने भी अवश्य ही यह समझ लिया होगा कि कितनी बड़ी घड़ी आई और चली गई, बिना उसे कोई आघात पहुँचाए। वह धूमकेतु तो निकल गया था, पर उसकी जलती हुई पूँछ की छुअन ने उसे भीतर तक झुलसा दिया था। उसे

सँभालने के लिए मैंने कहा, "रुकावटें तो होंगी ही, पर हम उनका सामना करेंगे, हिम्मत नहीं हारेंगे। क्या यह ठीक नहीं है, रानी?"

बिमला ने हल्की-सी खाँसी के साथ गला साफ किया, पर बस धीमे स्वर में इतना ही कहा, "हाँ।"

"आओ, अब हम अपनी कार्य-योजना का एक खाका तैयार करें," मैंने कहा, और अपनी जेब से एक कागज़ और पेंसिल निकालते हुए आगे बोला।

मैंने कोलकाता से हमारे साथ जुड़े कार्यकर्ताओं की सूची बनाना शुरू की और उनके-अपने कार्य तय करने लगा। लेकिन मैं अभी पूरी तरह लिख भी न पाया था कि बिमला ने थकी हुई आवाज़ में टोका, "अब रहने दो; मैं शाम को फिर तुम्हारे साथ जुड़ जाऊँगी।" और फिर वह तेज़ी से कमरे से बाहर निकल गई। यह साफ था कि वह किसी भी बात पर ध्यान देने की स्थिति में नहीं थी। उसे कुछ समय अपने आप में अकेले रहना था- शायद अपने बिस्तर पर लेटकर जी भर के रो लेने के लिए!

जब वह मुझे छोड़कर चली गई, तो मेरे भीतर का नशा और गहरा होता गया- जैसे सूर्यास्त के बाद बादलों के रंग और भी गहरे हो जाते हैं। मुझे महसूस हुआ कि जीवन का वह निर्णायक क्षण मेरे हाथ से फिसल गया। मैं कितना भयानक कायर निकला! वह अवश्य ही मेरी झिझक से पूरी तरह ऊबकर चली गई होगी- और वह बिलकुल सही थी!

जब मैं इन विचारों से भीतर तक काँप रहा था, तभी एक नौकर आया और उसने अमूल्य के आने की सूचना दी, जो हमारे लड़कों में से एक था। मैं उसे उस समय लौटा देना चाहता था, पर वह तब तक भीतर आ चुका था, जब तक मैं कोई निर्णय ले पाता। फिर हम विभिन्न इलाकों में कपड़े, चीनी और नमक को लेकर छिड़ी झड़पों की खबरों पर चर्चा करने लगे। और वातावरण से वह भावनात्मक उन्माद की धुंध शीघ्र ही छँट गई। मुझे ऐसा लगा जैसे किसी स्वप्न से जाग उठा हूँ। मैं झटपट उठ खड़ा हुआ, संघर्ष के लिए पूरी तरह तैयार- वंदे मातरम्!

समाचार विविध प्रकार के थे। हरिश कुंडू के किरायेदार अधिकांश व्यापारी अब हमारे पक्ष में आ चुके थे। निखिल के कई कर्मचारी भी गुप्त रूप से हमारे साथ थे और परदे के पीछे से हमारे हित में काम कर रहे थे। मारवाड़ी दुकानदार यह प्रस्ताव दे रहे थे कि यदि उन्हें वर्तमान माल बेचने की

अनुमति मिल जाए, तो वे जुर्माना भरने को तैयार हैं। केवल कुछ मुसलमान व्यापारी अब भी अड़े हुए थे।

उनमें से एक व्यक्ति अपने परिवार के लिए कुछ जर्मन निर्मित शॉल घर ले जा रहा था। ये शॉल हमारे गाँव के एक लड़के ने जब्त कर लिए और जला डाले। इससे विवाद उत्पन्न हो गया। हमने उसे यह प्रस्ताव दिया कि हम उसकी जगह भारतीय ऊनी कपड़े खरीद कर देंगे। लेकिन सस्ते भारतीय ऊनी कपड़े कहाँ उपलब्ध थे? हम उसे कश्मीरी शॉलों का तो उपहार नहीं दे सकते थे! वह निखिल के पास शिकायत लेकर गया, और निखिल ने उसे न्यायालय जाने की सलाह दी। लेकिन निखिल के आदमियों ने यह सुनिश्चित कर लिया कि मुकदमा किसी नतीजे तक न पहुँचे- यहाँ तक कि उसका वकील भी हमारे ही पक्ष में था!

बात यह है कि यदि हर बार जले हुए विदेशी कपड़ों की जगह भारतीय कपड़े देने पड़ें, और ऊपर से मुकदमे भी लड़ने हों, तो पैसा आएगा कहाँ से? और विडंबना यह है कि विदेशी वस्त्रों का यह नाश उनकी माँग को और बढ़ा रहा है और विदेशी व्यापारियों के लाभ में इजाफा कर रहा है- ठीक वैसे ही जैसे उस भाग्यशाली दुकानदार के साथ हुआ, जिसके झाड़-फानूस तोड़ने में नवाब को आनंद आता था- और वह काँच टूटने की खनक से ही प्रसन्न हो उठता था।

अगली समस्या यह है- चूंकि सस्ते और चमक-दमक वाले भारतीय ऊनी कपड़े जैसी कोई चीज़ मौजूद नहीं है, तो क्या हमें विदेशी फलैनल और मेमो (ऊनी कपड़ों) के बहिष्कार में कठोर रहना चाहिए, या उनके पक्ष में कोई अपवाद करना चाहिए?

"सुनो!" मैंने पहले मुद्दे पर अंततः कहा, "हम उन लोगों को बार-बार भारतीय वस्त्रों का उपहार देने वाले नहीं हैं जिनकी विदेशी खरीदी गई चीज़ें जब्त की गई हैं। दंड तो उन्हें मिलना चाहिए, हमें नहीं। अगर वे अदालत जाएँ, तो हमें जवाब में उनके अनाज-भंडार जला देने चाहिए!- क्या हुआ अमूल्य, तुम चौंक क्यों गए? मुझे किसी भव्य रोशनी के दृश्य की खुशी नहीं है! तुम्हें याद रखना चाहिए, यह युद्ध है। अगर तुम पीड़ा पहुँचाने से डरते हो, तो प्रेम-प्रसंगों में लगो- यह काम तुम्हारे बस का नहीं!"

दूसरी समस्या का समाधान मैंने इस निर्णय से किया कि किसी भी परिस्थिति में विदेशी वस्तुओं के साथ कोई समझौता नहीं किया जाएगा। उन

पुराने अच्छे दिनों में, जब ये चटक रंगों वाली विदेशी शॉलें नहीं थीं, हमारे किसान साधारण सूती रजाइयों में भी भली-भाँति गुजारा कर लेते थे- उन्हें यह आदत फिर से डालनी होगी। वे उतने भड़कीले भले ही न लगें, पर यह रूप-रंग की चिंता करने का समय नहीं है।

अधिकांश नाविकों को विदेशी माल ढोने से रोकने के लिए राजी कर लिया गया था, लेकिन उनका मुखिया मिर्जान अब भी अवज्ञाकारी बना हुआ था।

“क्या तुम उसकी नाव डुबो नहीं सकते?” मैंने यहाँ के प्रबंधक से पूछा।

“इससे आसान कुछ नहीं, साहब,” उसने जवाब दिया, “लेकिन अगर बाद में मुझ पर ही दोष मढ़ा गया तो?”

“इतनी बेढंगी चूक क्यों करना कि जवाबदेही का कोई सुराख रह जाए? और अगर कोई ज़िम्मेदारी आई भी, तो वह मेरे कंधों पर होगी।”

मिर्जान की नाव उतरने की जगह के पास बँधी हुई थी, जब उसका सामान बाजार तक पहुँचा दिया गया था।

उस नाव पर कोई नहीं था, क्योंकि प्रबंधक ने एक मनोरंजन कार्यक्रम का आयोजन किया था जिसमें सभी को बुलाया गया था।

संध्या के बाद, नाव को कूड़े-कचरे से भर कर उसमें छेद किया गया और उसे बहा दिया गया। वह नदी के बीच में जाकर डूब गई।

मिर्जान सब कुछ समझ गया। वह रोते हुए मेरे पास आया और दया की भीख माँगने लगा।

“मैं गलत था, हुजूर-” वह बोलना शुरू ही कर पाया था।

उसने कोई सीधा उत्तर नहीं दिया। “नाव की कीमत दो हज़ार रुपये थी,” वह बोला। “अब मुझे अपनी भूल समझ आ गई है। अगर इस बार क्षमा कर दिया जाए, तो मैं कभी...” इतना कहते हुए वह मेरे चरणों में गिर पड़ा।

मैंने उसे दस दिन बाद आने को कहा। यदि हम उसे वह दो हज़ार रुपये तुरंत दे पाते, तो उसका तन-मन सब कुछ अपना बना सकते थे। यह उसी प्रकार का आदमी है जो यदि हमारे पाले में आ जाए, तो बड़ी सेवा कर सकता है। जब तक हमारे पास पर्याप्त धन न हो, हम कोई ठोस प्रगति नहीं कर सकते।

जैसे ही शाम को बिमला बैठक में आई, मैं उठकर उसका स्वागत करते हुए बोला, “रानी! सब कुछ तैयार है, सफलता बस सामने है- पर हमें धन चाहिए।”

"धन? कितना धन?"

"बहुत अधिक नहीं, पर किसी भी तरह हमें वह चाहिए ही!"

"पर कितना?"

"फिलहाल केवल पचास हज़ार रुपये काफी होंगे।"

बिमला उस राशि को सुनकर भीतर ही भीतर सिहर उठी, लेकिन उसने इसे प्रकट नहीं होने दिया। वह भला फिर से हार कैसे मान सकती थी?

"रानी!" मैंने कहा, "केवल आप ही असंभव को संभव बना सकती हैं। और सच तो यह है कि आप पहले ही ऐसा कर चुकी हैं। काश मैं आपको आपकी उपलब्धि की सच्ची परिमिति दिखा सकता- तब आप जान जातीं। लेकिन यह समय उसका नहीं है। अब हमें धन चाहिए!"

"आपको वह मिलेगा," उसने कहा।

मैं समझ गया कि उसके मन में अपने गहने बेचने का विचार आया है। इसलिए मैंने कहा, "आपके गहने सुरक्षित रहें। कौन जानता है कब उनकी आवश्यकता पड़ जाए।" और जब बिमला मेरी ओर शून्य दृष्टि से चुपचाप देखने लगी, तो मैंने आगे कहा, "यह पैसा आपके पति के ख़ज़ाने से ही आना चाहिए।"

बिमला और भी चौंक गई। लंबी चुप्पी के बाद उसने कहा, "पर मैं उनके पैसे कैसे लूँगी?"

"क्या उनका धन आपका नहीं है?"

"अह, नहीं!" उसने कहा, उसकी आहत स्वाभिमान की भावना फिर से चुभ गई।

"यदि नहीं," मैं पुकार उठा, "तो वह धन न उनका है, न आपका। वह इस देश का है, जिससे उन्होंने ज़रूरत के समय वह छीन लिया है!"

"पर मैं उसे लूँगी कैसे?" वह फिर बोली।

"आपको वह प्राप्त करना ही होगा- और आप जानती हैं कि कैसे। वह उस माता की धरोहर है, जिसके लिए वह धन वास्तव में है। वंदे मातरम्! यही वो मंत्र है जो लोहे की तिजोरी के द्वार खोल देगा, गुप्त कक्ष की दीवारें तोड़ देगा, और उसके प्रति असत्यनिष्ठ लोगों के हृदयों को हिला देगा। कहो वंदे मातरम्, बिमला!"

"वंदे मातरम्!"

अध्याय सात

संदीप की कहानी

8

हम पुरुष हैं, हम राजा हैं- हमें अपना कर चाहिए। जब से हम इस धरती पर आए हैं, तब से हम उसे लूटते आ रहे हैं; और जितना अधिक हमने उससे माँगा, उतना ही अधिक वह झुकती गई। आदि काल से ही हम मनुष्य फल तोड़ते आए हैं, वृक्ष काटते रहे हैं, धरती को खोदते आए हैं, और पशु, पक्षी तथा मछलियों का वध करते आए हैं। समुद्र की गहराइयों से, धरती की परतों के नीचे से, मृत्यु के जबड़ों तक से- यह सब कुछ केवल छीनने, हड़पने और कब्जा करने का सिलसिला रहा है। प्रकृति के भंडार में कोई भी तिजोरी ऐसी नहीं रही जिसे आदरपूर्वक छोड़ा गया हो या जिसे अछूता रखा गया हो। इस धरती का एकमात्र सुख यही रहा है- मनुष्य की माँगों को पूर्ण करना। अपने निरंतर बलिदानों के माध्यम से उसने स्वयं को उपजाऊ, सुंदर और पूर्ण बनाया है। यदि ऐसा न होता, तो वह आज भी एक अनजानी बंजर भूमि होती, अपने ही अस्तित्व से अनभिज्ञ, अपने हृदय के द्वार बंद किए हुए, उसके हीरे और मोती कभी प्रकाश न देख पाते।

इसी प्रकार, अपनी माँगों की महज शक्ति से, हम पुरुषों ने स्त्रियों की सारी सोती हुई संभावनाओं को जगा दिया है। अपने को हमें समर्पित करते हुए ही उन्होंने अपनी सच्ची महानता प्राप्त की है। क्योंकि उन्हें अपने सुख के हीरे और दुःख के मोती हमारे राजकोष में लाकर रखने पड़े, इसी में उन्होंने

अपनी असली संपदा पाई है। इसलिए, पुरुष का स्वीकार करना ही वास्तव में देना है; और स्त्री का देना ही वास्तव में पाना है।

परंतु जो माँग मैंने अभी बिमला से की है, वह सचमुच बहुत बड़ी है! शुरुआत में मुझे संकोच हुआ; क्या यह मनुष्य के मन की आदत नहीं कि वह निरर्थक रूप से स्वयं से ही संघर्ष करता रहे? मुझे लगा कि मैंने उस पर अत्यधिक कठिन कार्य थोप दिया है। मेरा पहला विचार यही था कि मैं उसे वापस बुला लूँ और कहूँ कि मैं उसे इन सब झंझटों में डालकर उसका जीवन दुःखमय नहीं बनाना चाहता। क्षणभर को मैं भूल गया कि पुरुष का उद्देश्य आक्रामक होना है- स्त्री के शांत अस्तित्व की गहराई में अस्थिरता उत्पन्न करके उसे फलदायी बनाना है, और दुःख की अथाह गहराइयों को मथकर संसार को पावन बनाना है! इसीलिए पुरुष के हाथ इतने मजबूत होते हैं, उसकी पकड़ इतनी दृढ़ होती है। बिमला पूरे मन से यही चाह रही थी कि मैं, संदीप, उससे कोई बड़ा त्याग मांगू- उसे मृत्यु की ओर बुलाऊँ। अन्यथा वह कैसे सुखी हो सकती थी? क्या उसने इन सारे ऊबे हुए वर्षों को केवल इस अवसर की प्रतीक्षा में नहीं बिताया था कि वह दिल खोलकर रो सके- क्योंकि वह अपने एकरस, शांत सुख से पूरी तरह तृप्त हो चुकी थी? और इसी कारण, जब उसने मुझे देखा, तो उसके हृदय का आकाश उसके आने वाले दुःखभरे दिनों के वर्षा के बादलों से ढँक गया। अगर मैं उस पर दया करूँ और उसे इन दुःखों से बचा लूँ, तो फिर मेरे पुरुष रूप में जन्म लेने का उद्देश्य ही क्या था?

मेरी आत्मग्लानि का असली कारण यह है कि मेरी माँग धन के लिए है। और यह बात भीख जैसी मालूम होती है, क्योंकि धन पुरुष का होता है, नारी का नहीं। इसीलिए मुझे राशि को बड़ा दिखाना पड़ा। एक-दो हज़ार माँगना तो किसी छोटी-मोटी चोरी जैसे लगता; लेकिन पचास हज़ार- उसमें एक रोमांचकारी डाकूगिरी का विस्तार है। आह, लेकिन धन तो वास्तव में मेरा ही होना चाहिए था! मेरी कितनी ही इच्छाएँ बार-बार अधूरी रह गईं- केवल इसलिए कि मेरे पास पैसे नहीं थे। यह मेरे लिए शोभनीय नहीं! यदि मेरी किस्मत केवल अन्यायी होती, तो उसे क्षमा किया जा सकता था- पर उसका जो यह 'भद्दापन' है, वह अक्षम्य है। केवल इतना ही नहीं कि एक ऐसा व्यक्ति जैसे मैं- अपने मकान का किराया चुकाने के लिए भी चिंता में पड़ा रहे, या किसी इंटरमीडिएट क्लास के रेल टिकट के लिए सिक्के गिन-गिन कर चुकाए- यह केवल एक कठिनाई नहीं है, यह तो एक अशालीनता है!

यह भी उतना ही स्पष्ट है कि निखिल की पैतृक संपत्ति उसके लिए एक अतिरिक्त बोझ है। उसके लिए निर्धन होना कोई अपमानजनक बात नहीं होती। वह तो प्रसन्नता से अपने उस बहुमूल्य गुरु के साथ, दरिद्रता की दोहरी जंजीर में बँधकर भी जी सकता है। काश, मुझे एक बार- बस एक ही बार- यह अवसर मिले कि मैं पचास हज़ार रुपये देश की सेवा में और अपनी आत्म-संतुष्टि के लिए खुले हाथों से लुटा सकूँ। मैं जन्मजात नवाब हूँ, और यह मेरा एक बड़ा स्वप्न है- कि इस निर्धनता के वेश को उतार फेंकूँ, भले ही एक दिन के लिए ही सही, और अपने वास्तविक रूप में स्वयं को देख सकूँ। मुझे गहरी आशंका है कि बिमला के हाथ वह पचास हज़ार रुपये कभी नहीं लगेंगे, और संभवतः केवल एक-दो हज़ार ही वास्तव में मिल पाएँगे। तो ठीक है- बुद्धिमान व्यक्ति आधी रोटी, या फिर जो कुछ भी मिले- उसे बिना रोटी से बेहतर मानकर संतोष कर लेता है। मुझे इन निजी विचारों पर फिर कभी लौटना होगा। अभी-अभी समाचार मिला है कि मुझे तुरंत बुलाया गया है। कुछ गड़बड़ हो गई है...

ऐसा मालूम होता है कि पुलिस को उस आदमी का सुराग मिल गया है जिसने हमारे लिए मिर्जान की नाव डुबोई थी। वह पहले से ही एक जाना-पहचाना अपराधी था। पुलिस उसके पीछे लगी है, लेकिन वह इतना अनुभवी है कि कुछ उगलने से पहले ही ख़ुद को बचा ले। हालाँकि, कुछ कहा नहीं जा सकता। निखिल अब पूरी तरह सतर्क हो गया है, और उसके प्रबंधक के लिए अब अपनी मर्जी से काम कर पाना मुश्किल हो सकता है।

"यदि मैं मुसीबत में फँसा, साहब," प्रबंधक ने मुझसे मिलते ही कहा, "तो मुझे आपको भी उसमें घसीटना पड़ेगा!"

"वह फंदा कहाँ है जिससे तुम मुझे पकड़ सको?" मैंने पूछा।

"मेरे पास आपका एक पत्र है, और अमूल्य बाबू के कई पत्र हैं।" मुझे बिलकुल भी अंदाज़ा नहीं था कि वह 'अति आवश्यक' चिह्नित पत्र, जिसका उत्तर मुझसे जल्दबाज़ी में लिखवाया गया था, केवल इसी उद्देश्य के लिए माँगा गया था! अब मैं बहुत-सी बातें समझने लगा हूँ।

अब मुख्य बात यह है कि पुलिस को घूस देनी होगी और मिर्जान को उसकी नाव के बदले चुप रहने के लिए पैसा देना पड़ेगा। यह भी साफ होता जा रहा है कि हमारे इस देशभक्ति-पूर्ण अभियान का बड़ा हिस्सा लाभ बनकर निखिल के प्रबंधक की जेब में चला जाएगा। हालाँकि, अभी मुझे इस पर

आँखें मूँदनी होंगी- क्योंकि वह भी तो उतनी ही जोर से “वंदे मातरम्” पुकार रहा है जितनी जोर से मैं!

ऐसे काम हमेशा रिसने वाले बर्तनों से ही करने पड़ते हैं, जो जितना लाते हैं, उतना ही बहा भी देते हैं। हम सभी के भीतर नैतिक निर्णय की एक छिपी पूँजी होती है, और इसी कारण मैं प्रबंधक पर क्रोधित होने ही वाला था, और अपनी डायरी में देशवासियों की अविश्वसनीयता पर एक कटु टिप्पणी दर्ज़ करने जा रहा था। पर यदि ईश्वर है, तो मुझे उसके प्रति आभार व्यक्त करना होगा कि उसने मुझे एक स्पष्ट-दृष्टि वाला मन दिया है, जो अपने भीतर या बाहर किसी भी बात को धुँधला नहीं रहने देता। मैं दूसरों को भ्रमित कर सकता हूँ, पर स्वयं को कभी नहीं। इसलिए मैं क्रोधित बना नहीं रह सका।

जो कुछ भी सत्य है, वह न अच्छा होता है, न बुरा- वह केवल सत्य होता है, और यही विज्ञान है। झील केवल वही जल है जो धरती द्वारा अभी तक सोखा नहीं गया है। ‘वंदे मातरम्’ के आंदोलन के नीचे- और सच कहें तो हर सांसारिक कार्य के तल में- कीचड़ का एक क्षेत्र होता है, जिसकी सोखने की शक्ति को नज़रअंदाज़ नहीं किया जा सकता। प्रबंधक जो चाहता है वह लेगा; मेरी भी अपनी इच्छाएँ हैं। ये छोटी-छोटी इच्छाएँ भी महान उद्देश्य की इच्छाओं का ही हिस्सा हैं- यदि श्रेष्ठ गति चाहिए, तो घोड़े को चारा देना होगा और पहियों में तेल भी डालना होगा।

सारी बात का निचोड़ यह है कि हमें धन चाहिए- और वह भी शीघ्र। हमें जो भी सबसे सहजता से उपलब्ध हो, उसे लेना ही होगा, क्योंकि हमारे पास प्रतीक्षा करने का अवसर नहीं है। मैं जानता हूँ कि तात्कालिक आवश्यकताएँ अक्सर दीर्घकालिक लक्ष्यों को निगल जाती हैं; कि आज के पाँच हज़ार रुपये शायद कल के पचास हज़ार को अंकुरित होने से पहले ही कुचल दें। लेकिन मुझे इस मूल्य को स्वीकार करना ही होगा। क्या मैंने निखिल को बार-बार यह ताना नहीं मारा है कि जो संयम के मार्ग पर चलते हैं, उन्होंने त्याग का मर्म कभी जाना ही नहीं? वास्तव में तो हम लालची लोग ही हैं जिन्हें हर कदम पर अपने लालच का ही बलिदान देना पड़ता है!

मनुष्य के मुख्य पापों में से- कामना तो केवल उन्हीं के लिए है जो वास्तव में पुरुषार्थी हैं; परंतु मोह- वह तो केवल कायरों के लिए है, और उन्हें बाधित करता है। क्योंकि मोह उन्हें अतीत और भविष्य में बाँधे रखता है, लेकिन वर्तमान में उनके कदमों को पूरी तरह से भ्रमित कर देता है। जो

लोग सदा दूरस्थ पुकार की प्रतीक्षा में कान लगाए रहते हैं, और निकटवर्ती वास्तविकता की पुकार की उपेक्षा करते हैं, वे शकुंतला[19] के समान होते हैं- अपने प्रेमी की स्मृतियों में डूबे हुए। अतिथि बिना ध्यान दिए आ जाता है, और फिर शाप उतरता है- जो उनकी कामना का मूल उद्देश्य था, वही उनसे छिन जाता है।

उस दिन मैंने बिमला का हाथ दबाया था, और उस स्पर्श की तरंगें आज भी उसके मन में हलचल पैदा कर रही हैं- जैसे कि वे मेरे भीतर भी गूंज रही हैं। इस स्पर्श की गूंज को दोहराव से सुस्त नहीं पड़ने देना चाहिए, क्योंकि जो अभी संगीत है, वह फिर केवल तर्क बनकर रह जाएगा। इस समय उसके मन में "क्यों?" जैसे प्रश्न के लिए कोई स्थान नहीं है। इसलिए मुझे बिमला से- जो उन प्राणियों में से है जिन्हें माया की ज़रूरत होती है- उसकी इस माया की पूर्ण आपूर्ति छीननी नहीं चाहिए।

जहाँ तक मेरा प्रश्न है, तो मेरे पास करने को बहुत कुछ और भी है- इसलिए अभी मुझे वासनाओं की मदिरा-प्याली की केवल झाग से ही संतोष करना होगा। हे कामना के पथिक! अपनी लालसा को नियंत्रित करो, और माया की वीणा पर धीरे-धीरे अभ्यास करो- ताकि तुम उसके संकेतों की कोमल सूक्ष्मता को पूर्णता से जगा सको। यह वह समय नहीं है- जब उस प्याले को आखिरी बूँद तक पी लिया जाए।

9

हमारा कार्य तेज गति से आगे बढ़ रहा है। लेकिन हम गला फाड़-फाड़कर मुसलमानों को अपना भाई घोषित करते रहे, अब हमें यह समझ में आ गया है कि हम उन्हें पूरी तरह अपने पक्ष में कभी नहीं ला पाएँगे। इसलिए उन्हें पूरी तरह दबाना होगा और यह समझाना होगा कि हम ही शासक हैं। वे

19. शकुंतला, जब उसका प्रिय राजा- उसे वचन देकर के लौट गया कि वह उसे बुलवाएगा- तो वह उसके विचारों में इतनी डूबी रही कि आश्रम में आए एक अतिथि ऋषि की पुकार को सुन ही नहीं सकी। इस अपमान से क्रोधित होकर ऋषि ने उसे शाप दे दिया कि जिसके प्रेम में वह डूबी हुई है, वह व्यक्ति उसे पूरी तरह भूल जाएगा।

अभी दाँत दिखा रहे हैं, लेकिन एक दिन ऐसा आएगा जब वे पालतू भालुओं की तरह हमारी बजाई हुई धुन पर नाचेंगे।

"यदि संयुक्त भारत का विचार वास्तव में सही है," निखिल ने आपत्ति की, "तो मुसलमान उसका एक अनिवार्य हिस्सा हैं।"

"बिलकुल ठीक," मैंने कहा, "लेकिन हमें उनका स्थान जानना होगा और उन्हें उसी में रखना होगा, नहीं तो वे बार-बार समस्या खड़ी करेंगे।"

"तो तुम समस्या से बचने के लिए स्वयं ही समस्या खड़ी करना चाहते हो?"

"तो फिर तुम्हारी योजना क्या है?"

"झगड़े से बचने का एक ही जाना-पहचाना उपाय है," निखिल ने अर्थपूर्ण स्वर में कहा।

मैं जानता हूँ कि अच्छे लोगों की कहानियों की तरह निखिल की हर बात का अंत किसी नैतिक उपदेश पर होता है। अजीब बात यह है कि इतने नैतिक सिद्धांतों से परिचित होने के बावजूद, वह अब भी उन पर विश्वास करता है! वह स्कूल का न सुधारा जा सकने वाला लड़का है। उसकी एकमात्र विशेषता उसकी ईमानदारी है। उन जैसे लोगों की समस्या यह है कि वे मृत्यु को भी अंतिम नहीं मानते और सदा भविष्य की ओर टकटकी लगाए रहते हैं।

मैं लंबे समय से एक योजना सँजोए हुए हूँ, जो यदि मैं पूरी कर सका, तो पूरे देश में आग लग सकती है। सच्ची देशभक्ति तब तक हमारे देशवासियों में नहीं जागेगी जब तक वे मातृभूमि को सजीव रूप में देख न सकें। हमें उसे एक देवी का रूप देना होगा। मेरे सहयोगियों ने तुरंत बात समझ ली। "चलिए कोई उपयुक्त मूर्ति गढ़ते हैं!" वे बोले। "यदि तुम ख़ुद गढ़ोगे, तो वह काम नहीं करेगा," मैंने उन्हें चेताया। "हमें वर्तमान प्रचलित मूर्तियों में से किसी एक को राष्ट्र का प्रतीक बनाना होगा- जनता की पूजा उसी में प्रवाहित होगी, परंपरा की गहरी लकीरों के सहारे।"

लेकिन निखिल को तो इस बात पर भी तर्क करना था। उसने कुछ समय पहले मुझसे कहा, "हमें उस उद्देश्य के लिए, जिसे हम सत्य मानते हैं, भ्रमों का सहारा नहीं लेना चाहिए।"

"भ्रम सामान्य बुद्धियों के लिए आवश्यक होते हैं," मैंने कहा, "और संसार का बड़ा हिस्सा इसी वर्ग में आता है।" इसीलिए हर देश में देवताओं की स्थापना की जाती है ताकि जनता के भ्रम बनाए रखे जाएँ, क्योंकि मनुष्य अपनी दुर्बलताओं से भली-भाँति परिचित होता है।"

"नहीं," उसने उत्तर दिया। "ईश्वर की आवश्यकता भ्रम को दूर करने के लिए होती है। जो देवता उन्हें बनाए रखते हैं, वे झूठे देवता हैं।"

"तो क्या हुआ? आवश्यकता पड़े तो झूठे देवताओं को भी पुकारना चाहिए, बजाय इसके कि कार्य बाधित हो जाए। दुर्भाग्यवश, हमारे पास भ्रम तो जीवित हैं, पर हम यह नहीं जानते कि उन्हें अपने उद्देश्य के लिए कैसे उपयोग में लाएँ। ब्राह्मणों को ही देखो। हम उन्हें अर्ध-देवताओं के समान मानते हैं, उनके चरणों की धूल निःसंकोच लेते हैं, फिर भी वे एक ऐसी शक्ति हैं जो व्यर्थ जा रही है।

"हमेशा एक बड़ा वर्ग ऐसा रहेगा जो दासत्व का अभ्यस्त होगा- जो तब तक कुछ नहीं कर सकता जब तक किसी के चरणों की धूल उसके सिर या पीठ पर न डाली जाए! कितनी विडंबना की बात होगी कि हमने ब्राह्मणों को युगों से अपने शस्त्रागार में तेज और उपयोगी बनाकर सहेज रखा, और आवश्यकता पड़ने पर भी हम उस भीड़ को आगे बढ़ाने में उन्हें प्रयोग न कर सकें।"

लेकिन निखिल के दिमाग में यह सब बात बैठाना असंभव है। उसे 'सत्य' के पक्ष में ऐसा पूर्वाग्रह है- जैसे कोई वस्तुनिष्ठ सच्चाई वास्तव में अस्तित्व में हो ही! मैं कितनी बार उसे यह समझाने की कोशिश कर चुका हूँ कि जहाँ असत्य वस्तुतः उपस्थित है, वहीं वह सत्य बन जाता है। हमारे देश में पुराने समय में यह बात समझी जाती थी, तभी तो उन्होंने साहसपूर्वक कह दिया था कि अल्पबुद्धि वालों के लिए असत्य ही सत्य है। जो लोग सचमुच अपनी मातृभूमि को देवी मानते हैं, उनके लिए उसकी मूर्ति ही सत्य का कार्य करेगी। हमारी प्रकृति और परंपराओं के साथ, हम अपने देश को जैसा वह वास्तव में है वैसा नहीं देख पाते- पर उसकी प्रतिमा में विश्वास करना हमारे लिए सहज है। जो लोग सच में कार्य करना चाहते हैं, उन्हें इस तथ्य की अवहेलना नहीं करनी चाहिए।

निखिल बस उत्तेजित हो उठा। "क्योंकि तुम सत्य के पथ पर चलने की शक्ति खो चुके हो," वह चिल्लाया, "इसलिए आसमान से किसी चमत्कारी वरदान के टपकने की प्रतीक्षा करते रहते हो! इसीलिए जब तुम्हारी देश सेवा सदियों से अधूरी रह गई है, तब तुम सोचते हो कि उसकी एक मूर्ति बना लो और दान में कुछ पाने की आस लगाए बैठे रहो।"

"हम असंभव को साधना चाहते हैं," मैंने कहा। "इसलिए हमें अपने देश को देवी का रूप देना ही होगा।"

"अर्थात् तुम्हारा मन संभव कार्यों की ओर है ही नहीं," निखिल ने उत्तर दिया। "जो कुछ पहले से है, उसे छेड़ा न जाए, पर परिणाम कोई चमत्कारी हो!"

"देखो निखिल," मैंने अंततः कहा, पूरी तरह झुंझलाकर।

"जो बातें तुम कह रहे हो, वे नैतिक शिक्षाओं के रूप में ठीक-ठाक हैं। इन विचारों ने अपने समय पर कार्य भी किया- जैसे शिशुओं के लिए दूध होता है- पर अब जबकि मनुष्य अपने दाँत निकाल चुका है, ये बातें काम की नहीं रहीं।

"क्या हम अपनी आँखों के सामने यह नहीं देख रहे कि वे बातें, जिनका बीज बोने का हमने कभी सपना भी नहीं देखा था, हर ओर से अंकुरित हो रही हैं? किस शक्ति से? उस देवी की शक्ति से जो हमारे देश में प्रकट हो रही है। उस देवी को उसकी मूर्ति देना इस युग की प्रतिभा का कार्य है। सच्ची प्रतिभा तर्क नहीं करती- वह सृजन करती है। मैं तो बस उस रूप को गढ़ता हूँ जिसकी देश कल्पना करता है।

"मैं चारों ओर यह प्रचारित करूँगा कि देवी ने मुझे एक स्वप्न के माध्यम से दर्शन दिए हैं। मैं ब्राह्मणों से कहूँगा कि वे देवी के नियुक्त पुजारी हैं, और उनका पतन इस कारण हुआ है कि उन्होंने उसकी पूजा का उचित पालन नहीं किया। क्या तुम कहोगे कि मैं झूठ बोल रहा होऊँगा? नहीं, मैं कहता हूँ, यह सत्य है- बल्कि वह सत्य है जिसकी प्रतीक्षा यह देश बहुत समय से मेरे मुख से सुनने के लिए कर रहा है। यदि मुझे यह संदेश देने का अवसर मिल जाए, तो तुम देखोगे कितना अद्भुत परिणाम होगा।"

"जिस बात से मैं डरता हूँ," निखिल ने कहा, "वह यह है कि मेरा जीवन सीमित है और जिस परिणाम की तुम बात कर रहे हो, वह अंतिम परिणाम नहीं है। इसके दूरगामी प्रभाव होंगे, जो तुरंत दिखाई नहीं देंगे।"

"मैं तो बस उस परिणाम की तलाश में हूँ," मैंने कहा, "जो आज का है।"

"मैं जिस परिणाम की खोज में हूँ," निखिल ने उत्तर दिया, "वह शाश्वत है- सभी कालों के लिए है।"

निखिल में बंगाल के सबसे बड़े उपहार- कल्पनाशक्ति- का अंश ज़रूर रहा होगा, लेकिन उसने उसे विदेशी तरह की ज़रूरत से ज़्यादा सजगता के नीचे दबने दिया है, लगभग मार ही डाला है। जरा देखिए, दुर्गा पूजा को ही, जिसे बंगाल ने कितनी ऊँचाइयों तक पहुँचाया है। यह बंगाल की सबसे

बड़ी उपलब्धियों में से एक है। मैं दावे के साथ कह सकता हूँ कि दुर्गा एक राजनीतिक देवी हैं, और उन्हें उस समय देशभक्ति की शक्ति के रूप में गढ़ा गया था जब बंगाल मुसलमानों के शासन से मुक्ति के लिए प्रार्थना कर रहा था। भारत के और किस प्रदेश ने अपने आदर्श की खोज को इतनी सुंदर दृश्य अभिव्यक्ति दी है?

निखिल के भीतर से ईश्वर प्रदत्त कल्पनाशक्ति के लुप्त हो जाने का सबसे स्पष्ट प्रमाण उसकी बातों में मिला। उसने मुझसे कहा- "मुसलमानों के शासनकाल में मराठों और सिक्खों ने अपने ही उठाए हुए हथियारों से फल प्राप्त किया। लेकिन बंगालियों ने अपनी देवी के हाथ में हथियार रख दिए और बस उस पर मंत्र बुदबुदाते रहे। चूँकि उसका देश वास्तव में कोई देवी नहीं था, उसे जो फल मिला वह सिर्फ़ बलि में चढ़े बकरों और भैंसों के कटे हुए सिर थे। जिस दिन हम धर्म के रास्ते पर चलकर देश का भला चाहेंगे, उस दिन देश से भी बड़ा जो है, वह हमें सच्चा फल देगा।"

दुर्भाग्य की बात यह है कि निखिल की बातें जब काग़ज़ पर उतरती हैं, तो बड़ी सुंदर और प्रभावशाली लगती हैं। लेकिन मेरी बातें काग़ज़ पर लिखे जाने के लिए नहीं हैं- बल्कि देश के हृदय पर अंकित किए जाने के लिए हैं। पंडित अपनी कृषि संबंधी शास्त्रीय रचना को छापे की स्याही में दर्ज़ करता है; परंतु किसान अपने हल की नोक से अपने परिश्रम की छाप सीधे मिट्टी में छोड़ता है।

10

जब मैं अगली बार बिमला से मिला, तो बिना किसी भूमिका के ही मैंने बात एक ऊँचे स्वर में शुरू की। "क्या हम उस भगवान पर, जिसकी पूजा के लिए हम करोड़ों वर्षों से जन्म लेते आए हैं, पूरे दिल से विश्वास कर सके- तब तक जब तक वह स्वयं हमारे सामने प्रकट नहीं हो गया?"

"मैंने आगे कहा, मैंने तुमसे कितनी बार कहा है कि अगर मैंने तुम्हें न देखा होता, तो मैं अपने देश को एक रूप में कभी जान ही नहीं पाता। मुझे अब तक नहीं पता कि तुम मेरी बात को सही ढंग से समझ पाई हो या नहीं। देवता केवल स्वर्ग में अदृश्य होते हैं- धरती पर वे मनुष्यों के सामने प्रकट होते हैं।"

बिमला ने मुझे एक विचित्र भाव से देखा और गंभीरता से उत्तर दिया : "हाँ, संदीप, मैं तुम्हें वास्तव में समझ रही हूँ।" यह पहली बार था जब उसने मुझे केवल 'संदीप' कहकर पुकारा।

मैंने आगे कहा, "कृष्ण, जिन्हें अर्जुन आमतौर पर केवल अपने रथ के सारथी के रूप में जानता था, उनका एक विराट रूप भी था, जिसकी एक झलक अर्जुन को एक दिन मिली- और उसी दिन उसने सत्य को देखा। मैंने तुम्हारा वही विराट स्वरूप अपने देश में देखा है। गंगा और ब्रह्मपुत्र तुम्हारे गले में पड़ी सोने की मालाओं की तरह हैं, जो बार-बार लिपटी रहती हैं। दूर किनारों पर घने जंगलों की छाया और गहरे जल के किनारे मुझे तुम्हारी काजल-लगी पलकों का आभास हुआ है; हरे खेतों में लहराते पत्तों की रोशनी की छाया में मुझे तुम्हारी साड़ी की बदलती चमक दिखती है; और भयंकर गर्मी, जब पूरा आकाश एक लाल जीभ वाले शेर की तरह रेगिस्तान में हाँफता है- वह भी तुम्हारी क्रूर आभा के सिवा कुछ नहीं है।

"जब देवी ने अपने भक्त को इतने अद्‌भुत रूप में दर्शन दिए हैं, तो अब मेरा कर्तव्य है कि मैं उनके पूजन की घोषणा पूरे देश में करूँ- तभी यह देश एक नया जीवन पाएगा। 'हम मंदिर दर मंदिर[20] में तुम्हारी प्रतिमा स्थापित करेंगे।' लेकिन हमारे लोग अब तक इसका महत्व पूरी तरह नहीं समझ पाए हैं। इसलिए मैं तुम्हारे नाम पर उन्हें पुकारना चाहता हूँ, और उनकी पूजा के लिए एक ऐसी प्रतिमा अर्पित करना चाहता हूँ, जिसे देखकर कोई भी विश्वास करने से अपने को रोक न सके। हे देवी! मुझे यह वरदान दो, यह शक्ति दो।"

बिमला की पलकें झुक गईं और वह अपनी जगह पर एक पत्थर की मूर्ति की तरह जड़ हो गई। यदि मैं बोलता ही रहता, तो वह समाधि में चली जाती। जब मैंने बोलना बंद किया, तो उसने अपनी आँखें पूरी तरह खोल दीं और एकटक देखते हुए बुझे स्वर में बोली, जैसे अब भी वह अचेत-सी हो : "हे विनाश के मार्ग पर चलने वाले यात्री! तुम्हें कौन रोक सकता है? क्या मैं नहीं देख रही कि तुम्हारी इच्छाओं के सामने कोई टिक नहीं सकता? राजा अपने मुकुट तुम्हारे चरणों में रख देंगे; अमीर लोग अपने ख़ज़ाने तुम्हें अर्पित करने दौड़ पड़ेंगे; जिनके पास कुछ नहीं है, वे भी

---

20. बंकिमचंद्र चटर्जी के राष्ट्रीय गीत वंदे मातरम् की एक पंक्ति।

अपने प्राण देने की अनुमति माँगेंगे। हे मेरे राजा! मेरे देवता! तुमने मुझमें क्या देखा, यह मैं नहीं जानती, लेकिन मैंने तुम्हारी भव्यता की विराटता को अपने हृदय में महसूस किया है। मैं क्या हूँ, मेरा अस्तित्व ही क्या है इसके सामने? अहा, यह विनाश की भयानक शक्ति! जब तक यह मुझे पूरी तरह मिटा न दे, मैं वास्तव में जी नहीं सकती! अब मुझसे सहा नहीं जा रहा, मेरा हृदय टूट रहा है!"

बिमला अपने आसन से फिसलकर नीचे गिर पड़ी और मेरे चरणों में लिपट गई। उसने उन्हें पकड़ा और फिर फूट-फूटकर रोने लगी, बस रोती रही, रोती रही।

यह तो सचमुच सम्मोहन है- वह सम्मोहिनी शक्ति जो पूरे संसार को वश में कर सकती है! न कोई सामग्री, न कोई हथियार- केवल ऐसी सम्मोहक भावना, जिसे कोई ठुकरा नहीं सकता। कौन कहता है कि "सत्य की ही जीत होगी?"[21] अंत में तो भ्रम ही विजयी होता है। बंगाली ने यह तब समझ लिया था, जब उसने दस भुजाओं वाली देवी की कल्पना की, जो सिंह पर सवार है, और उसकी पूजा पूरे देश में फैलाई। अब बंगाल को एक नई प्रतिमा गढ़नी होगी- जो दुनिया को मोहित करे और उस पर विजय प्राप्त करे। वंदे मातरम्!

मैंने धीरे-धीरे बिमला को फिर से उसकी कुर्सी पर बैठा दिया, और कहीं वह प्रतिक्रिया में टूट न जाए, इस डर से बिना समय गंवाए मैंने फिर से कहना शुरू किया : "रानी! दिव्य जननी ने मुझ पर यह कर्तव्य सौंपा है कि मैं इस भूमि में उनकी पूजा की स्थापना करूँ। परंतु, हाय! मैं तो निर्धन हूँ!"

बिमला का चेहरा अब भी लाल था, आँखों में धुंध सी छाई हुई थी, और उसकी आवाज़ भारी थी जब उसने उत्तर दिया : "तुम निर्धन? क्या जो कुछ भी हम सबके पास है, वह तुम्हारा नहीं है? मेरे गहनों से भरे हुए सारे संदूक किस काम के हैं? मेरी सारी सोने-चाँदी और जवाहरात की चीज़ें उठा ले जाओ- तुम्हारे पूजन के लिए। मुझे उनकी कोई आवश्यकता नहीं!"

एक बार पहले भी बिमला ने अपने आभूषण समर्पित कर दिए थे। मैं सामान्यतः सीमाएँ खींचने का अभ्यस्त नहीं हूँ, लेकिन वहाँ मुझे सीमा खींचनी

21. उपनिषदों से एक उद्धरण।

पड़ी।[22] मुझे पता है कि यह संकोच क्यों हो रहा है। गहने पुरुष द्वारा स्त्री को दिए जाते हैं; उनसे उन्हें लेना पुरुषत्व को आहत करता है।

लेकिन मुझे खुद को भूलना होगा। क्या मैं ये (गहने) ले रहा हूँ? ये तो देवी माँ के लिए हैं, जिन्हें उनके चरणों में पूजा में अर्पित किया जाएगा। ओह, यह पूजन तो ऐसा भव्य होना चाहिए जैसा इस देश ने पहले कभी न देखा हो। यह हमारे इतिहास में एक नई पहचान बननी चाहिए। यह राष्ट्र के लिए मेरी सबसे बड़ी विरासत होगी। जहाँ अज्ञानी लोग देवी-देवताओं की पूजा करते हैं, वहीं मैं, संदीप, उन्हें रचूँगा।

लेकिन यह सब तो अभी बहुत दूर की बात है। फिलहाल की ज़रूरतों का क्या होगा? कम से कम तीन हज़ार की सख्त आवश्यकता है- अगर पाँच हज़ार मिल जाएँ तो बहुत अच्छी तरह काम चल जाएगा। लेकिन अभी जो हम ऊँची-ऊँची बातें कर चुके हैं, उसके बाद मैं पैसे की बात कैसे करूँ? और फिर भी समय बहुत कीमती है!

मैंने सारी हिचकिचाहट को पैरों तले रौंद डाला और उठकर सीधे बात कह डाली : "रानी! हमारी तिजोरी खाली है, और हमारा काम रुकने ही वाला है!"

बिमला सिहर उठी। मैं देख सकता था कि वह उन असंभव पचास हज़ार रुपयों के बारे में सोच रही थी। उसके दिल पर कितना बोझ रहा होगा, जिसे वह शायद कई रातों की नींद गंवाकर झेलती रही होगी! उसके पास और क्या था जिससे वह अपने प्रेम और भक्ति को प्रकट कर सकती? जब वह अपने हृदय को मेरे चरणों में अर्पित करने से वंचित रह गई, तो उसने इस

---

22. बंगाल में स्त्रियों द्वारा पहने जाने वाले आभूषणों से भावनाओं की एक पूरी दुनिया जुड़ी होती है। वे केवल देने वाले के प्रेम और आदर के प्रतीक नहीं होते, बल्कि उन्हें पहनना पत्नीत्व के उन सभी श्रेष्ठ गुणों का प्रतीक होता है – पति की निरंतर चिंता, और उस गृहस्थ जीवन के भौतिक तथा आध्यात्मिक कर्तव्यों का सफलतापूर्वक निर्वहन, जो उसके हाथों सौंपा गया है। जब पति का निधन हो जाता है और घर की ज़िम्मेदारी अन्य हाथों में चली जाती है, तब स्त्री अपने सभी आभूषण त्याग देती है, यह संकेत देने के लिए कि उसने सांसारिक मोह से विरक्ति स्वीकार कर ली है। किसी अन्य समय में आभूषणों का त्याग करना सदा ही अत्यंत दुःख की स्थिति का संकेत माना जाता है, और इस रूप में यह किसी भी बंगाली के भीतर निहित शौर्य-भावना को गहराई से स्पर्श करता है, यदि वह ऐसा दृश्य देखे।

अत्यंत कठिन राशि को ही अपनी बंद भावनाओं की अभिव्यक्ति का माध्यम बना लिया। उसने जो कुछ सहा होगा, यह सोचकर मुझे एक पीड़ा सी होती है; क्योंकि अब वह पूरी तरह मेरी हो चुकी है। उस पौधे को जड़ों समेत उखाड़ने की पीड़ा अब समाप्त हो चुकी है। अब बस उसकी देखभाल और पोषण की आवश्यकता है।

"रानी!" मैंने कहा, "वो पचास हज़ार रुपये फिलहाल ज़रूरी नहीं हैं। मैंने हिसाब लगाया है कि इस समय पाँच हज़ार, या यहाँ तक कि तीन हज़ार रुपये से भी काम चल जाएगा।"

उसने राहत की साँस ली और उसका हृदय जैसे उछल पड़ा हो। "मैं तुम्हें पाँच हज़ार रुपए लाकर दूँगी," उसने ऐसे स्वर में कहा जो किसी गीत की तरह फूट पड़ा- जैसे वैष्णव पदों को राधिका गा उठी हो :

अपने प्रिय के लिए मैं अपने बालों में वह फूल बाँधूँगी
जो तीनों लोकों में बेजोड़ है!

-यह वही धुन है, वही गीत है : मैं पाँच हज़ार रुपये ले आऊँगी! वही फूल मैं अपने बालों में बाँधूँगी!

बाँसुरी की संकीर्ण सीमा ही उसके गीत में वह खास मिठास भर देती है। मुझे लालच का दबाव इतना नहीं बढ़ने देना चाहिए कि वह उस बाँसुरी की नली को कुचल दे- क्योंकि तब, जैसा कि मुझे डर है, संगीत की जगह सवाल उठने लगेंगे : "क्यों?", "इतना सब किसलिए?", "इसे पाऊँगा कैसे?"- और इन सवालों का कोई भी सुर राधिका के गाए गीत से मेल नहीं खाएगा। तो, जैसा कि मैं कह रहा था- माया ही असली है, वही बाँसुरी है; और सत्य केवल उसकी खोखली नली मात्र है। निखिल ने हाल ही में उस शुद्ध खोखलेपन का स्वाद चख लिया है- यह उसके चेहरे पर साफ झलकता है, जिसे देखकर मुझे भी पीड़ा होती है। लेकिन निखिल को गर्व था कि वह सत्य चाहता है, और मुझे इस बात का अभिमान था कि मैं माया को कभी नहीं छोड़ूँगा। हर किसी को वही मिला, जिसकी उसे चाह थी- फिर शिकायत किस बात की?

बिमला के दिल को आदर्शवाद की उस ऊँचाई पर बनाए रखने के लिए, मैंने पाँच हज़ार रुपये की बात को वहीं समाप्त कर दिया। मैं फिर से राक्षसों

का संहार करने वाली देवी और उनके पूजन की बात पर लौट आया। पूजा का आयोजन कब और कहाँ होना चाहिए? निखिल की ज़मीन पर स्थित रुइमारी नामक जगह पर हर साल एक बड़ा मेला लगता है, जहाँ लाखों तीर्थयात्री इकट्ठा होते हैं। वहीं देवी की पूजा की शुरुआत करना कितना भव्य और प्रभावशाली होगा!

बिमला बेहद उत्साहित हो उठी। यह न तो विदेशी कपड़ों को जलाने की बात थी, न ही लोगों के अनाज के भंडार लूटने की- इसलिए उसे लगा कि निखिल को भी इससे कोई आपत्ति नहीं होगी। लेकिन मैं अंदर ही अंदर मुस्कुरा उठा। इन दो लोगों ने नौ साल दिन-रात साथ बिताए हैं, फिर भी एक-दूसरे को कितना कम जानते हैं! घरेलू जीवन का कुछ-कुछ अंदाज़ा हो सकता है उन्हें, लेकिन जब बात बाहरी दुनिया की आती है, तो दोनों एकदम अनजान हैं- जैसे अनजाने समुद्र में भटके हुए हों। वे अब तक यही विश्वास पाले हुए थे कि उनके घर और बाहर की दुनिया के बीच पूर्ण सामंजस्य है। लेकिन आज उन्हें भारी मूल्य चुकाकर यह एहसास हुआ कि सालों की उपेक्षा के बाद अब उस टूटे हुए रिश्ते को जोड़ना बहुत देर से सोचा गया प्रयास है- और अब उस सामंजस्य को वापस लाना आसान नहीं रहा।

इससे क्या फर्क पड़ता है? जिन्होंने गलती की है, उन्हें दुनिया से टकराकर ही सबक लेना चाहिए। मैं क्यों उनकी परेशानी की चिंता करूँ? फिलहाल तो मुझे यह थका देने वाला लग रहा है कि बिमला को अधिक देर तक कल्पनाओं और आदर्शों की ऊँचाइयों में, एक बंधे हुए गुब्बारे की तरह उड़ाता रहूँ। बेहतर होगा कि अब मैं सीधे अपने काम की बात पूरी कर लूँ।

जब बिमला उठकर जाने लगी और दरवाजे के पास पहुँची, तो मैंने बहुत ही सहज ढंग से कहा : “तो, उन पैसों के बारे में...”

बिमला रुक गई और मुड़कर बोली : “महीने के अंत में, जब हमें अपने व्यक्तिगत भत्ते मिलेंगे...”

“मुझे डर है, तब तक बहुत देर हो जाएगी।”

“तो फिर तुम्हें यह कब चाहिए?”

“कल।”

“तुम्हें यह कल ही मिल जाएगा।”

अध्याय आठ

निखिल की कहानी

10

मेरे विरुद्ध अनुच्छेद और पत्र स्थानीय समाचार पत्रों में प्रकाशित होने लगे हैं; मुझे बताया गया है कि अब व्यंग्यचित्र और निंदात्मक रचनाएँ भी आने वाली हैं। चुटीले व्यंग्य और हास्य की बौछार की जा रही है, और इस प्रकार फैलाई गई झूठी बातें समूचे देश को उद्वेलित कर रही हैं। उन्हें यह भलीभांति ज्ञात है कि कीचड़ उछालने का एकाधिकार उन्हीं के पास है, और कोई निर्दोष राहगीर भी इसके छींटों से बच नहीं सकता।

वे कह रहे हैं कि मेरी ज़मीनों पर रहने वाले, उच्च से निम्न सभी, स्वदेशी के पक्ष में हैं, परंतु मेरे भय से वे इसका सार्वजनिक रूप से समर्थन करने का साहस नहीं करते। जिन्होंने साहस करके मेरा विरोध किया है, उन्हें मेरे उत्पीड़न की पूरी कठोरता का सामना करना पड़ा है। मैं गुप्त रूप से पुलिस से मिला हुआ हूँ, और मजिस्ट्रेट से भी व्यक्तिगत संपर्क में हूँ। और यह माना जा रहा है कि जो विदेशी उपाधि पाने के लिए मैं उन्मादी प्रयास कर रहा हूँ- जिसे अपनी कमाई के रूप में मैं विरासत में मिली उपाधि के साथ जोड़ना चाहता हूँ- वह प्रयास निष्फल नहीं जाएगा।

दूसरी ओर, समाचार पत्र मातृभूमि के उन समर्पित पुत्रों- कुंडू और चक्रवर्ती ज़मींदारों- की प्रशंसा से भरे पड़े हैं। वे कहते हैं, काश देश में ऐसे कुछ और अटल देशभक्त होते, तो मैनचेस्टर की कपड़ा मिलों को *वंदे मातरम्* की धुन पर अपना शोकगान स्वयं गाना पड़ता।

फिर एक पत्र आता है, जो खून जैसी लाल स्याही में लिखा होता है। उसमें उन गद्दार ज़मींदारों की सूची होती है, जिनके ख़जाने इसलिए जला दिए गए क्योंकि उन्होंने देश के कार्य (स्वदेशी आंदोलन) का समर्थन नहीं किया। उस पत्र में आगे लिखा होता है कि पवित्र अग्नि को देश की शुद्धि के लिए जगाया गया है; और भी कई साधन काम कर रहे हैं ताकि जो लोग मातृभूमि के सच्चे पुत्र नहीं हैं, वे उसकी गोद पर बोझ बनकर न रहें। पत्र पर किया गया हस्ताक्षर साफ तौर पर एक बनावटी नाम है।

मैं समझ गया कि यह काम हमारे स्थानीय छात्रों का ही है। इसलिए मैंने उनमें से कुछ को बुलवाया और उन्हें वह पत्र दिखाया।

बी.ए. के एक छात्र ने गंभीरता से मुझे बताया कि उन्होंने भी सुना है कि कुछ साहसी देशभक्तों का एक दल बना है, जो स्वदेशी आंदोलन की सफलता में आने वाली हर रुकावट को हटाने के लिए किसी भी हद तक जा सकता है।

मैंने कहा, "अगर हमारे देशवासियों में से एक भी इन दबंग और हिंसक देशभक्तों के सामने झुक जाता है, तो यह वास्तव में देश की हार होगी!"

"हम आपकी बात नहीं समझ पा रहे हैं, महाराज," इतिहास के छात्र ने कहा।

"हमारा देश," मैंने समझाने की कोशिश की, "केवल भय के कारण मृत्यु के दरवाजे तक पहुँच गया है- देवताओं के डर से लेकर पुलिस के डर तक। और यदि तुम आज़ादी के नाम पर कोई नया भय पैदा करोगे, चाहे उसका नाम कुछ भी हो; अगर तुम देश की कायरता पर अत्याचार करके अपना विजय ध्वज फहराना चाहते हो, तो देश से सच्चा प्रेम करने वाला कोई भी व्यक्ति तुम्हारे इस रास्ते को स्वीकार नहीं कर सकता।"

"क्या कोई ऐसा देश है, सर," इतिहास के छात्र ने आगे पूछा, "जहाँ सरकार के प्रति आज्ञाकारिता डर की वजह से न होती हो?"

मैंने उत्तर दिया, "किसी भी देश में जो स्वतंत्रता है, उसे वहाँ फैले भय के प्रभाव से मापा जा सकता है। जहाँ यह डर केवल उन लोगों तक सीमित है जो दूसरों को नुकसान पहुँचाते हैं या लूटते हैं, वहाँ की सरकार यह दावा कर सकती है कि उसने इंसान को इंसान की हिंसा से मुक्त किया है। लेकिन अगर डर यह तय करने लगे कि लोग क्या पहनें, कहाँ व्यापार करें या क्या खाएँ- तो यह व्यक्ति की इच्छा की स्वतंत्रता को पूरी तरह नज़रअंदाज़ कर देता है, और मनुष्यत्व की जड़ ही काट दी जाती है।"

"क्या व्यक्ति की इच्छा पर ऐसा दबाव अन्य देशों में भी नहीं देखा जाता?" इतिहास के छात्र ने आगे पूछा।

मैंने कहा, "इसे कौन नकारता है? लेकिन हर देश में मनुष्य ने स्वयं को उतनी ही हानि पहुँचाई है, जितनी उसने दासता को पनपने की अनुमति दी है।"

"क्या यह इस बात को नहीं दर्शाती," एक एम.ए. उपाधिधारी ने बीच में कहा, "कि गुलामी का सौदा करना मनुष्य की स्वभावगत प्रवृत्ति है- उसके स्वभाव का एक मूलभूत सत्य?"

"संदीप बाबू ने यह बात बहुत साफ तरीके से समझाई," एक स्नातक ने कहा। "उन्होंने आपके पड़ोसी ज़मींदार हरिश कुंडू का उदाहरण दिया। उनकी ज़मीन में आप एक रत्तीभर भी विदेशी नमक नहीं ढूंढ सकते। क्यों? क्योंकि वे हमेशा सख्ती से शासन करते आए हैं। जो लोग स्वभाव से ही गुलाम होते हैं, उनके लिए एक सख्त मालिक का न होना ही सबसे बड़ी विपत्ति होती है।"

"अरे सर!" एक स्नातक छात्र बोल पड़ा, "क्या आपने चक्रवर्ती ज़मींदार के उस ज़िद्दी किरायेदार के बारे में नहीं सुना- कि उस पर कैसे कानून थोप दिया गया, जब तक कि वह पूरी तरह से बर्बाद नहीं हो गया? आखिरकार जब उसके पास खाने को कुछ भी नहीं बचा, तो वह अपनी पत्नी के चांदी के गहने बेचने निकला। लेकिन किसी की हिम्मत नहीं हुई कि वे उन्हें खरीदें। फिर चक्रवर्ती के मैनेजर ने उसे उन सब गहनों के बदले पाँच रुपये देने की पेशकश की। उनका वास्तविक मूल्य तीस रुपये से अधिक था, लेकिन उसके पास या तो यह स्वीकार करने का विकल्प था या भूखे मरने का। जब उसने वह गहनों की पोटली मैनेजर को थमाई, तो मैनेजर ने ठंडे मन से कहा कि ये पाँच रुपये उसके किराए में जोड़ दिए जाएँगे! इसके बाद हमारा मन चक्रवर्ती या उसके मैनेजर से कोई वास्ता रखने का नहीं रहा। लेकिन संदीप बाबू ने हमें समझाया कि अगर हम सभी जीवित लोगों को ठुकरा देंगे, तो हमारे पास केवल श्मशान के शव ही बचेंगे, जिनके साथ हम कोई आंदोलन नहीं चला सकते! उन्होंने कहा कि ये जीवित लोग जानते हैं कि उन्हें क्या चाहिए और उसे कैसे पाना है- वे जन्मजात शासक हैं। जो लोग खुद चाहने तक नहीं जानते, उन्हें ऐसे ही लोगों की इच्छाओं के अनुसार जीना होगा या उन्हीं की इच्छाओं से मरना होगा। संदीप बाबू ने कुंडू और चक्रवर्ती की तुलना आपसे की, महाराज। उन्होंने कहा कि आपकी सारी नेक नीयतों के बावजूद, आप अपने इलाके में स्वदेशी को सफलतापूर्वक स्थापित नहीं कर पाएँगे।"

"मेरा उद्देश्य केवल स्वदेशी को स्थापित करना नहीं है," मैंने कहा, "मैं इससे भी कुछ बड़ा बोना चाहता हूँ। मुझे सूखी लकड़ियाँ नहीं चाहिए, बल्कि जीवित पेड़ चाहिए- और ऐसे पेड़ों को बढ़ने में समय लगता है।"

"मुझे डर है, सर," इतिहास के छात्र ने व्यंग्य करते हुए कहा, "कि आपको न तो सूखी लकड़ी मिलेगी और न ही कोई पेड़। संदीप बाबू सही कहते हैं कि कुछ पाने के लिए छीनना पड़ता है। हम सब को यह बात समझने में थोड़ा वक्त लग रहा है, क्योंकि यह उस शिक्षा के बिलकुल विपरीत है जो हमें स्कूल में दी गई थी। मैंने अपनी आँखों से देखा है कि जब हरीश कुंडू के एक किराया वसूलने वाले को एक किसान के पास किराया चुकाने लायक कुछ भी नहीं मिला, तो उसे अपनी जवान पत्नी को बेचने के लिए मजबूर किया गया! खरीदारों की कोई कमी नहीं थी, और ज़मींदार की माँग पूरी हो गई। मैं आपको बताता हूँ, सर, उस आदमी की बेबसी देखकर कई रातों तक मेरी नींद उड़ गई! लेकिन जितना मैंने उसे महसूस किया, उतना ही मैंने यह भी समझा कि जो आदमी अपने कर्ज़दार की पत्नी को बेचकर भी अपना पैसा वसूलना जानता है- वह मुझसे बेहतर है। मैं मानता हूँ, यह मेरे बस की बात नहीं है- मैं कमज़ोर हूँ, मेरी आँखों में आँसू भर आते हैं। अगर कोई इस देश को बचा सकता है, तो वे हैं- ये कुंडू, ये चक्रवर्ती और इनके जैसे अफसर!"

मैं तो शब्दों से परे आघात में था। "यदि जो तुम कह रहे हो वह सत्य है," मैंने व्यथित स्वर में कहा, "तो यह स्पष्ट है कि मेरे जीवन का एकमात्र प्रयत्न इन्हीं कुंडुओं, चक्रवर्तियों और उनके अधिकारियों से देश को बचाने का होना चाहिए। जो दासता हमारी हड्डियों तक में समा चुकी है, वह अब इस अवसर पर भयानक अत्याचार के रूप में फूटकर सामने आ रही है। तुम इतने लंबे समय से भयवश अधीनता स्वीकार करते आए हो कि अब तुम्हें दूसरों से अधीनता करवाना ही एक प्रकार का धर्म प्रतीत होने लगा है। मेरा संघर्ष इसी दुर्बलता और इस घोर क्रूरता के विरुद्ध होगा!" ये बातें, जो सामान्य जनों के लिए अत्यंत सहज हैं, हमारे बी.ए. और एम.ए. के लोगों के मन में इतनी उलझ जाती हैं, मानो उनके इतिहास-भाषणों का एकमात्र उद्देश्य सत्य को यातना देना हो!

11

मैं पंचू की झूठी कथित चाची को लेकर चिंतित हूँ। उसे झूठा सिद्ध करना कठिन होगा, क्योंकि जहाँ किसी वास्तविक घटना के गवाह कम या अनुपस्थित हो सकते हैं, वहीं किसी घटित न हुई बात के लिए असंख्य प्रमाण जुटाए जा सकते हैं। यह स्पष्ट है कि इस चाल का उद्देश्य पंचू की ज़मीन का मेरे नाम हुआ विक्रय रद्द करवाना है। इसका कोई और उपाय न देखकर मैं सोच रहा था कि पंचू को अपनी ज़मीन पर स्थायी पट्टा दे दूँ और वहाँ उसके लिए एक झोपड़ी बनवा दूँ। लेकिन मेरे गुरु ने इसे स्वीकार नहीं किया। उन्होंने आपत्ति जताई कि मुझे इतनी आसानी से इन कुटिल चालों के आगे नहीं झुकना चाहिए, और उन्होंने स्वयं इस मामले को देखने की पेशकश की।

"आप, गुरुदेव?" मैंने आश्चर्यचकित होकर कहा।

"हाँ, मैं ही," उन्होंने दोहराया।

मैं यह बिलकुल भी स्पष्ट रूप से नहीं समझ पा रहा था कि मेरे गुरु इन कानूनी चालबाजियों का सामना कैसे कर सकते हैं। उस संध्या, जब वे सामान्यतः मुझसे मिलने आया करते थे, वह नहीं आए। जब मैंने पूछताछ की, तो उनके सेवक ने बताया कि वे कुछ सामान एक छोटे से बक्से में और कुछ बिस्तर लेकर घर से निकले हैं, और यह कह गए हैं कि कुछ दिनों में लौट आएँगे। मैंने सोचा कि शायद वे पंचू के चाचा के गाँव में गवाहों की खोज में निकल पड़े हों। लेकिन यदि ऐसा था, तो मुझे पूरा विश्वास था कि यह प्रयास निष्फल ही रहेगा...

दिन भर मैं अपने कार्य में इतना डूबा रहता हूँ कि स्वयं को भूल जाता हूँ। जैसे-जैसे पतझड़ की देर दोपहर ढलने लगती है, आकाश के रंग धुँधले हो जाते हैं- और वैसे ही मेरे मन की भावनाएँ भी। इस संसार में बहुत से लोग हैं जिनका मन ईंटों से बने घरों में बसता है- वे बाहर की दुनिया नाम की चीज़ को नज़रअंदाज़ कर सकते हैं। लेकिन मेरा मन तो खुले में, वृक्षों के नीचे रहता है; वह स्वतंत्र हवाओं के संदेशों को सीधे अपने ऊपर लेता है, और प्रकाश तथा अंधकार की हर संगीतमय लय पर अपने हृदय की गहराइयों से प्रतिक्रिया करता है।

जब दिन में उजाला होता है और दुनिया अपने अनगिनत कार्यों में व्यस्त होती है, तब ऐसा लगता है मानो मेरे जीवन को और कुछ नहीं चाहिए। लेकिन जब आकाश के रंग फीके पड़ने लगते हैं और स्वर्ग की खिड़कियों पर जैसे परदे गिरने लगते हैं, तब मेरा दिल कहता है कि यह संध्या इसीलिए आती है- ताकि दुनिया को कुछ देर के लिए बंद किया जा सके, ताकि अंधकार में केवल उस एक का स्थान हो। धरती, आकाश और जल- सब जैसे इसी अर्थ को प्रकट करने में लगे हैं, और मैं अपने आप को इस सच्चाई को स्वीकारने से रोक नहीं पाता। जब संध्या का धुंधलका दुनिया पर इस तरह छा जाता है, जैसे प्रिय की आँखों की गहराई से कोई नज़ारा हो, तब मेरा संपूर्ण अस्तित्व मुझे बताता है कि केवल काम ही जीवन का अंतिम सत्य नहीं है- काम ही मनुष्य का सब कुछ नहीं हो सकता, क्योंकि मनुष्य सिर्फ़ एक दास नहीं है, चाहे वह दासता सत्य और अच्छाई की ही क्यों न हो।

हाय निखिल, क्या तुम सदा के लिए अपने ही आत्मस्वरूप से दूर हो गए हो, जो तारों की रोशनी में आज़ाद हो जाया करता था- दिन भर के काम के बाद रात के अंधकार की अनंत गहराइयों में डूब जाने के लिए? कितना भयानक अकेलापन होता है उस इंसान का, जो जीवन की भीड़-भाड़ के बीच सच्ची संगति को खो देता है।

किसी और दोपहर जब दिन और रात का संगम होने लगा था, उस समय न मेरे पास कोई काम था, न ही मन काम करने का था, और न ही मेरे गुरु वहाँ थे कि उनका साथ मिल पाता। मेरा मन खाली था, भटक रहा था, और किसी सहारे की तलाश में था। ऐसे में, मैं अपने कदम बगीचे के अंदर की ओर ले गया। मुझे गुलदाउदी के फूल बहुत पसंद हैं, और मैंने बगीचे की एक दीवार के किनारे गमलों में तरह-तरह की गुलदाउदी की क्यारियाँ सजा रखी थीं। जब वे फूलों से भर जाते, तो ऐसा लगता जैसे हरी लहरें रंग-बिरंगे झाग में बदल रही हों। कुछ समय हो गया था उस हिस्से में गए हुए, और इतने दिन बाद अपने प्यारे फूलों से मिलने की कल्पना से ही मेरा मन प्रसन्नता से भर गया।

जब मैं अंदर गया, तब चाँदनी रात का पूरा चाँद दीवार के ऊपर से झाँक ही रहा था। उसकी तिरछी किरणें दीवार के नीचे गहरी छाया छोड़ रही थीं। ऐसा लगा जैसे वह धीरे-धीरे पीछे से दबे पाँव आई हो, और अंधेरे की आँखों पर हाथ रखकर शरारत से मुस्कुरा रही हो। जब मैं गुलदाउदी के फूलों के

पास पहुँचा, तो मैंने देखा कि सामने घास पर कोई आकृति लेटी हुई है। मेरे दिल की धड़कन एकदम तेज हो गई। मेरे कदमों की आहट से वह आकृति भी चौंककर बैठ गई।

अब क्या किया जाए? मैं सोच ही रहा था कि क्या तुरंत वापस लौट जाना ठीक रहेगा। बिमला भी निस्संदेह कोई रास्ता खोज रही होगी वहाँ से निकलने का। लेकिन न वहाँ रुकना आसान था, न ही जाना! इससे पहले कि मैं कोई निर्णय ले पाता, बिमला उठी, अपने आँचल के पल्लू को सिर पर खींचा और भीतर के कमरों की ओर चल पड़ी।

यह छोटा सा विराम ही बिमला के दुःखों के भारी बोझ को मेरे लिए सजीव कर गया। अपने जीवन की सारी व्यथा एक क्षण में मुझसे दूर हो गई। मैंने पुकारा : "बिमला!"

वह चौंकी और रुक गई, पर पीछे नहीं मुड़ी। मैं घूमकर उसके सामने आ खड़ा हुआ। उसका चेहरा छाया में था, चाँदनी मेरे चेहरे पर पड़ रही थी। उसकी आँखें झुकी हुई थीं, मुट्ठियाँ भींची हुई थीं।

"बिमला," मैंने कहा, "मैं क्यों तुम्हें अपने इस बंद पिंजरे में बाँधकर रखना चाहूँगा? क्या मैं नहीं जानता कि इस प्रकार तुम केवल तड़पोगी और मुरझा जाओगी?"

वह बिना आँख उठाए या कुछ कहे स्थिर खड़ी रही।

"मैं जानता हूँ," मैंने आगे कहा, "कि यदि मैं तुम्हें बाँधकर रखने पर अड़ा रहूँ, तो मेरा पूरा जीवन केवल एक लोहे की जंज़ीर बनकर रह जाएगा। उसमें मुझे क्या सुख मिल सकता है?"

वह अब भी मौन रही।

"इसलिए," मैंने बात को समाप्त करते हुए कहा, "मैं तुम्हें सच्चे मन से कहता हूँ, बिमला, तुम स्वतंत्र हो। मैं तुम्हारे लिए जो कुछ भी रहा होऊँ या न रहा होऊँ, परंतु तुम्हें बाँधने वाली जंज़ीर मैं नहीं बनूँगा।" इतना कहकर मैं बाहरी कमरों की ओर लौट आया।

नहीं, नहीं, यह न तो कोई उदार भावना थी, और न ही उदासीनता। मैं बस यह समझ सका था कि जब तक मैं किसी और को मुक्त नहीं करूँगा, तब तक मैं ख़ुद भी कभी मुक्त नहीं हो सकूँगा। बिमला को एक माला की तरह अपने गले में बाँधकर रखने का प्रयास, मेरे लिए अपने हृदय पर एक बोझ लटकाए रखने के समान होता। क्या मैंने पूरी शक्ति

से यह प्रार्थना नहीं की है- कि यदि सुख मेरा नहीं हो सकता, तो उसे जाने दो; यदि दुःख ही मेरा भाग्य है, तो वह भी स्वीकार है; परंतु मुझे बंधन में मत रखो। जो असत्य है, उसे सत्य मानकर कसकर पकड़ लेना, अपने ही गले को घोंटने जैसा है। हे ईश्वर! मुझे ऐसे आत्म-विनाश से बचाए रखना।

जब मैं अपने कमरे में पहुँचा, तो देखा कि मेरे गुरु वहाँ मेरा इंतज़ार कर रहे थे। मेरे भीतर भावनाओं का तूफ़ान अभी भी उमड़ रहा था। "स्वतंत्रता, गुरुदेव," मैंने बिना किसी अभिवादन या औपचारिकता के कहना शुरू किया, "मनुष्य के लिए स्वतंत्रता सबसे बड़ी चीज़ है। इसकी तुलना किसी और चीज़ से नहीं की जा सकती- किसी भी चीज़ से नहीं!"

मेरे इस अचानक विस्फोट से हैरान होकर, मेरे गुरु ने चुपचाप मेरी ओर देखा।

"पुस्तकों से कुछ भी नहीं समझा जा सकता," मैं बोलता चला गया। "हम शास्त्रों में पढ़ते हैं कि हमारी इच्छाएँ ही बंधन हैं, जो न केवल हमें, बल्कि दूसरों को भी जकड़ती हैं। पर ये शब्द अपने आप में कितने खोखले लगते हैं। केवल तब, जब हम पिंजरे का पंछी उड़ने देते हैं, हमें यह अनुभव होता है कि उस पंछी ने हमें कितनी मुक्ति प्रदान की है। जिसे भी हम कैद करते हैं, वह हमें ऐसी इच्छा से बाँध देता है, जिसकी बेड़ियाँ लोहे की जंज़ीरों से भी अधिक मज़बूत होती हैं। मैं आपको बताता हूँ, गुरुदेव, यही बात है जो संसार समझ नहीं सका है। सब लोग अपने बाहर कुछ सुधारने की कोशिश करते हैं। परंतु सुधार की आवश्यकता केवल अपनी ही इच्छाओं में है, और कहीं नहीं, और कहीं नहीं!"

"हम यह सोचते हैं," उन्होंने कहा, "कि जब हमारी इच्छित वस्तु हमारे हाथ में आ जाती है, तब हम अपने गुरु बन जाते हैं- लेकिन वास्तव में हम तभी अपने गुरु बनते हैं जब हम अपनी इच्छाओं को अपने मन से निकाल फेंकने में सक्षम होते हैं।"

"जब हम इन बातों को शब्दों में ढालते हैं, गुरुदेव," मैं बोलता रहा, "तो ये सब एक सूखी-सी आज्ञा जैसी लगती हैं- पर जब हम इनका थोड़ा भी अनुभव करते हैं, तो लगता है जैसे वह अमृत हो- वही अमृत जिसे देवताओं ने पिया और अमर हो गए। हम तब तक सौंदर्य को नहीं देख सकते जब तक उसे पकड़ कर रखे रहते हैं। दुनिया को सिकंदर ने नहीं, बुद्ध ने जीता- यह बात साधारण गद्य में कहने पर असत्य-सी लगती है- पर हे भगवान!

वह दिन कब आएगा जब हम इसे गा पाएँगे? वह दिन कब आएगा जब ब्रह्मांड के ये अंतरंगतम सत्य छपी हुई पुस्तकों के पन्नों से छलक कर बाहर आएँगे और एक पवित्र धारा की तरह गंगोत्री से निकली गंगा के समान बह निकलेंगे?"

अचानक मुझे पिछले कुछ दिनों में मेरे गुरु की अनुपस्थिति याद आ गई- और इस बात की भी कि मैं नहीं जानता था वे कहाँ थे। मैं थोड़ा झिझकते हुए और कुछ शर्मिंदा-सा महसूस करते हुए पूछ बैठा : "और इन दिनों आप कहाँ थे, गुरुदेव?"

"पंचू के पास ठहरा हुआ था," उन्होंने उत्तर दिया।

"सचमुच!" मैं हैरान होकर बोला। "क्या आप इतने दिन वहीं थे?"

"हाँ," उन्होंने कहा, "मैं उस औरत से बात करने गया था जो ख़ुद को उसकी (पंचू की) चाची कहती है। उसे इस बात पर यकीन ही नहीं हो रहा था कि भले घर का कोई आदमी इतना अजीब हो सकता है कि उनके यहाँ आकर रहने की ज़िद करे। जब उसे समझ में आया कि मैं वाकई वहाँ ठहरने वाला हूँ, तो उसे अपने व्यवहार पर कुछ शर्म आने लगी। मैंने कहा, 'माँ, आप चाहें मुझे कितना भी बुरा-भला कहें, लेकिन आप मुझसे पीछा नहीं छुड़ा पाएँगी! और जब तक मैं यहाँ हूँ, पंचू भी यहीं रहेगा। क्योंकि देखिए, आप भी तो समझती हैं- मैं कैसे चुपचाप खड़ा रह सकता हूँ, जबकि उसकी अनाथ बच्चियों को सड़क पर भटकने के लिए निकाला जा रहा हो?'"

"दो दिन तक वह मेरी इस तरह की बातें चुपचाप सुनती रही- न हाँ कहती, न ना। आज सुबह मैंने देखा कि वह अपने सामान की गठरियाँ बाँध रही थी। 'हम वृंदावन लौट रहे हैं,' उसने कहा। 'सफ़र का खर्च दे दीजिए।' मुझे पता था कि वह वास्तव में वृंदावन नहीं जा रही है- और यह भी कि उसके सफ़र का खर्चा कुछ कम नहीं होगा। इसलिए मैं आपके पास आया हूँ।"

"जो भी आवश्यक खर्च है, वह दे दिया जाएगा," मैंने कहा।

"बुजुर्ग औरत बुरी नहीं है," मेरे गुरुदेव विचारमग्न होकर बोले। "पंचू को उसकी जाति को लेकर संदेह था, इसलिए वह उसे अपने पानी के घड़े या किसी भी चीज़ को छूने नहीं देता था। इसी बात पर उनके बीच अक्सर तकरार होती रहती थी। लेकिन जब उसने देखा कि मुझे उसके स्पर्श से कोई आपत्ति नहीं है, तो वह पूरे मन से मेरी देखभाल करने लगी। और हाँ, वह तो कमाल की रसोइया है!

"लेकिन पंचू का मेरे प्रति जो थोड़ा-बहुत सम्मान बचा था, वह भी पूरी तरह जाता रहा! आखिरी समय तक उसे यही लगता रहा कि मैं कम-से-कम एक सीधा-सादा इंसान हूँ। मगर अब उसे दिखा कि मैं उस बूढ़ी औरत को अपने पक्ष में करने के लिए बिना झिझक अपनी जाति का भी जोख़िम उठा रहा हूँ। अगर मैंने अदालत में गवाही देने वाले किसी गवाह को पहले से सिखा-पढ़ा कर उसके खिलाफ़ कोई चाल चली होती, तो बात अलग थी- क्योंकि चाल का जवाब चाल से देना जायज माना जाता है। लेकिन आस्थाओं की परवाह किए बिना कोई रणनीति अपनाना- यह बात पंचू के लिए असहनीय है!

"खैर, मुझे उस औरत के जाने के बाद भी कुछ दिन पंचू के घर पर रहना ही पड़ेगा, क्योंकि हरिश कुंडू किसी भी तरह की शरारत कर सकता है। वह अपने चेलों से कहता फिर रहा है कि पंचू को तो उसने बस एक चाची दी थी, मगर मैंने तो हद कर दी- उसे एक बाप ही दे डाला! अब वह देखना चाहता है कि उसके बनाए इस 'बेटे' को कितने बाप मिलकर भी बचा सकते हैं!"

"हम उसे बचा पाएँ या नहीं," मैंने कहा, "लेकिन यदि हम देश को इन लोगों द्वारा फैलाए जा रहे धर्म, परंपरा और स्वार्थ के हज़ारों जालों से बचाने के प्रयास में मिट भी जाएँ, तो भी हम सुखपूर्वक मरेंगे।"

बिमला की कहानी

14

कौन सोच सकता था कि एक ही जीवन में इतना कुछ घटित हो जाएगा? ऐसा लगता है जैसे मैं कई जन्मों की यात्रा कर चुकी हूँ। समय इतनी तेजी से बीत रहा था कि उसकी गति का अहसास ही नहीं हुआ- जब तक कि वह एक झटका न आया, कुछ दिन पहले।

मुझे पता था कि जब मैं अपने पति से यह कहने का निश्चय करूँगी कि वे हमारे बाजार से विदेशी वस्तुएँ हटवा दें, तो हमारे बीच बहस अवश्य होगी। लेकिन मेरा दृढ़ विश्वास था कि मुझे तर्क का जवाब तर्क से देने की आवश्यकता नहीं है- क्योंकि मेरे चारों ओर की हवा में ही एक जादू बसा

हुआ था। क्या ऐसा नहीं हुआ कि संदीप जैसा प्रचंड व्यक्तित्व भी मेरे चरणों में आकर विवश हो गया- जैसे विशाल समुद्र की लहर किनारे से टकरा कर बिखर जाती हैं? क्या मैंने उसे बुलाया था? नहीं- वह तो मेरे इसी जादुई आकर्षण का आह्वान था। और अमूल्य- वह बेचारा भोला लड़का- जब वह पहली बार मुझसे मिलने आया, तो उसकी ज़िंदगी की धारा में जैसे कोई नया रंग भर गया- जैसे भोर की बेला में नदी का जल सुनहरी आभा से चमक उठता है। सच कहूँ तो- अब मैंने जाना है कि कोई देवी अपने भक्त के उज्ज्वल मुख की ओर देखकर कैसा अनुभव करती है।

इन सब प्रमाणों से उपजे आत्मविश्वास के साथ, मैं अपने पति से मिलने को ऐसे तैयार थी जैसे बिजली से भरा हुआ कोई बादल। लेकिन हुआ क्या? इन नौ वर्षों में कभी नहीं देखा था मैंने उनकी आँखों में ऐसा दूर-दूर तक खोया हुआ, बिखरा-बिखरा-सा भाव, जैसे कोई रेगिस्तानी आकाश, ना अपनी कोई करुणा की नमी, ना सामने की किसी चीज़ का कोई रंग उसमें झलकता हो। काश! उनका क्रोध ही फूट पड़ता- तो शायद मुझे कुछ राहत मिलती। मगर उनमें ऐसा कुछ भी नहीं था, जिसे मैं छू पाती। मैं स्वयं को एक स्वप्न की तरह असत्य, अधूरी महसूस कर रही थी- ऐसा स्वप्न, जो बीत जाने के बाद केवल रात का अंधकार छोड़ जाता है।

पुराने दिनों में, मैं अपनी सौतन जैसी जेठानी की सुंदरता से ईर्ष्या करती थी। तब मुझे लगता था कि विधाता ने मुझे कोई शक्ति नहीं दी है- मेरी सारा सामर्थ्य सिर्फ़ उस प्रेम में है, जो मेरे पति ने मुझे दिया था। लेकिन अब, जब मैंने शक्ति के प्याले को आखिरी बूँद तक पी लिया था और उसके नशे के बिना जीना असंभव-सा हो गया था, तो अचानक वह प्याला मेरे पैरों के पास टूटकर बिखर गया- और मेरे पास जीने के लिए कुछ भी नहीं बचा।

उस दिन मैंने कितनी बेचैनी और उत्सुकता से बाल बनाए थे। हाय, मुझ पर शर्म! कितनी भारी शर्म आई थी मुझे! मेरी जेठानी जब पास से गुजरीं तो हँसकर बोलीं : "अहा, छोटी रानी! तुम्हारे बाल तो जैसे उछलने को तैयार हैं। कहीं ये तुम्हारा सिर भी साथ न ले उड़ें।"

और फिर, उस दिन बाग में, मेरे पति को मुझे यह कह देना कितना आसान लगा कि उन्होंने मुझे आज़ाद कर दिया! लेकिन क्या आज़ादी- खाली, सूनी आज़ादी- इतनी आसानी से दी और ली जा सकती है? यह तो जैसे

किसी मछली को आकाश में छोड़ देना है- क्योंकि मैं उस प्यार और देखभाल के वातावरण के बिना कैसे जी सकती हूँ, जिसने मुझे हमेशा संभाले रखा है?

जब आज मैं अपने कमरे में आई, तो वहाँ मुझे सिर्फ़ सामान दिखा-सिर्फ़ पलंग, सिर्फ़ आईना, सिर्फ़ कपड़े टांगने की जगह- वो दिल नहीं जो पहले वहाँ हर ओर मौजूद रहता था। उसकी जगह अब आज़ादी थी, सिर्फ़ आज़ादी, बस खालीपन! जैसे कोई सूखी हुई नदी, जिसमें अब सिर्फ़ पत्थर और कंकड़ रह गए हों। कोई भावना नहीं, बस सामान!

जब मैं पूरी तरह से उलझन और भ्रम में थी, यह सोचते हुए कि क्या मेरी ज़िंदगी में कुछ भी सच्चा बचा है और अगर है तो वह कहाँ है- उसी समय मेरी मुलाकात फिर से संदीप से हुई। तब जीवन से जीवन टकराया, और पहले जैसी ही चिंगारियाँ उड़ने लगीं। यह थी सच्चाई- बेकाबू सच्चाई- जो बहती चली आई और हर सीमा को लाँघ गई, वह सच्चाई जो बड़ी रानी, उसकी दासी ठाको, उसके बेसुरे गानों और उन सब लोगों से हज़ार गुना अधिक सच्ची थी, जो बस बातें करते, हँसते और यूँ ही इधर-उधर टहलते रहते थे...

"पचास हज़ार!" संदीप ने माँगा।

"पचास हज़ार क्या होता है?"- मेरे मोह भरे हृदय ने पुकारा, "तुम्हें मिल जाएगा!"

यह कैसे मिलेगा, कहाँ से मिलेगा- ये सब छोटे-मोटे सवाल थे, जिनकी चिंता करने लायक कुछ था ही नहीं। जरा मुझे देखो- क्या मैं एक ही पल में शून्यता से उठकर सबसे ऊँचाई तक नहीं पहुँच गई थी? तो फिर सारी चीज़ें भी मेरी इच्छा पर चलेंगी। मैं यह रकम लेकर रहूँगी, लेकर रहूँगी, लेकर रहूँगी- इसमें कोई शक नहीं हो सकता।

इसी तरह उस दिन मैं संदीप से मिलकर लौट आई थी। लेकिन जब चारों ओर नज़र डाली, तो कहाँ था वह इच्छाओं का कल्पवृक्ष? ओह, यह बाहरी दुनिया हृदय का अपमान क्यों करती है?

और फिर भी, मुझे वह पैसा पाना ही है; कैसे, यह मुझे परवाह नहीं- क्योंकि इसमें पाप हो ही नहीं सकता। पाप तो सिर्फ़ निर्बलों को छूता है; मैं तो अपनी शक्ति के साथ उसके पार हूँ। चोर तो आम लोग होते हैं, राजा तो जीतता है और अपने अधिकार का धन लेता है... मुझे यह पता लगाना होगा कि ख़ज़ाना कहाँ है; पैसा कौन लेता है; कौन उसकी रखवाली करता है।

मैंने आधी रात बाहरी बरामदे में खड़े होकर उन दफ्तरों की कतार को निहारते हुए बिता दी। लेकिन उन लोहे की सलाखों से पचास हज़ार रुपये कैसे निकालूँ? काश! किसी मंत्र से अगर उन सब पहरेदारों को वहीं ढेर कर सकती, तो भी मैं एक पल न झिझकती- इतनी निर्दयी हो गई थी मैं उस समय!

लेकिन जब रानी के मथते हुए मन में जैसे चोरों का पूरा झुंड नाच रहा था, तब राजाओं का वह विशाल भवन चैन की नींद सो रहा था। पहरेदार की घंटी हर घंटे बजती रही, और ऊपर आकाश शांत भाव से सब कुछ देखता रहा।

आखिरकार मैंने अमूल्य को बुलवाया।

"कारण (स्वदेशी आंदोलन) के लिए धन चाहिए," मैंने उससे कहा। "क्या तुम कोष से वह नहीं ला सकते?"

"क्यों नहीं?" उसने सीना तानते हुए कहा।

हाय! क्या मैंने संदीप से भी वैसे ही नहीं कहा था, "क्यों नहीं?" उस बेचारे की आत्मविश्वास भरी बातों से भी मेरे मन में कोई आशा नहीं जगी।

"तुम यह कैसे करोगे?" मैंने पूछा।

उसने जो उटपटांग योजनाएँ बताईं, वे तो किसी सस्ते रोमांचक उपन्यास के पन्नों में ही ठीक लग सकती थीं।

"नहीं, अमूल्य," मैंने सख्ती से कहा, "तुम बचपना नहीं करोगे।"

"ठीक है फिर," वह बोला, "तो मुझे उन पहरेदारों को रिश्वत देने दो।"

"पैसे कहाँ से आएंगे?"

"मैं बाजार लूट सकता हूँ," वह बिना झिझके बोल पड़ा।

"ये सब छोड़ो। मेरे पास गहने हैं, वही काम आएंगे।"

"लेकिन," अमूल्य ने कहा, "मुझे लगता है कि मुनीम को रिश्वत नहीं दी जा सकती। कोई बात नहीं, एक और बहुत आसान तरीका है।"

"क्या तरीका?"

"आपको जानने की क्या ज़रूरत है? बहुत आसान है।"

"फिर भी, मैं जानना चाहती हूँ।"

अमूल्य ने अपनी अचकन की जेब में हाथ डाला और सबसे पहले एक छोटी सी *गीता* निकाली, जिसे उसने मेज पर रख दिया- फिर एक छोटा सा पिस्तौल निकाला, जिसे उसने मुझे दिखाया, लेकिन कुछ नहीं कहा।

हे भगवान! उसे जरा भी देर नहीं लगी यह सोचने में कि हमारे भले, बूढ़े मुनीम[23] को मार डाले! उसके खुले-सरल चेहरे को देखकर कोई सोच भी नहीं सकता था कि वह किसी मक्खी को भी नुकसान पहुँचा सकता है, लेकिन उसके मुँह से जो बातें निकलीं, वे बिलकुल अलग थीं। साफ था कि उस मुनीम की इस दुनिया में कोई असली अहमियत अमूल्य के लिए नहीं थी; वह तो जैसे बस एक खाली जगह था- बिना जान, बिना भावना- और बस गीता के रटे-रटाए श्लोकों से भरपूर : 'शरीर मरता है, आत्मा नहीं!'

"अमूल्य, तुम्हारा मतलब क्या है?" मैं अंततः चौंककर बोल पड़ी। "क्या तुम्हें नहीं पता कि वह प्यारा बूढ़ा आदमी एक पत्नी और बच्चों का सहारा है और वह तो..."

"ऐसे आदमी कहाँ मिलेंगे जिनकी न पत्नी हो न बच्चे?" उसने बीच में टोकते हुए कहा। "देखिए महारानी, जिसे हम करुणा कहते हैं, वह असल में अपने ही लिए करुणा होती है। हम अपने कोमल भावों को चोट नहीं पहुँचा सकते, इसलिए वार ही नहीं करते- यह कैसी करुणा! यह तो डरपोकपने की हद है!"

संदीप की बातें जब इस नादान लड़के के मुँह से सुनीं, तो मैं अंदर तक हिल गई। वह कितना प्यारा, भोलाभाला और मासूम था- उस उम्र का, जब अच्छाई पर सच में विश्वास किया जा सकता है; जब इंसान सच में जीता और बढ़ता है। मेरे भीतर की माँ जाग उठी।

मेरे लिए अब न अच्छा बचा था न बुरा- बस मौत थी, सुंदर और आकर्षक मौत। लेकिन जब इस नौजवान को एक सीधे-साधे बूढ़े आदमी की हत्या को सहजता से सही ठहराते सुना, तो मेरा सारा शरीर काँप उठा। जितना साफ मैंने देखा कि उसके हृदय में कोई पाप नहीं है, उतना ही भयानक लगा मुझे उसके शब्दों का पाप। ऐसा लगा जैसे माता-पिता के पापों की सजा इस निर्दोष बच्चे पर उतर आई हो।

उसके बड़े-बड़े विश्वास और जोश से चमकती आँखों को देखकर मेरा

---

23. मुनीम ही वह अधिकारी होता है जो ज़मींदार के घर की महिलाओं के सबसे अधिक संपर्क में रहता है। वही उनके घरेलू सामान की ज़रूरतें सीधे उनसे लेकर बाजार से खरीदारी करता है, इसलिए वह घर के अन्य कर्मचारियों की तुलना में परिवार का हिस्सा अधिक बन जाता है।

दिल भीतर तक काँप उठा। वह अपने मोह में सीधा उस अजगर के मुँह की ओर जा रहा था, जहाँ एक बार चला जाए तो वापसी नहीं होती। उसे कैसे बचाया जाए? मेरी मातृभूमि एक बार सचमुच की माँ क्यों नहीं बन जाती- उसे अपने सीने से लगाकर पुकार उठे : "ओ मेरे बच्चे, मेरे लाल! तुम्हारे मुझे बचाने से क्या लाभ, अगर मैं तुम्हें ही न बचा सकी?"

मैं जानती हूँ, मैं जानती हूँ कि धरती पर सारी ताकत शैतान से समझौता करके ही बड़ी होती है। लेकिन माँ वहाँ है- चाहे अकेली ही क्यों न हो- जो इस शैतानी तरक्की को ठुकरा सके और उसका सामना कर सके। माँ को सिर्फ़ सफलता नहीं चाहिए, चाहे वह कितनी भी बड़ी क्यों न हो- उसे जीवन देना है, जीवन को बचाना है। आज मेरी आत्मा उस बच्चे को बचाने के लिए तड़पते हुए अपने हाथ आगे बढ़ा रही है।

कुछ समय पहले मैंने ही उसे चोरी का सुझाव दिया था। अब यदि मैं इसके खिलाफ कुछ कहूँ, तो लोग इसे औरत की कमज़ोरी कहकर टाल देंगे। दुनिया तब ही हमारी कमज़ोरी से प्रेम करती है, जब वह अपने समस्त संसार को उसमें बाँध ले जाती है!

"तुम्हें कुछ भी करने की आवश्यकता नहीं है, अमूल्य, मैं पैसों का प्रबंध कर लूँगी," मैंने अंत में उससे कहा। जब वह लगभग दरवाजे तक पहुँच गया था, तो मैंने उसे वापस बुलाया।

"अमूल्य," मैंने कहा, "मैं तुम्हारी बड़ी बहन हूँ। आज कैलेंडर के अनुसार भाई-दूज नहीं है, पर वर्ष के सारे दिन वास्तव में भाई के ही दिन[24] होते हैं। मेरा आशीर्वाद तुम्हारे साथ है : ईश्वर तुम्हें सदा सुरक्षित रखे।"

---

24. एक बंगाली परिवार में (और संभवतः समूचे भारत के हिंदू परिवारों में) घर की बेटी को विशेष स्नेह और कोमल भावनाओं का स्थान प्राप्त होता है, क्योंकि परंपरा के अनुसार उसे बहुत कम उम्र में विवाह हेतु विदा कर दिया जाता है। वह अपने मायके की स्मृतियाँ साथ लेकर ससुराल जाती है, जहाँ उसे पहले एक अपरिचित की तरह जीवन आरंभ करना होता है, और फिर धीरे-धीरे अपना स्थान बनाना होता है। इस भाव को एक सामाजिक विधि का रूप मिला है- भाई-दूज के रूप में- जिस दिन विवाहित बहनें अपने भाइयों को अपने घर आमंत्रित करती हैं। यदि बहन बड़ी हो, तो वह भाई को आशीर्वाद देती है और भाई उसकी श्रद्धा ग्रहण करता है; और यदि भाई बड़ा हो, तो इसका उल्टा होता है। इस अवसर पर उपहारों का आदान-प्रदान होता है, जिन्हें श्रद्धा या आशीर्वाद की भेंट कहा जाता है।

मेरे मुँह से निकले इन अप्रत्याशित शब्दों को सुनकर अमूल्य हैरान रह गया। वह कुछ देर तक जड़-सा खड़ा रहा। फिर जब होश में आया, तो उसने मेरे चरणों में झुककर प्रणाम किया और हमारे रिश्ते को स्वीकार करते हुए मुझे आदर दिया। जब वह उठा, उसकी आँखों में आँसू थे...ओ मेरे छोटे भाई! मैं तेज़ी से अपनी मौत की ओर बढ़ रही हूँ- मुझे तेरे सारे पाप अपने साथ ले जाने दे। मुझसे तुझे कोई भी कलंक न छू पाए, तेरी मासूमियत सदा निर्मल बनी रहे!

मैंने उससे कहा : "तुम्हारा प्रणाम अगर सच में अर्पण करना है, तो वह पिस्तौल मुझे दे दो।"

"आपको इसका क्या करना है, बहन?"

"मैं मृत्यु का अभ्यास करूँगी।"

"ठीक है, बहन। हमारी स्त्रियों को भी मरना आना चाहिए, और मौत बाँटना भी!" यह कहते हुए अमूल्य ने मुझे पिस्तौल थमा दी। उसके युवा चेहरे की चमक ने जैसे मेरे जीवन को एक नयी सुबह की हल्की किरण से छू लिया। मैंने पिस्तौल को अपने कपड़ों में छिपा लिया। यह श्रद्धा-समर्पण मेरी अंतिम घड़ी में मेरा आखिरी सहारा बने- यही प्रार्थना है।

जब मेरे स्त्री-हृदय में माँ के कक्ष का द्वार एक बार खुला, तो मुझे लगा था कि वह हमेशा खुला ही रहेगा। लेकिन जैसे ही माँ की जगह मालकिन ने ले ली, वह रास्ता जो परम कल्याण की ओर जाता था, फिर से बंद हो गया। और अगले ही दिन मेरी मुलाकात संदीप से हुई- और पागलपन, नग्न और उग्र होकर, मेरे हृदय पर नाचने लगा।

यह क्या था? क्या यही मेरा सच्चा रूप था? कभी नहीं! मैंने अपने भीतर इस बेशर्म, इस निर्दयी रूप को पहले कभी नहीं पहचाना था।

साँप निकालने वाला आया था, यह दिखाने के बहाने कि वह साँप मेरी साड़ी की ओट से निकाल रहा है- लेकिन वह वहाँ कभी था ही नहीं, वह साँप तो शुरू से उसी का था। कोई राक्षस मुझ पर अधिकार जमा चुका है, और मैं आज जो कुछ कर रही हूँ, वह उसी की लीला है- इससे मेरा कोई वास्ता नहीं।

उस दिन यह राक्षस, भगवान का रूप धरकर, अपने लाल-लाल मशाल के साथ मुझे बुलाने आया था और कह रहा था : "मैं ही तुम्हारा देश हूँ। मैं ही तुम्हारा संदीप हूँ। मैं तुम्हारे बाकी हर अपने से बढ़कर हूँ। वंदे मातरम्!"

और मैंने हाथ जोड़कर उत्तर दिया था : "तुम ही मेरा धर्म हो। तुम ही मेरा स्वर्ग हो। जो कुछ और मेरा है, वह सब तुम्हारे प्रति मेरे प्रेम के आगे बहा दिया जाएगा। वंदे मातरम्!"

पाँच हज़ार चाहिए? पाँच हज़ार मिलेंगे! तुम्हें कल चाहिए? कल ही मिल जाएंगे! इस पागलपन के उन्माद में वह पाँच हज़ार रुपये ऐसे होंगे जैसे शराब की झाग-और फिर शुरू होगा उन्मादी उत्सव! अडिग दुनिया हमारे कदमों के नीचे डोल उठेगी, हमारी आँखों से आग निकलेगी, हमारे कानों में तूफ़ान गूँजेगा, सामने क्या है और क्या नहीं- सब एक जैसा धुंधला हो जाएगा। और फिर लड़खड़ाते कदमों से हम मौत में कूद पड़ेंगे- एक पल में सारी आग बुझ जाएगी, राख उड़ जाएगी, और पीछे कुछ भी नहीं बचेगा।

अध्याय नौ

बिमला की कहानी

15

कुछ समय के लिए मैं पूरी तरह से असमंजस में थी कि वह पैसा कैसे जुटाऊँ। फिर, उस दिन, तीव्र उत्तेजना की रोशनी में, अचानक पूरा दृश्य मेरे सामने स्पष्ट हो उठा।

हर वर्ष दुर्गा पूजा के समय मेरे पति मेरी जेठानी को श्रद्धा-भेंट स्वरूप छह हज़ार रुपये देते हैं। हर साल वह राशि कलकत्ता के बैंक में उनके खाते में जमा कर दी जाती है। इस वर्ष भी वह भेंट दी गई थी, पर अभी तक उसे बैंक में नहीं भेजा गया है, और फिलहाल वह हमारे शयनकक्ष से लगे छोटे वस्त्रविन्यास (सज्जा) कक्ष के एक कोने में रखी लोहे की तिजोरी में रखी हुई है।

हर साल मेरे पति ख़ुद जाकर वह पैसा बैंक में जमा करते हैं। इस साल उन्हें अब तक शहर जाने का अवसर ही नहीं मिला। क्या मैं इसमें ईश्वर की लीला नहीं देख सकती? यह पैसा रुका हुआ है क्योंकि देश को इसकी ज़रूरत है- और कौन इतनी शक्ति रखता है कि इसे देश से छीनकर बैंक तक पहुँचा दे? और मैं कैसे यह शक्ति रख सकती हूँ कि इसे देने से इनकार कर दूँ? विनाश में मग्न देवी अपने रक्त से भरे पात्र को आगे बढ़ाकर पुकार रही है : "मुझे पीने दो, मैं प्यासी हूँ!" मैं उसे अपने हृदय का रक्त दूँगी- उन पाँच हज़ार रुपयों के साथ। माँ, जिसे यह पैसा खोना है, शायद उसे इसकी कमी ज़्यादा नहीं खलेगी- लेकिन मुझे तुम पूरी तरह बर्बाद कर दोगी!

कितनी ही बार पहले मैंने मन-ही-मन बड़ी रानी को चोर कहा है, क्योंकि मुझे लगता था कि वह मेरे सरल विश्वास रखने वाले पति से मीठी-मीठी बातों में पैसे निकलवा लेती है। अपने पति की मृत्यु के बाद वह अक्सर ज़मींदारी की चीज़ें अपने उपयोग के लिए ले जाती थीं। मैं यह बात अपने पति को बताती, लेकिन वह चुप रहते। मैं नाराज़ होकर कहती : "अगर उदार बनना ही है, तो खुलेआम दान दो, लेकिन यह तो चोरी करवाना है!" तब शायद ऊपरवाला मेरी इन शिकायतों पर मुस्कराया होगा, क्योंकि आज रात मैं खुद अपने पति की तिजोरी से अपनी जेठानी का पैसा चुराने निकली हूँ। मेरे पति की आदत थी कि कपड़े उतारते समय चाबियाँ अपनी जेब में ही छोड़ देते थे, जो शयनकक्ष में रखे रहते थे। मैंने तिजोरी की चाबी निकाली और तिजोरी खोली। उससे निकली हल्की सी आवाज़ जैसे पूरी दुनिया को जगा गई! एक ठंडी सनसनाहट ने मेरे हाथ-पाँव सुन्न कर दिए, और मैं सिर से पाँव तक काँप उठी।

तिजोरी के अंदर एक दराज थी। उसे खोलने पर मुझे पैसे मिले- नकद नोटों में नहीं, बल्कि कागज़ में लिपटे हुए सोने के रूप में। मेरे पास इतना समय नहीं था कि मैं ज़रूरत भर की गिनती कर पाती। वहाँ बीस गाठें थीं, जिन्हें मैंने उठा लिया और अपनी साड़ी के पल्लू में बाँध लिया।

कितना भारी था वह बोझ! इस चोरी के भार ने मेरे दिल को कुचलकर ज़मीन पर ला दिया। शायद अगर ये नोट होते, तो यह चोरी कुछ कम लगती- लेकिन यह तो पूरा सोना था।

जब मैं चुपचाप चोर की तरह अपने कमरे में लौटी, तो वह कमरा अब अपना सा नहीं लग रहा था। उस चोरी के स्पर्श से मेरे सारे सबसे मूल्यवान अधिकार उस कमरे पर समाप्त हो गए। मैं बुदबुदाने लगी, जैसे कोई मंत्र बोल रही हूँ : वंदे मातरम्, वंदे मातरम्, मेरे देश, मेरे स्वर्ण-देश, यह सारा सोना तेरे लिए है, और किसी के लिए नहीं!

पर रात में मन कमज़ोर होता है। मैं वापस उस शयनकक्ष में आई जहाँ मेरे पति सो रहे थे, और जब मैं वहाँ से गुजरी तो अपनी आँखें मूँद लीं, और आगे खुले छत पर चली गई, जहाँ मैं पेट के बल लेट गई, साड़ी के उस छोर को सीने से लगाए हुए, जिसमें सोना बंधा था। और हर एक पुलिंदा मुझे एक पीड़ा का झटका देता रहा।

मौन रात अपनी उँगली उठाए जैसे मुझे चुपचाप चेतावनी दे रही थी। मैं अपने घर को अपने देश से अलग नहीं सोच सकी : मैंने अपने घर को

लूटा था, मैंने अपने देश को लूटा था। इस पाप के कारण अब न घर मेरा रहा, न देश। अगर मैं देश के लिए भीख माँगते-मरती, चाहे असफल ही क्यों न रहती, तो वह भक्ति होती- देवताओं को स्वीकार्य। लेकिन चोरी कभी भी पूजा नहीं हो सकती- तो फिर मैं यह सोना कैसे अर्पित कर सकती हूँ? हाय! मैं तो स्वयं मृत्यु की ओर जा रही हूँ- क्या अपने अपवित्र स्पर्श से देश को भी अपवित्र कर दूँ? अब पैसे लौटाने का रास्ता मेरे लिए बंद हो चुका है। मुझमें वह ताकत नहीं बची कि मैं वापस कमरे में जाकर फिर से वह चाबी उठाऊँ, तिजोरी खोलूँ- मैं तो अपने पति के द्वार पर ही बेहोश हो जाऊँगी। अब मेरे सामने बस एक ही रास्ता है- जो आगे जाता है। मुझमें इतनी शक्ति भी नहीं कि बैठकर ठंडे मन से सिक्के गिन सकूँ। वे जैसे लिपटे हैं, वैसे ही रहने दो- मैं हिसाब नहीं कर सकती।

सर्दियों के आकाश में कोई कुहासा नहीं था। तारे तेज़ी से चमक रहे थे। मैं वहाँ लेटी हुई सोचने लगी, यदि मुझे इन तारों को एक-एक करके, जैसे स्वर्ण मुद्राएँ, अपने देश के लिए चुराना पड़े- ये तारे जो अंधकार की गोद में इतने सहेजकर संचित हैं- तो आकाश अंधा हो जाएगा, रात सदा के लिए विधवा हो जाएगी, और मेरी चोरी पूरे संसार को लूट लेगी। पर क्या मैंने जो किया, वह भी पूरे संसार की लूट नहीं थी- सिर्फ़ धन की नहीं, बल्कि विश्वास की, धर्म की भी?

मैंने रात छत पर लेटे हुए बिताई। जब अंततः सुबह हुई, और मुझे विश्वास हो गया कि मेरे पति उठकर कमरे से जा चुके हैं, तब ही मैंने अपने सिर पर शॉल खींचकर, शयनकक्ष की ओर अपने कदम वापस बढ़ाए।

मेरी जेठानी पीतल के घड़े के साथ अपने पौधों को पानी दे रही थीं। जब उन्होंने मुझे दूर से जाते हुए देखा, तो पुकारकर कहा : "छोटी रानी, क्या तुम्हें खबर मिली?"

मैं काँपती हुई चुपचाप रुक गई। मुझे ऐसा लगा जैसे शॉल के नीचे सोने की गाठें उभरकर बाहर निकल रही हों। डर लगने लगा कि कहीं वे फट न जाएँ और झंकारती हुई ज़मीन पर बिखर न जाएँ- और पूरे घर के नौकरों के सामने यह खुल न जाए कि जिसने खुद की दौलत चुराई है, वह अब ख़ुद को ही कंगाल बना चुकी है।

"तुम्हारे डाकुओं के गिरोह ने," वह आगे बोली, "बिना नाम बताए एक संदेश भेजा है, जिसमें ख़ज़ाना लूटने की धमकी दी गई है।"

मैं एक चोर की तरह चुपचाप खड़ी रही।

"मैं तो भैया निखिल को सलाह दे रही थी कि वे तुम्हारी शरण लें," वह परिहास करते हुए बोलीं। "अपने चेलों को वापस बुला लो, डाकुओं की रानी! अगर तुम हमें बचा लो, तो हम तुम्हारे 'वंदे मातरम्' के लिए बलि चढ़ाएँगे। क्या-क्या हो रहा है आजकल! लेकिन भगवान के लिए, हमारे घर को तो चोरी से बख़्श दो।"

मैं बिना उत्तर दिए जल्दी से अपने कमरे में चली गई। मैंने अपना पाँव दलदल में रख दिया था, और अब उसे वापस नहीं खींच सकती थी। संघर्ष करने से मैं और गहराई में धँसती चली जाती।

काश वह समय आ जाए जब मैं यह पैसा संदीप को सौंप सकूँ! मैं अब और सहन नहीं कर सकती, इसका बोझ मेरी पसलियों को चीरता जा रहा है।

अभी सुबह ही हुई थी जब मुझे ख़बर मिली कि संदीप मेरा इंतज़ार कर रहा है। आज मेरे मन में साज-सज्जा का कोई विचार नहीं था। जैसी थी, शॉल में लिपटी हुई, मैं बाहरी कक्षों की ओर चल पड़ी। जब मैं बैठक में पहुँची, तो वहाँ संदीप और अमूल्य दोनों को साथ देखा। मेरी सारी गरिमा, सारा सम्मान मेरे सिर से पाँव तक सिहरता हुआ जैसे ज़मीन में समा गया। इस लड़के के सामने मुझे एक स्त्री की चरम लज्जा को उजागर करना पड़ेगा! क्या वे अपनी बैठकों में मेरे कृत्य की चर्चा कर चुके थे? क्या मेरे लिए मर्यादा के परदे का कोई अंश भी शेष बचा था?

हम स्त्रियाँ पुरुषों को कभी नहीं समझ सकतीं। जब वे किसी उपलब्धि के लिए मार्ग बनाना ठान लेते हैं, तो अपने रथ की प्रगति के लिए संसार के हृदय को टुकड़े-टुकड़े कर बिछा देने में भी उन्हें कोई संकोच नहीं होता। जब वे सृजन के उन्माद में होते हैं, तो सृष्टिकर्ता की रचना को नष्ट करने में भी आनंद महसूस करते हैं। मेरी यह हृदयविदारक लज्जा उनके नेत्रों की एक झलक भी आकर्षित नहीं करेगी। उन्हें जीवन के लिए कोई संवेदना नहीं, उनकी सारी उत्सुकता केवल अपने उद्देश्य के लिए होती है। मैं उनके लिए और क्या हूँ- सिर्फ़ एक चरागाह का फूल, जो बाढ़ की धारा के रास्ते में आ गया है।

मेरे इस तरह मिट जाने से संदीप को क्या लाभ होगा? सिर्फ़ पाँच हज़ार रुपए? क्या मैं केवल पाँच हज़ार रुपए के लिए ही थी? क्या मेरी कीमत इससे अधिक नहीं थी? हाँ, ज़रूर थी! क्या यह मैंने ख़ुद संदीप से नहीं

सीखा था? और क्या इसी ज्ञान के प्रकाश में मैंने अपने संसार की बाकी सभी चीज़ों को तुच्छ नहीं समझा था? मैं तो प्रकाश की दात्री थी, जीवन की, शक्ति की, अमरता की दात्री- इसी विश्वास और आनंद में मैंने अपने सारे बंधन तोड़ दिए थे और खुले आकाश में आ गई थी। अगर उस समय किसी ने मेरे लिए उस आनंद को पूर्ण कर दिया होता, तो मैं मरकर भी जीवित रहती। अपना सब कुछ खोकर भी मैं कुछ भी नहीं खोती। क्या अब लोग मुझसे कहेंगे कि यह सब झूठ था? वह स्तुति का गीत जो इतनी भक्ति से मेरे लिए गाया गया था, क्या उसने मुझे स्वर्ग से नीचे इसलिए उतारा था कि मैं पृथ्वी को स्वर्ग बना सकूँ- या फिर सिर्फ़ इसीलिए कि स्वर्ग को भी धूल में मिला दिया जाए?

16

"पैसा, रानी?" संदीप ने मेरी ओर तीव्र दृष्टि से देखते हुए कहा।

अमूल्य ने भी अपनी दृष्टि मुझ पर जमा दी। वह भले मेरी माँ का पुत्र न हो, पर वह प्यारा लड़का मेरा भाई है; क्योंकि माँ तो सारी दुनिया में एक-समान होती है। उसके निष्कपट चेहरे, कोमल आँखों और मासूम जवानी के साथ वह मुझे देखता रहा। और मैं, एक स्त्री-उसकी माँ के ही जात की- क्या सिर्फ़ उसके माँगने भर से उसे जहर थमा सकती हूँ?

"पैसा, रानी!"- संदीप की यह उद्दंड माँग मेरे कानों में गूंज उठी। लज्जा और क्रोध के मारे मेरा मन हुआ कि वह सोना संदीप के सिर पर फेंक मारूँ। मैं साड़ी की गांठ भी मुश्किल से खोल पाई, मेरी उंगलियाँ काँप रही थीं। आखिरकार कागज़ में लिपटी वे गांठें मेज पर गिर पड़ीं।

संदीप का चेहरा काला पड़ गया...उसे अवश्य लगा होगा कि वे गड्डियाँ चाँदी की हैं...उसकी दृष्टि में कितनी घृणा झलक रही थी। असमर्थता के प्रति कितनी घोर घृणा थी। मानो वह मुझे एक थप्पड़ मार ही देता! उसे संदेह हुआ होगा कि मैं उससे बातचीत करने आई हूँ, पाँच हज़ार रुपए की माँग को कुछ सौ रुपयों में निपटाने का प्रस्ताव लेकर। एक क्षण तो मुझे लगा कि वह उन गड्डियों को झपटकर खिड़की से बाहर फेंक देगा और कहेगा कि वह कोई भिखारी नहीं, बल्कि कर वसूलने वाला कोई सम्राट है।

"बस इतना ही?" अमूल्य ने इतनी करुणा-भरी आवाज़ में पूछा कि मेरा जी चाह रहा है, मैं जोर से फूट-फूट कर रो पड़ूँ। मैंने अपने मन को कड़ी पकड़ में रखा और बस धीरे से सिर हिला दिया। संदीप निःशब्द था। उसने न तो गड्डियों को छुआ, और न ही कोई शब्द कहा।

मेरी अपमानजनक स्थिति सीधे उस लड़के के हृदय को छू गई। एकाएक बनावटी उत्साह दिखाते हुए वह बोल उठा : "यह बहुत है। यह तो बहुत अच्छा रहेगा। आपने हमें बचा लिया।" इतना कहकर उसने एक गड्डी की आवरण-पट्टी फाड़ दी।

सोने के सिक्के चमक उठे। और उसी क्षण ऐसा लगा मानो संदीप के चेहरे से भी मानो काले बादल छँट गए। उसके चेहरे पर प्रसन्नता की झलक साफ दिखाई देने लगी। अपने भावों के अचानक हुए उबाल को वह सँभाल न सका और अपने स्थान से उछलकर मेरी ओर लपका। वह क्या करना चाहता था, मैं नहीं जानती। मैंने बिजली जैसी तेज नज़र अमूल्य की ओर डाली- उस लड़के के चेहरे का रंग मानो कोड़े की मार से उड़ गया था। तब मैंने पूरी ताकत से संदीप को अपने से दूर धकेल दिया। वह लड़खड़ाता हुआ पीछे गिरा, और उसका सिर संगमरमर की मेज़ के कोने से टकराया और वह ज़मीन पर गिर पड़ा। कुछ समय तक वह वहीं निःचेष्ट पड़ा रहा। अपने प्रयास से थकी हुई, मैं अपनी जगह पर फिसल-सी गई।

अमूल्य का चेहरा आनंद-मय आलोक से जगमगा उठा। वह संदीप की ओर मुड़ा तक नहीं; सीधे मेरे पास आकर मेरे चरणों की धूल ली और फिर वहीं मेरे सामने फर्श पर बैठ गया। ओ मेरे छोटे भाई, मेरे बालक! तेरा यह समर्पण मेरे रिक्त संसार में बचा हुआ स्वर्ग का अंतिम स्पर्श है! मैं अपने आप को और न रोक सकी और मेरी आँखों से आँसू तीव्र गति से बहने लगे। मैंने साड़ी का पल्लू आँखों पर रखकर दोनों हाथों से मुँह दबा लिया और हिचकियाँ भर-भर कर रोती रही। और जब-जब पैरों पर उसके कोमल सांत्वना-भरे स्पर्श का आभास होता, मेरी रुलाई फिर उमड़ पड़ती।

थोड़ी देर बाद, जब मैंने अपने आप को सँभाला और चेहरे से हाथ हटाया, मैंने देखा कि संदीप फिर से मेज़ के पास था, और मानो कुछ हुआ ही न हो, वह सोने के सिक्कों को अपने रूमाल में बाँध रहा था। अमूल्य, जो मेरे चरणों के पास बैठा था, अपने आसन पर उठकर बैठ गया- उसकी भीगी आँखें चमक रही थीं।

संदीप ने पूरी सहजता से मेरी ओर देखा और कहा : "यह छह हज़ार हैं।"

"इतनी अधिक राशि का हमें क्या करना है, संदीप बाबू?" अमूल्य चिल्ला उठा। "हमारे कार्य के लिए तो केवल तीन हज़ार पाँच सौ की ही आवश्यकता है।"

"हमारी आवश्यकताएँ केवल इस एक स्थान तक सीमित नहीं हैं," संदीप ने उत्तर दिया। "हमें जितना मिल सके, उतना चाहिए होगा।"

"यह संभव है," अमूल्य ने कहा, "पर भविष्य में जितनी भी आवश्यकता होगी, वह सब मैं जुटाने का दायित्व लेता हूँ। फिलहाल, संदीप बाबू, कृपया इस राशि में से अतिरिक्त दो हज़ार पाँच सौ रुपए महारानी को लौटा दीजिए।"

संदीप ने प्रश्नवाचक दृष्टि से मेरी ओर देखा।

"नहीं, नहीं," मैं चिल्ला उठी। "मैं उस पैसे को फिर कभी नहीं छुऊँगी। तुम उसके साथ जो चाहो करो।"

"क्या पुरुष कभी वैसे दे सकता है जैसे स्त्री देती है?" संदीप ने अमूल्य की ओर देखते हुए कहा।

"वे तो देवी होती हैं!" अमूल्य ने उत्साहपूर्वक सहमति दी।

"हम पुरुष तो अधिक से अधिक अपनी शक्ति दे सकते हैं," संदीप ने कहा। "लेकिन स्त्रियाँ स्वयं को देती हैं। वे अपने जीवन से जन्म देती हैं, और अपने जीवन से ही पालन-पोषण करती हैं। ऐसे दान ही सच्चे दान होते हैं।" फिर मेरी ओर मुड़कर वह बोला, "रानी जी! यदि आपने हमें केवल धन ही दिया होता, तो मैं उसे कभी नहीं छूता। लेकिन आपने वह दिया है, जो आपके लिए स्वयं जीवन से भी अधिक मूल्यवान है!"

मनुष्य के भीतर अवश्य दो भिन्न व्यक्ति होते हैं। इनमें से एक मेरे भीतर यह समझ सकता है कि संदीप मुझे छलने का प्रयास कर रहा है; और दूसरा इस छलावे में प्रसन्न होकर ठगा जाना स्वीकार करता है। संदीप के पास शक्ति है, पर धर्मबल नहीं है। उसका वह शस्त्र जो जीवन को जाग्रत करता है, उसी जीवन को फिर से मृत्यु के घातक प्रहार से काट देता है। उसके पास देवताओं का अचूक तरकश है, परंतु उसमें जो बाण हैं, वे असुरों के हैं।

संदीप का रूमाल सब सिक्कों को रखने के लिए पर्याप्त बड़ा नहीं था। "रानी जी," उसने पूछा, "क्या आप मुझे एक और दे सकती हैं?" जब मैंने अपना रूमाल उसे दिया, तो उसने श्रद्धापूर्वक उसे अपने मस्तक से लगाया, और फिर अचानक ज़मीन पर घुटनों के बल बैठकर उसने मुझे प्रणाम किया।

"देवी!" वह बोला, "मैं तो आपको नमन करने ही आया था, पर आपने मुझे ठुकरा दिया और धूल में मिला दिया। यही सही, मैं आपके इस तिरस्कार को ही अपना वरदान मानकर स्वीकार करता हूँ, और उसे अपने मस्तक पर रखकर नमन करता हूँ!" यह कहते हुए उसने उस स्थान की ओर इशारा किया जहाँ उसे चोट लगी थी।

क्या मैंने तब उसे गलत समझा था? क्या यह हो सकता है कि उसके फैले हुए हाथ वास्तव में मेरे चरणों की ओर बढ़े हों? फिर भी, निश्चय ही अमूल्य ने भी उसकी आँखों और चेहरे से भड़कती उस तीव्र भावाग्नि को देखा था। किंतु संदीप प्रशस्ति-गान में ऐसी मधुर लय बुनने में निपुण है कि मैं तर्क ही नहीं कर पाती; सत्य देखने की मेरी शक्ति जाती रहती है; मेरी दृष्टि अफीमची की आँखों की तरह धुँधला जाती है। और इस प्रकार, अंततः उसने मेरे प्रहार के बदले मुझे दुगुना लौटा दिया- उसके सिर की चोट ने उलटे मेरे हृदय को ही लहूलुहान कर दिया। जब मैंने संदीप का प्रणाम स्वीकार किया, तो मेरा चोरी किया गया धन मानो गरिमा पा गया, और मेज़ पर दमकता सोना सारी लज्जा और अंतरात्मा की वेदना पर मुस्कुरा उठा।

मेरे ही समान अमूल्य भी फिर से वश में आ गया। संदीप के प्रति उसकी भक्ति, जो एक क्षण के लिए डगमगाई थी, फिर से प्रज्वलित हो उठी। उसके मन का पुष्पपात्र एक बार फिर संदीप और मेरे पूजन के अर्पणों से भर गया। उसकी सरल श्रद्धा उसकी आँखों से ऐसे झलकने लगी, जैसे भोर के तारे की निर्मल ज्योति।

जब मैंने पूजन अर्पित किया और पूजन स्वीकार किया, तो मेरा पाप उज्ज्वल प्रतीत होने लगा। और जब अमूल्य ने मेरे चेहरे की ओर देखा, तो उसने हाथ जोड़कर नमन किया और पुकार उठा- "वंदे मातरम्!" मैं यह आशा नहीं कर सकती कि यह आराधना सदा यूँ ही मुझे घेरे रहेगी; फिर भी, अब यही मेरी आत्म-सम्मान की अंतिम शेष साधना बन गई है।

अब मैं अपने शयनकक्ष में नहीं जा सकती। पलंग ऐसा लगता है जैसे एक रोकने वाला हाथ आगे बढ़ा रहा हो, और लोहे की तिजोरी मुझ पर नाराज़ नज़रों से घूर रही हो। मैं इस अपमान से दूर भाग जाना चाहती हूँ, जो भीतर ही भीतर मुझे कचोट रहा है। मैं बार-बार संदीप के पास भाग जाना चाहती हूँ, ताकि वह मेरी प्रशंसा करे और मुझे फिर से कुछ महसूस हो। अब बस एक छोटा-सा पूजा का स्थान बचा है, जो मेरे अपमान के इस गहरे

सागर में डूबने से बचा हुआ है- और मैं उसी से दिन-रात चिपटी रहना चाहती हूँ। क्योंकि उससे एक भी कदम दूर हटते ही चारों ओर सिर्फ़ खालीपन है।

प्रशंसा, प्रशंसा- मुझे निरंतर प्रशंसा चाहिए। अगर मेरी मदिरा-प्याली एक पल के लिए भी खाली रह जाए, तो मैं जी नहीं सकती। इसलिए, आज मुझे इस पूरे संसार में सिर्फ़ संदीप चाहिए- मेरे जीवन की कीमत पर भी।

17

जब मेरे पति आजकल भोजन के लिए आते हैं, तो मुझे ऐसा लगता है कि मैं उनके सामने नहीं बैठ सकती; और फिर, उनके पास न बैठना भी ऐसी लज्जाजनक बात लगती है कि वह भी मुझसे नहीं होता। इसलिए मैं ऐसे स्थान पर बैठ जाती हूँ जहाँ हम एक-दूसरे का चेहरा न देख सकें। उसी तरह मैं उस दिन बैठी थी जब बड़ी रानी आकर हमारे साथ भोजन में शामिल हुईं।

"यह तो तुम्हारे लिए बहुत आसान है, भैया," उन्होंने कहा, "कि इन धमकी भरे पत्रों पर हँसकर टाल दो। लेकिन ये मुझे सचमुच बहुत डराते हैं। क्या आपने वह पैसा, जो मुझे दिया था, कलकत्ता के बैंक में भेज दिया है?"

"नहीं, मुझे अभी तक उसे भिजवाने का समय नहीं मिला," मेरे पति ने उत्तर दिया।

"आप कितने लापरवाह हैं, प्यारे भैया, अब तो आपको सचेत हो जाना चाहिए..."

"लेकिन वह तो भीतर के शयनकक्ष में रखी लोहे की तिजोरी में है," मेरे पति ने आश्वस्तिपूर्ण मुस्कान के साथ कहा।

"अगर वे वहाँ तक पहुँच जाएँ तो? कुछ कहा नहीं जा सकता!"

"अगर वे इतनी दूर आ ही गए, तो तुम्हें भी साथ ले जाएँगे!"

"तुम डरना मत, कोई भी इस अभागी के लिए नहीं आएगा। असल आकर्षण तो तुम्हारे कमरे में है! लेकिन मज़ाक को छोड़ो, ऐसे कमरे में पैसा रखना जोखिम भरा है- ऐसा मत करो।"

"सरकारी राजस्व कुछ ही दिनों में कलकत्ता ले जाया जाएगा; मैं भी यह पैसा उसी सुरक्षा दस्ते के साथ बैंक भेज दूँगा।"

"ठीक है। लेकिन देखना, इसे भूल मत जाना- तुम तो बड़े भुलक्कड़ हो।"

"अगर वह पैसा मेरी कोठरी में रहते हुए भी खो जाए, तो भी उसका नुकसान तुम्हारा नहीं होगा, रानी बहन।"

"अब बस कीजिए, भैया, अगर आप इस तरह की बातें करेंगे तो मैं सचमुच नाराज़ हो जाऊँगी। क्या मैं आपके और अपने बीच कोई भेद कर रही थी? अगर आपका पैसा खो जाए, तो क्या वह मुझे पीड़ा नहीं देगा? यदि विधाता ने मेरा सब कुछ छीन लेना उचित समझा है, तो भी उसने मुझे लक्ष्मण के बाद सबसे श्रद्धेय भाई के मूल्य को समझने की भावना से वंचित नहीं किया है।"[25]

"अरे, छोटी रानी, क्या तुम लकड़ी की गुड़िया बन गई हो? अब तक एक शब्द भी नहीं बोलीं। तुम्हें पता है भाई, हमारी छोटी रानी को लगता है कि मैं तुम्हारी खुशामद करने की कोशिश करती हूँ। अगर बात वहाँ तक पहुँचती भी, तो भी मैं हिचकिचाती नहीं- लेकिन मैं जानती हूँ कि मेरे प्यारे भैया को इसकी आवश्यकता नहीं!"

बड़ी रानी बोलती ही जा रही थीं, और परोसे जा रहे पकवानों में से किसी विशेष व्यंजन की ओर वे बीच-बीच में अपने भाई का ध्यान भी खींचती जा रही थीं। मेरा सिर लगातार चकरा रहा था। संकट तेजी से करीब आता जा रहा था। उस पैसे की भरपाई के लिए कुछ न कुछ तो करना ही था। मैं बार-बार यही सोचती रही कि क्या किया जाए और कैसे किया जाए, और उसी बीच जेठानी की अंतहीन बातें मुझे और भी असहनीय लगने लगीं।

जिस बात ने स्थिति को और भी बदतर बना दिया, वह यह थी कि जेठानी की तीखी निगाहों से कुछ भी बच नहीं सकता था। वह बार-बार मेरी ओर तिरछी निगाहों से देख रही थीं। मेरे चेहरे से वह क्या समझ रही थीं, यह मैं नहीं जानती, लेकिन मुझे तो ऐसा लग रहा था कि मेरे चेहरे पर सब कुछ बहुत ही स्पष्ट लिखा हुआ था।

तब मुझसे एक अत्यंत नासमझी भरा काम हो गया। मैंने बनावटी सहज और हँसती हुई मुस्कान के साथ कहा- "मुझे लगता है कि बड़ी रानी के सारे संदेह सिर्फ़ मेरे लिए रखे गए हैं- चोर-डाकुओं का डर तो बस एक बहाना भर है।"

---

25. रामायण की बात है। अपने बड़े भाई राम और उनकी पत्नी सीता के प्रति उसकी (लक्ष्मण) भक्ति की कथा एक कहावत बन गई है।

बड़ी रानी शरारतभरी मुस्कान के साथ मुस्कुराईं। "तुम ठीक कह रही हो, मेरी बहन। औरत की चोरी सबसे घातक चोरी होती है। लेकिन तुम मेरी निगरानी से कैसे बच सकती हो? क्या मैं कोई मर्द हूँ, जो तुम मुझे धोखा दे सको?"

"अगर आप मुझसे इतना डरती हैं," मैंने तीखे स्वर में कहा, "तो लीजिए, जो कुछ भी मेरे पास है, वह सब आपकी सुरक्षा के लिए रख लीजिए। अगर आप को मेरे कारण कोई नुकसान हो, तो आप वहीं से भरपाई कर लेना।"

"सुनिए जरा इसे, हमारी भोली-भाली छोटी रानी को!" वह हँसकर मेरे पति की ओर मुड़ते हुए बोलीं। "क्या इसे नहीं मालूम कि कुछ नुकसान ऐसे होते हैं जिन्हें कोई भी जमानत न इस दुनिया में पूरा कर सकती है, न अगली में?"

मेरे पति हमारी बातों में शामिल नहीं हुए। जब उनका भोजन समाप्त हो गया, तो वे बाहर के कमरों की ओर चले गए, क्योंकि इन दिनों वे दोपहर का विश्राम हमारे कमरे में नहीं करते।

मेरे अधिक मूल्यवान गहने ख़जाने में जमा थे, जिसकी ज़िम्मेदारी मुनीम जी के पास थी। फिर भी जो गहने मेरे पास थे, उनकी कीमत तीस या चालीस हज़ार ज़रूर रही होगी। मैं अपना गहनों का डिब्बा लेकर बड़ी रानी के कमरे में गई और उनके सामने खोलकर कहा- "मैं ये आपके पास छोड़ रही हूँ, बहन। ये आपको हर चिंता से पूरी तरह सुरक्षित रखेंगे।"

बड़ी रानी ने बनावटी निराशा का एक इशारा किया। "तुम सचमुच मुझे हैरान कर देती हो, छोटी रानी!" उन्होंने कहा। "क्या तुम सच में समझती हो कि मैं तुम्हारे डर से रात-भर जागती रहती हूँ कि कहीं तुम मुझे लूट न लो?"

"अगर तुम मुझसे थोड़ा सा स्वस्थ डर रखतीं, तो उसमें बुराई ही क्या थी? इस दुनिया में क्या कोई सच में किसी को जानता है?"

"तुम मुझ पर भरोसा करके मुझे सबक सिखाना चाहती हो? नहीं, नहीं! मुझे तो यह समझने में ही काफ़ी परेशानी है कि अपने गहनों का क्या करूँ, तुम्हारे गहनों की रखवाली करने का झंझट और नहीं चाहिए। इन्हें वापस ले जाओ, प्यारी, इधर तो बहुत से ताक-झांक करने वाले नौकर घूम रहे हैं।"

मैं सीधे अपनी जेठानी के कमरे से बाहर के बैठक कक्ष में गई और अमूल्य को बुलवाया। अमूल्य के साथ संदीप भी आ गया। मैं बहुत जल्दी

में थी, और संदीप से बोली : "अगर आपको बुरा न लगे, तो मैं अमूल्य से दो-चार बातें करना चाहती हूँ। क्या आप..."

संदीप एक व्यंग्यपूर्ण मुस्कान के साथ मुस्कुराया। "तो अमूल्य और मैं तुम्हारी नज़रों में अलग-अलग हैं? अगर तुमने उसे मुझसे दूर करने का काम शुरू कर दिया है, तो मुझे स्वीकार करना होगा कि उसे अपने पास रखने की शक्ति मुझमें नहीं है।"

मैंने कोई उत्तर नहीं दिया, बस खड़ी रही और प्रतीक्षा करती रही।

"ठीक है," संदीप ने आगे कहा। "तुम अमूल्य से अपनी विशेष बातचीत पूरी कर लो। लेकिन फिर तुम्हें मुझसे भी अलग से बात करनी होगी, वरना इसका अर्थ होगा कि मैं हार गया। मैं सब कुछ सह सकता हूँ, लेकिन हार नहीं। मेरा हिस्सा हमेशा शेर का हिस्सा होना चाहिए। यही मेरी नियति से लगातार लड़ाई रही है। मैं अपने भाग्यविधाता को भी हरा दूँगा, लेकिन उससे हार कभी स्वीकार नहीं करूँगा।" अमूल्य की ओर एक तीखी नज़र डालकर, संदीप कमरे से बाहर चला गया।

"अमूल्य, मेरे अपने छोटे भाई, तुम्हें मेरे लिए एक काम करना होगा," मैंने कहा।

"बहन, आप जो भी ज़िम्मेदारी मुझे देंगी, मैं उसके लिए अपनी जान तक दांव पर लगा दूँगा।"

मैंने अपनी शॉल की तहों से अपना गहनों का डिब्बा निकाला और उसे अमूल्य के सामने रख दिया। "इन्हें बेच दो या गिरवी रख दो," मैंने कहा, "और जितनी जल्दी हो सके, मुझे छह हज़ार रुपये ला दो।"

"नहीं, नहीं, रानी बहन," अमूल्य ने गहरे भावुक होकर कहा। "इन गहनों को रहने दीजिए। फिर भी मैं आपको छह हज़ार रुपये ला दूँगा।"

"अरे, बेवकूफी मत करो," मैंने अधीरता से कहा। "इस तरह की बातें करने का समय नहीं है। यह डिब्बा लो। रात की ट्रेन से कलकत्ता निकल जाओ। और परसों तक वह पैसा निश्चित रूप से लेकर आना।"

अमूल्य ने डिब्बे में से एक हीरे का हार निकाला, उसे रोशनी में उठा कर देखा, और उदासी के साथ वापस रख दिया।

"मुझे मालूम है," मैंने उससे कहा, "कि तुम्हें इन हीरों का ठीक-ठाक दाम कभी नहीं मिलेगा, इसलिए मैं तुम्हें करीब तीस हज़ार रुपये के गहने दे रही

हूँ। मुझे परवाह नहीं अगर ये सब चले भी जाएँ, लेकिन मुझे वो छह हज़ार रुपये हर हाल में चाहिए।"

"क्या आप जानती हैं, रानी बहन," अमूल्य ने कहा, "मैंने संदीप बाबू से उन छह हज़ार रुपयों को लेकर झगड़ा किया था, जो उन्होंने आपसे लिए थे? मैं आपको बता नहीं सकता कि मुझे कितनी शर्म आई। लेकिन संदीप बाबू का कहना है कि देश के लिए हमें अपनी शर्म भी त्याग देनी चाहिए। यह बात ठीक हो सकती है। लेकिन यह मामला कुछ अलग है। देश के लिए मरने से या मारने से मुझे डर नहीं लगता- इतनी शक्ति मुझे दी गई है। लेकिन आपसे पैसे लेने की जो शर्म है, उसे मैं भूल नहीं सकता। इस मामले में संदीप बाबू मुझसे आगे हैं। उन्हें न कोई पछतावा है, न ही कोई ग्लानि। उनका कहना है कि हमें यह धारणा छोड़ देनी चाहिए कि पैसा उसी का होता है जिसके डिब्बे में वह रखा है- अगर हम ऐसा नहीं कर सकते, तो "*वंदे मातरम्*" का जादू फिर कहाँ है?"

जैसे-जैसे अमूल्य बोलता गया, उसका उत्साह बढ़ता गया। जब मैं उसकी श्रोता होती हूँ, तो वह हमेशा जोश में आ जाता है। "गीता हमें बताती है," वह बोलता गया, "कि आत्मा को कोई नहीं मार सकता। मारना तो एक शब्द मात्र है। उसी तरह पैसे को लेना भी सिर्फ़ एक बात है। पैसा किसका है? किसी ने इसे बनाया नहीं है। कोई इसे अपने साथ जीवन से जाने पर ले नहीं जा सकता, क्योंकि यह उसकी आत्मा का हिस्सा नहीं है। आज यह मेरा है, कल मेरे बेटे का होगा, परसों उसके कर्ज़दार का। चूँकि वास्तव में पैसा किसी का नहीं होता, तो अगर हमारे देशभक्त उसे किसी निकम्मे बेटे के लिए छोड़ने की बजाय देश के काम में ले लें, तो उन पर कोई दोष क्यों आए?"

जब मैं संदीप की बातें इस लड़के के मुँह से सुनती हूँ, तो मेरा पूरा शरीर काँप उठता है। जो सपेरे हैं, उन्हें साँपों से खेलने दो; अगर उन्हें नुकसान होता है, तो वे उसके लिए तैयार होते हैं। लेकिन ये लड़के तो इतने मासूम हैं, सारी दुनिया उन्हें अपनी दुआओं से बचाने को तैयार रहती है। वे साँप से खेलते हैं, उसकी प्रकृति जाने बिना, और जब हम उन्हें मुस्कराते हुए, पूरे विश्वास के साथ, अपना हाथ साँप के दाँतों के पास ले जाते देखते हैं, तब हमें समझ में आता है कि वह साँप कितना भयानक और खतरनाक है। संदीप ठीक ही सोचता है जब उसे यह संदेह होता है कि भले ही मैं स्वयं उसके हाथों मरने को तैयार हो जाऊँ, इस लड़के को मैं उससे अलग कर लूँगी और बचा लूँगी।

"तो यह पैसा तुम्हारे देशभक्तों के उपयोग के लिए चाहिए?" मैंने मुस्कराते हुए पूछा।

"बिलकुल है!" अमूल्य ने गर्व से कहा। "क्या वे हमारे राजा नहीं हैं? गरीबी उनकी शाही शक्ति को छीन लेती है। क्या आप जानती हैं, हम हमेशा जोर देते हैं कि संदीप बाबू फर्स्ट क्लास में ही यात्रा करें? वे कभी राजसी सम्मान से कतराते नहीं- वे उन्हें अपने लिए नहीं, हम सबकी गरिमा के लिए स्वीकार करते हैं। दुनिया पर राज करने वालों का सबसे बड़ा हथियार, संदीप बाबू ने हमें बताया है, उनके दिखावे का सम्मोहन होता है। गरीबी का व्रत लेना उनके लिए सिर्फ़ तपस्या नहीं, बल्कि आत्महत्या के बराबर होगा।"

इसी समय संदीप बिना आवाज़ किए कमरे में दाखिल हुआ। मैंने फुर्ती से अपनी शॉल गहनों के डिब्बे पर डाल दी।

"अब तक तुम्हारी खास बातचीत खत्म नहीं हुई?" उसने व्यंग्य भरे स्वर में पूछा।

"हाँ, अब पूरी हो गई है," अमूल्य ने क्षमायाचना-सी करते हुए कहा। "कुछ खास नहीं था।"

"नहीं अमूल्य," मैंने कहा, "हमारी बात अब तक पूरी नहीं हुई है।"

"तो फिर संदीप का दूसरी बार बाहर जाना तय समझूँ?" संदीप ने कहा।

"अगर आपको मंज़ूर हो।"

"और संदीप की दोबारा वापसी के बारे में?"

"आज नहीं। मेरे पास समय नहीं है।"

"समझ गया!" संदीप ने कहा, उसकी आँखें चमक उठीं। "समय व्यर्थ करने के लिए नहीं, सिर्फ़ खास बातचीत के लिए है!"

जलन! जहाँ ताकतवर पुरुष कमज़ोरी दिखाता है, वहाँ नारी जाति की विजय की दुंदुभि अपने-आप बज उठती है। इसलिए मैंने दृढ़ता से दोहराया : "मेरे पास सच में समय नहीं है।"

संदीप मुँह लटकाए चला गया। अमूल्य बहुत बेचैन हो गया। "रानी बहन," उसने विनती की, "संदीप बाबू नाराज़ हो गए हैं।"

"उनका न तो नाराज़ होने का कोई कारण है, न ही कोई अधिकार," मैंने कुछ तीखेपन से कहा। "एक बात के लिए मैं तुम्हें सावधान कर रही हूँ, अमूल्य। मेरे गहनों की बिक्री की बात संदीप बाबू से बिलकुल मत कहना- तुम्हारी जान की कसम।"

"नहीं, मैं कुछ नहीं कहूँगा।"

"तो अब देर मत करो। तुम्हें आज रात की ट्रेन से निकलना ही होगा।"

अमूल्य और मैं साथ-साथ कमरे से बाहर निकले। जब हम बरामदे में पहुँचे, संदीप वहाँ खड़ा था। मैं समझ गई कि वह अमूल्य को रोकने की ताक में था। उसे रोकने के लिए मुझे उससे बात करनी पड़ी। "क्या बात करनी थी आपको मुझसे, संदीप बाबू?" मैंने पूछा।

"कोई खास बात नहीं- सिर्फ़ यूँ ही थोड़ी-सी बातचीत। और चूँकि आपके पास समय नहीं है..."

"थोड़ा-सा समय दे सकती हूँ।"

तब तक अमूल्य जा चुका था। जब हम कमरे में लौटे, संदीप ने पूछा : "अमूल्य जो डिब्बा ले गया, वह क्या था?"

उसकी नज़र से वह डिब्बा नहीं छूटा था। मैं दृढ़ रही। "अगर मुझे आपको बताना होता, तो वह डिब्बा आपके सामने ही उसे सौंपा गया होता!"

"तो तुम समझती हो कि अमूल्य मुझे कुछ नहीं बताएगा?"

"नहीं, वह नहीं बताएगा।"

संदीप अब अपना क्रोध और नहीं छुपा सका। "तुम सोचती हो कि तुम मुझ पर अधिकार पा लोगी?" वह भड़क उठा। "यह कभी नहीं होगा। अमूल्य तो खुशी-खुशी मर जाएगा अगर मैं उसे अपने पैरों तले रौंदना भी चाहूँ। मैं जब तक जीवित हूँ, तुम्हें यह कभी नहीं करने दूँगा कि तुम उसे अपने चरणों में झुका सको!"

ओह, यह दुर्बलता! यह दुर्बलता! आखिरकार संदीप ने यह महसूस कर ही लिया कि वह मेरे सामने निर्बल है! इसीलिए यह अचानक क्रोध का विस्फोट हुआ है। उसे यह समझ आ गया है कि जो शक्ति मेरे पास है, उसका सामना केवल बाहुबल से नहीं किया जा सकता। मैं केवल एक नज़र से उसके सबसे मजबूत दुर्गों को ढहा सकती हूँ। इसलिए वह अब केवल धमकी और शोरगुल का सहारा ले रहा है। मैं केवल तिरस्कार भरी चुप्पी में मुस्कराई। आखिरकार मैं उससे ऊपर के स्तर पर पहुँच गई हूँ। मुझे यह ऊँचाई कभी नहीं छोड़नी चाहिए; अब फिर कभी नीचे नहीं उतरना चाहिए। मेरे सारे पतन के बीच यह थोड़ी-सी गरिमा मुझे अवश्य बनाए रखनी है!

"मैं जानता हूँ," संदीप ने कुछ क्षण रुककर कहा, "वह तुम्हारा गहनों का डिब्बा था।"

"तुम जो चाहे सोचो," मैंने कहा, "लेकिन मुझसे तुम्हें कुछ नहीं मिलेगा।" "तो तुम मुझसे ज़्यादा अमूल्य पर भरोसा करती हो? क्या तुम जानती हो कि वह लड़का मेरी परछाईं की परछाईं है, मेरी गूंज की गूंज- अगर मैं उसके साथ न होऊँ, तो वह कुछ भी नहीं है?"

"जहाँ वह तुम्हारी गूंज नहीं है, वहाँ वह स्वयं अमूल्य है। और वहीं मैं उस पर तुम्हारी गूंज से ज़्यादा भरोसा करती हूँ!"

"तुम यह मत भूलो कि तुमने मुझे वचन दिया है कि अपने सारे आभूषण देवी माँ की पूजा के लिए मुझे सौंप दोगी। असल में तुम्हारी भेंट तो पहले ही दी जा चुकी है।"

"जो आभूषण देवता मेरे लिए छोड़ देंगे, मैं उन्हें देवताओं को अर्पित कर दूँगी। लेकिन जिन्हें मुझसे चुरा लिया गया हो, उन्हें मैं कैसे अर्पित कर सकती हूँ?"

"सुनो, इस तरह मुझसे बच निकलने की कोशिश का कोई फायदा नहीं है। अभी समय है गंभीर काम का। पहले वह काम पूरा हो जाने दो, फिर तुम अपनी स्त्री-सुलभ चतुराई का पूरा प्रदर्शन कर लेना- मैं ख़ुद उसमें तुम्हारा साथ दूँगा।"

जिस क्षण मैंने अपने पति का पैसा चुरा कर संदीप को दे दिया, उसी क्षण हमारे संबंधों का जो संगीत था, वह थम सा गया। मैंने न केवल स्वयं को सस्ता बनाकर अपनी सारी गरिमा खो दी, बल्कि संदीप की शक्ति को भी पूरी तरह व्यक्त होने का अवसर नहीं मिला। तुम उस चीज़ पर निशाना नहीं साध सकते जो पहले ही तुम्हारी मुट्ठी में हो। इस तरह संदीप अपने नायकत्व की छवि खो चुका है; उसकी बातों में एक घटिया झगड़ालूपन आ गया है।

संदीप अपनी चमकती आँखें मेरे चेहरे पर गड़ाए रहा, यहाँ तक कि वे दोपहर के तपते आकाश की प्यास जैसी जलने लगीं। एक-दो बार उसने अपने पाँवों को हिलाया, जैसे वह अपनी जगह से उठना चाहता हो, जैसे वह मुझ पर झपट पड़ना चाहता हो। मुझे लगा मेरा पूरा शरीर तैर रहा है, नसें फड़कने लगीं, गर्म रक्त कानों तक चढ़ आया; मुझे लगा कि अगर मैं वहाँ एक पल और रुकी, तो फिर कभी उठ नहीं पाऊँगी। अपने कोटि प्रयास से मैंने ख़ुद को कुर्सी से अलग किया और जल्दी से दरवाजे की ओर बढ़ गई।

संदीप के सूखे गले से एक दबा-दबा स्वर निकला : "कहाँ भाग रही हो, रानी?" अगले ही क्षण वह छलांग मारकर मुझे पकड़ने के लिए अपनी जगह

से उठा। लेकिन दरवाजे के बाहर कदमों की आहट सुनकर वह तेजी से पीछे हट गया और फिर से अपनी कुर्सी पर जा बैठा। मैं पुस्तक-रैक के पास जाकर रुक गई और पुस्तकों के नामों को देखने लगी।

जब मेरे पति कमरे में दाखिल हुए, संदीप बोल पड़ा : "अरे निखिल, क्या तुम्हारी किताबों में यहाँ ब्राउनिंग नहीं है? मैं अभी-अभी रानी बिमला को हमारे कॉलेज क्लब के बारे में बता रहा था। क्या तुम्हें याद है ब्राउनिंग की उन पंक्तियों के अनुवाद को लेकर हमारा वह मुकाबला? तुम्हें याद नहीं?"

"उसे मेरी ओर कभी नहीं देखना चाहिए था,
अगर उसका मतलब यह था कि मैं उससे प्रेम न करूँ।
ऐसे बहुत-से पुरुष हैं... जिन्हें तुम 'साधारण' कहती हो, मुझे लगता है...
वह चाहें तो उन्हें अपना संपूर्ण अंतःकरण दिखा सकती है,
और फिर भी उन्हें वैसा ही छोड़ सकती है, जैसे वे पहले थे।
पर मैं वैसा नहीं हूँ, और वह यह जानती थी
जब उसने इधर-उधर देखकर मेरी ओर अपनी नज़रें टिकाईं।"

"मैं किसी तरह शब्दों को जोड़कर उसका अनुवाद बंगला में करने में सफल तो हुआ, लेकिन उसका परिणाम शायद ही बंगाल के लोगों के लिए 'सदैव आनंद का स्रोत' बन सका हो। एक समय मुझे सच में यह लगा था कि मैं कवि बनने की कगार पर हूँ, पर ईश्वर की इतनी कृपा थी कि उन्होंने मुझे उस विपत्ति से बचा लिया। क्या तुम्हें पुरानी दक्षिणा की याद है? अगर वह नमक निरीक्षक न बना होता, तो शायद कवि ही बन गया होता। मुझे आज भी उसका किया हुआ अनुवाद याद है...

"नहीं, रानी बिमला, उन किताबों की अलमारियों को टटोलने का कोई फायदा नहीं है। निखिल ने शादी के बाद से कविता पढ़ना छोड़ दिया है- शायद अब उसे इसकी ज़रूरत ही नहीं रही। लेकिन मुझे लगता है कि 'काव्य का ज्वर', जैसा कि संस्कृत में कहा गया है, फिर से मुझ पर चढ़ने वाला है।"

"मैं तुम्हें एक चेतावनी देने आया हूँ, संदीप," मेरे पति ने कहा।

"क्या यह काव्य-ज्वर के बारे में है?"

मेरे पति ने इस हास्यपूर्ण प्रयास पर कोई ध्यान नहीं दिया। "कुछ समय से," उन्होंने आगे कहा, "मुस्लिम उपदेशक यहाँ के स्थानीय मुसलमानों को

भड़काने में लगे हुए हैं। वे सब तुमसे बेहद नाराज़ हैं और कभी भी तुम पर हमला कर सकते हैं।"

"क्या तुम मुझे भाग जाने की सलाह देने आए हो?"

"मैं तुम्हें सलाह देने नहीं, सूचना देने आया हूँ।"

"अगर ये ज़मींदारी मेरी होती, तो ऐसी चेतावनी उपदेशकों के लिए ज़रूरी होती, मेरे लिए नहीं। अगर तुम मुझे डराने की बजाय उन्हें अपनी ताकत का एहसास कराते, तो वह हम दोनों- मेरे और तुम्हारे- लिए ज़्यादा सम्मानजनक होता। क्या तुम्हें पता है कि तुम्हारी कमज़ोरी आस-पास के ज़मींदारों को भी कमज़ोर बना रही है?"

"मैंने तुम्हें कोई सलाह नहीं दी, संदीप। मैं चाहता हूँ कि तुम भी मुझे अपनी सलाह देने से परहेज करो। और वैसे भी, यह व्यर्थ है। और एक और बात है जो मैं तुम्हें बताना चाहता हूँ। तुम और तुम्हारे अनुयायी चुपचाप मेरे किसानों को डराते और परेशान करते रहे हो। अब मैं यह और सहन नहीं कर सकता। इसलिए मुझे तुमसे कहना पड़ेगा कि तुम मेरी ज़मींदारी छोड़ कर चले जाओ।"

"मुसलमानों के डर से, या कोई और डर भी है जिससे तुम मुझे धमकाना चाहते हो?"

"कुछ डर ऐसे होते हैं, जिनका न होना ही कायरता कहलाता है। उन्हीं डरों के नाम पर मैं तुमसे कह रहा हूँ, संदीप, कि तुम्हें यहाँ से जाना होगा। पाँच दिन में, मैं कलकत्ता के लिए रवाना हो रहा हूँ। मैं चाहता हूँ कि तुम मेरे साथ चलो। तुम वहाँ मेरे घर पर रह सकते हो- इस पर मुझे कोई आपत्ति नहीं है।"

"ठीक है, मेरे पास अभी भी पाँच दिन शेष हैं। इस बीच, रानी बिमला, मुझे तुम्हारे मधु-छत्ते से विदाई का अपना गीत सुनाने दो। आह! आधुनिक बंगाल के कवि! अपने द्वार खोल दो और मुझे अपने शब्दों की लूट करने दो। यह चोरी वास्तव में तुम्हारी ही है, क्योंकि यह मेरा गीत है जिसे तुमने अपना बना लिया है- नाम तुम्हारा ही सही, पर गीत मेरा है।" इसके साथ ही संदीप ने एक गहरे, भारी स्वर में- जो कभी-कभी बेसुरा हो जाने की आशंका पैदा कर रहा था- राग भैरवी में एक गीत छेड़ दिया :

"आपके राज्य के वसंतकाल में, हे रानी!
मिलन और विदाई एक-दूसरे का पीछा करती रहती हैं,

कभी न थमने वाले आँखमिचौली के खेल में,
और वे फूल खिलते हैं,
जो छाया में मुरझाकर झरने वालों के पीछे आते हैं।
आपके राज्य के वसंत में, हे रानी!
मेरा आपसे मिलन अपने गीतों के साथ आया था,
पर क्या मेरी विदाई भी आपको कोई उपहार नहीं दे सकती?
वह उपहार मेरी एक गुप्त आशा है,
जिसे मैंने आपके पुष्प-वाटिका की छाया में छिपा रखा है,
कि जुलाई की वर्षा तुम्हारे तपते जून को मधुरता से शांत कर दे।

उसका साहस असाधारण था- ऐसा साहस जिसे कोई परदा नहीं ढँकता था, वह आग की तरह नग्न था। उसे रोकने का किसी को अवसर ही नहीं मिलता- वह जैसे बिजली की गड़गड़ाहट को रोकने की कोशिश करना हो। बिजली चमकती है- और हर प्रतिरोध पर हँसती है।

मैं कमरे से बाहर निकल गई। जब मैं बरामदे से होते हुए अंदर के कमरों की ओर जा रही थी, अमूल्य अचानक सामने आ गया और आकर मेरे सामने खड़ा हो गया।

"किसी बात से मत डरिए, रानी बहन," उसने कहा। "मैं आज रात ही निकल रहा हूँ और बिना सफलता के वापस नहीं लौटूँगा।"

"अमूल्य," मैंने कहा, उसके गंभीर और युवा चेहरे की ओर सीधा देखते हुए, "मुझे अपने लिए किसी बात का डर नहीं, परंतु तुम्हारे लिए डरना कभी न छूटे- यही मेरी प्रार्थना है।"

अमूल्य जाने को मुड़ा, लेकिन वह नज़रों से ओझल हो इससे पहले ही मैंने उसे पुकारा और पूछा :

"क्या तुम्हारी माँ हैं, अमूल्य?"

"हाँ, हैं।"

"कोई बहन?"

"नहीं, मैं अपनी माँ का इकलौता बेटा हूँ। जब मैं बहुत छोटा था तभी मेरे पिता का देहांत हो गया था।"

"तो अमूल्य, अब अपनी माँ के पास लौट जाओ।"

"लेकिन, रानी बहन, अब मेरे पास माँ भी है और बहन भी।"

"तो फिर, अमूल्य, आज रात रवाना होने से पहले यहाँ आकर भोजन कर लेना।"

"उसके लिए समय नहीं होगा। मुझे रास्ते के लिए कुछ भोजन दे दीजिए, जो आपके स्पर्श से पवित्र हो।"

"तुम्हें विशेष रूप से क्या पसंद है, अमूल्य?"

"अगर मैं अपनी माँ के साथ होता तो ढेर सारे पौष के पिट्ठे (केक) खा रहा होता। रानी बहन, आप अपने हाथों से मेरे लिए थोड़े बनाइए ना!"

अध्याय दस

निखिल की कहानी

12

मुझे अपने गुरु से पता चला कि संदीप ने हरिश कुंडू के साथ मिलकर गठबंधन कर लिया है, और राक्षस-विनाशिनी देवी की पूजा का एक भव्य उत्सव आयोजित किया जाने वाला है। हरिश कुंडू पूजा का ख़र्च अपने किसानों से ज़बरदस्ती वसूल रहा था। पंडित कविरत्न और विद्यावागीश को दोहरे अर्थ वाला एक स्तोत्र रचने का आदेश दिया गया था।

मेरे गुरु का इस विषय पर अभी-अभी संदीप से वाक्युद्ध हुआ है। "देवताओं के बीच भी विकास की प्रक्रिया जारी है," संदीप कहता है। "पौत्र को अपने स्वाद के अनुसार, अपने दादा द्वारा रचित देवताओं को पुनः गढ़ना पड़ता है, नहीं तो वह नास्तिक बना रह जाता है। मेरा उद्देश्य प्राचीन देवताओं का आधुनिकीकरण करना है। मैं देवताओं का उद्धारक बनकर जन्मा हूँ, उन्हें अतीत की जकड़नों से मुक्त कराने के लिए।"

मैंने बाल्यकाल से ही देखा है कि संदीप विचारों का कैसा माहिर बाजीगर है। सच को खोजने में उसकी कोई रुचि नहीं, बल्कि उसका चतुराईपूर्ण प्रदर्शन करना ही उसके हृदय को आनंद देता है। यदि वह अफ्रीका के जंगली प्रदेशों में जन्मा होता, तो वह मनुष्यों के बीच सच्चे मेल-जोल का सर्वोत्तम उपाय नरभक्षण को सिद्ध करने हेतु तर्क पर तर्क गढ़ते हुए बड़ा आनंदमय जीवन व्यतीत करता। पर जो दूसरों को भ्रमित करने का काम करते हैं, अंततः स्वयं भी भ्रमित हो जाते हैं। और मुझे पूर्ण विश्वास है कि हर बार जब संदीप

कोई नया भ्रमजाल रचता है, तो वह स्वयं को यह मानने के लिए मना लेता है कि उसने सत्य को पा लिया है- चाहे उसके अपने विचार आपस में कितने ही विरोधाभासी क्यों न हों।

किंतु मैं अपने देश में शराब की भठ्ठी (शराब बनाने की फैक्ट्री) स्थापित करने में सहायता नहीं करूँगा। वे युवक जो देश की सेवा के लिए अपने को अर्पित करने को तत्पर हैं, उन्हें नशे की इस आदत में नहीं पड़ना चाहिए। जो लोग नशे के उपायों से दूसरों से काम निकलवाना चाहते हैं, वे उस उत्तेजना को अधिक महत्व देते हैं, न कि उन चेतनाओं को जिन्हें वे नशे में डुबोते हैं।

मुझे संदीप से, बिमला की उपस्थिति में, कहना पड़ा कि उसे यहाँ से जाना होगा। संभव है कि दोनों ही मेरे ऊपर गलत मंशा का आरोप लगाएंगे। लेकिन मुझे इस भय से भी मुक्त होना होगा कि मुझे गलत समझा जाएगा। बिमला को भी मुझे गलत समझने दो...

ढाका से कई मुस्लिम उपदेशकों को यहाँ भेजा जा रहा है। मेरे क्षेत्र के मुसलमानों में भी गाय की हत्या को लेकर लगभग वैसी ही घृणा उत्पन्न हो गई थी जैसी हिंदुओं में होती है। पर अब यहाँ-वहाँ गायों के वध की घटनाएँ सामने आने लगी हैं। मुझे सबसे पहले यह समाचार कुछ मुसलमान ज़मींदारों से मिला, और उन्होंने अपनी नापसंदगी भी व्यक्त की। यह एक ऐसी स्थिति थी जिसका सामना करना कठिन होने वाला था- यह मैं स्पष्ट देख सकता था। मूल में कट्टरता का एक ढोंग था, जो यदि रोका गया तो वह ढोंग वास्तविक कट्टरता में बदल सकता था। यही उस चाल की चतुराई थी!

मैंने अपने कुछ प्रमुख हिंदू ज़मींदारों को बुलवाया और उन्हें यह विषय सही दृष्टिकोण से समझाने का प्रयास किया। "हम अपने विश्वासों में दृढ़ रह सकते हैं," मैंने कहा, "पर दूसरों के विश्वासों पर हमारा कोई अधिकार नहीं है। हममें से बहुत से लोग वैष्णव होते हुए भी, जो शाक्त उपासक हैं वे पशु बलि की परंपरा यथावत निभाते हैं। उसे रोका नहीं जा सकता। उसी प्रकार हमें मुसलमानों को भी उनके अनुसार आचरण करने देना चाहिए। अतः आप सभी कृपया किसी भी प्रकार के उपद्रव से दूर रहें।"

"महाराज," उन्होंने उत्तर दिया, "इतने वर्षों से ऐसी अत्याचारपूर्ण घटनाएँ कभी नहीं हुई थीं।"

"यह बात सही है," मैंने कहा, "क्योंकि तब यह सब उनकी स्वाभाविक इच्छा से हुआ था। आइए हम ऐसा व्यवहार करें कि वही स्थिति फिर से साकार हो सके। लेकिन शांति भंग करके यह उद्देश्य कभी प्राप्त नहीं किया जा सकता।"

"नहीं महाराज," उन्होंने जोर देते हुए कहा, "वे सुहाने पुराने दिन अब चले गए हैं। यह सब अब तब तक नहीं रुकेगा जब तक आप इसे कठोरता से नहीं रोकेंगे।"

मैंने उत्तर दिया, "दमन केवल गौहत्या को नहीं रोक पाएगा, बल्कि यह इंसानों की हत्या का कारण भी बन सकता है।"

उनमें से एक ने अंग्रेज़ी शिक्षा प्राप्त की थी। उसने उस समय प्रचलित भाषणों और जुमलों को दोहराना सीख लिया था। "यह केवल परंपरागत आस्था का प्रश्न नहीं है," उसने तर्क दिया। "हमारा देश मुख्यतः कृषि-प्रधान है, और गायें..."

मैंने बीच में टोका, "इस देश में भैंसें भी दूध देती हैं और हल जोतने के काम आती हैं। इसलिए, जब तक हम मंदिरों के प्रांगण में उनके खून से सने पागल नृत्य करते रहेंगे, उनके कटे हुए सिर कंधों पर उठाए फिरते रहेंगे, तब तक धर्म हम पर हँसेगा। अगर हम मुसलमानों से उसके नाम पर झगड़ा करते हैं- और उस झगड़े के अलावा कुछ भी सच्चा नहीं रहेगा। अगर केवल गाय को ही वध से पवित्र माना जाए, लेकिन भैंस को नहीं, तो वह धर्म नहीं, संकीर्णता है।"

"लेकिन क्या आप यह नहीं जानते, महाराज, कि इस सबके पीछे क्या है?" अंग्रेज़ी जानने वाले ज़मींदार ने बात आगे बढ़ाई- "यह सब केवल इसलिए संभव हो पाया है क्योंकि मुसलमान को यह भरोसा है कि अगर वह कानून भी तोड़े, तो भी वह सुरक्षित रहेगा। क्या आपने प्रचुर वाला मामला नहीं सुना?"

"ऐसा क्यों संभव हो पाया है," मैंने पूछा कि, "मुसलमानों को हमारे विरुद्ध एक औजार की तरह इस्तेमाल किया जा सके? क्या यह इसलिए नहीं है कि हमने ही अपनी असहिष्णुता के कारण उन्हें ऐसा बना दिया है? ईश्वर (या विधि) हमें इसी प्रकार दंड देता है। हमारे संचित पाप अब हमारे ही सिर पर लौटकर आ रहे हैं।"

"अच्छा, अगर ऐसा ही है, तो ठीक है- यह सब हमारे ऊपर आ जाए। लेकिन हम अपना बदला ज़रूर लेंगे। हमने उनके सबसे बड़े बल को ही

खोखला कर दिया है- उनके अपने कानूनों के प्रति उनकी निष्ठा को भी। कभी वे सच्चे शासक थे, न्याय देने वाले; अब वे स्वयं कानून तोड़ने वाले बनेंगे- और इस तरह डाकुओं से कुछ अलग नहीं रहेंगे। हो सकता है कि यह इतिहास में दर्ज़ न हो, लेकिन हम इसे हमेशा अपने दिलों में संजोकर रखेंगे..."

मेरे बारे में जो झूठी और निंदात्मक बातें पत्र-पत्रिकाओं में फैल रही हैं, वे मुझे बदनाम करती जा रही हैं। ख़बर मिली है कि चक्रवर्तियों के नदी किनारे स्थित श्मशान में मेरे पुतले का विधिवत् और पूरे जोश के साथ दहन किया गया है, और अन्य अपमानजनक योजनाएँ भी बनाई जा रही हैं। मामला यह था कि वे लोग मेरे पास आए थे ताकि मैं उनकी प्रस्तावित कपास मिल में कुछ शेयर ले लूं। मुझे उनसे कहना पड़ा कि मुझे अपने पैसे की हानि का उतना दुःख नहीं होगा, लेकिन मैं इतने सारे गरीब शेयरधारकों को नुकसान पहुँचाने का भागीदार नहीं बन सकता।

"तो क्या हम यह समझें, महाराज," मेरे आगंतुकों ने कहा, "कि देश की समृद्धि में आपकी कोई रुचि नहीं है?"

"उद्योग देश की समृद्धि का कारण बन सकता है," मैंने समझाया, "लेकिन केवल समृद्धि की इच्छा मात्र से उद्योगों में सफलता नहीं मिल सकती। जब हमारा मन शांत और विचार संयमित थे, तब भी हमारे उद्योग फले-फूले नहीं। तो फिर यह क्यों मान लें कि अब जब हम उन्मादी हो उठे हैं, तो हमारे उद्योग फलने-फूलने लगेंगे?"

"आप साफ-साफ क्यों नहीं कह देते कि आप अपना पैसा जोखिम में नहीं डालना चाहते?"

"मैं तब अपने पैसे का निवेश करूँगा जब मुझे यह स्पष्ट दिखाई देगा कि आपको प्रेरणा वास्तव में उद्योग-भावना से मिली है। लेकिन केवल इसलिए कि आपने आग जला दी है, इसका यह अर्थ नहीं कि आपके पास उस पर पकाने के लिए भोजन भी है।"

13

यह क्या हुआ? हमारी चकुआ उपकोषागार लूट ली गई! वहाँ से मुख्यालय के लिए साढ़े सात हज़ार रुपये की धनराशि भेजी जानी थी। स्थानीय ख़ज़ानची

ने सरकारी कोषागार से रुपये छोटे नोटों में बदल लिए थे ताकि उन्हें ढोने में सुविधा रहे, और उन्हें गड्डियों में बाँधकर तैयार रखा था। आधी रात को एक सशस्त्र गिरोह ने उस कमरे पर धावा बोला और पहरे पर तैनात कासिम को घायल कर दिया। अजीब बात यह रही कि वे केवल छह हज़ार रुपये ही ले गए और बाकी पैसे ज़मीन पर बिखरे छोड़ गए, जबकि उन्हें उठाकर ले जाना भी उतना ही आसान था। जो भी हो, डाकुओं की लूटपाट अब समाप्त हो चुकी थी; अब पुलिस की छापेमारी शुरू होने वाली थी। शांति की कोई संभावना नहीं बची थी।

जब मैं भीतर गया, तो मैंने देखा कि मेरे पहुँचने से पहले ही यह समाचार वहाँ पहुँच चुका था। "यह कितनी भयंकर बात है, भैया," बड़ी रानी चौंकते हुए बोलीं, "अब हम क्या करेंगे?"

मैंने उन्हें ढाँढस बँधाने के लिए बात को हल्के में लिया। मुस्कराते हुए मैंने कहा, "कुछ न कुछ हमारे पास अब भी बचा है। किसी तरह काम चल ही जाएगा।"

"भैया, इस बात को मज़ाक में मत उड़ाओ। सब तुमसे इतने नाराज़ क्यों हैं? क्या तुम उन्हें थोड़ा खुश नहीं रख सकते? सबको क्यों नाराज़ कर रखा है?"

"मैं देश को विनाश की ओर जाते नहीं देख सकता, चाहे इससे सब प्रसन्न ही क्यों न हो जाएँ।"

"श्मशान में जो उन्होंने किया, वह अत्यंत घिनौना था। तुम्हारे साथ ऐसा व्यवहार करना बेहद शर्मनाक है।" छोटी रानी ने तो अंग्रेज़ महिला की शिक्षा से अपने सारे डर दूर कर लिए हैं, पर रही मैं- मुझे तो मन की शांति पाने के लिए अशुभ संकेत को दूर करने हेतु पंडित को बुलवाना पड़ा। मेरे लिए ही सही, प्यारे भैया, तुम कलकत्ता चले जाओ। सोचकर ही काँप जाती हूँ कि अगर तुम यहाँ रुके रहे तो वे लोग क्या कर बैठेंगे।

मेरी भाभी की यह सच्ची चिंता मेरे हृदय को छू गई।

"और भैया," वे आगे बोलीं, "क्या मैंने तुम्हें पहले नहीं चेताया था कि इतने रुपये कमरे में रखना ठीक नहीं? किसी भी दिन इसकी भनक लग सकती थी। बात सिर्फ़ पैसों की नहीं है- कौन जानता है..."

उन्हें शांत करने के लिए मैंने वादा किया कि मैं तुरंत वह धन कोषागार में भेज दूँगा, और फिर पहले ही दल के साथ उसे कलकत्ता रवाना करवा दूँगा। हम दोनों मेरे शयनकक्ष में गए। वस्त्र बदलने वाले कक्ष का द्वार बंद

था। जब मैंने दस्तक दी, तो बिमला ने भीतर से कहा : "मैं कपड़े बदल रही हूँ।"

"छोटी रानी पर तो मुझे आश्चर्य होता है," मेरी भाभी बोलीं, "इतनी सुबह तैयार हो रही है! शायद 'वंदे मातरम्' वालों की कोई सभा होगी। डाकिन रानी!"- उन्होंने हँसी में बिमला को पुकारा, "क्या भीतर लूट का माल गिन रही हो?"

"पैसों की देखभाल मैं थोड़ी देर में कर लूँगा," यह कहकर मैं बाहर अपने कार्यालय कक्ष की ओर चला गया।

मैंने देखा कि पुलिस इंस्पेक्टर मेरा इंतज़ार कर रहा था। मैंने पूछा, "डाकुओं का कोई सुराग मिला?"

"मुझे कुछ संदेह हैं।"

"किस पर?"

"कासिम पर, जो पहरे पर था।"

"कासिम? पर क्या वह घायल नहीं हुआ था?"

"बस मामूली खरोंच। पैर पर मांस में हल्की चोट- शायद खुद ही लगाई गई हो।"

"मगर मैं इसे नहीं मान सकता। वह तो एक बहुत विश्वसनीय सेवक रहा है।"

"आपने उस पर भरोसा किया होगा, पर यह भरोसा किसी को चोर बनने से नहीं रोकता। मैंने ऐसे लोग देखे हैं जो बीस साल तक विश्वसनीय रहे, और फिर अचानक..."

"मान भी लूँ कि वह दोषी है, तब भी मैं उसे जेल नहीं भेज सकता। पर उसने बाकी पैसे ज़मीन पर क्यों छोड़ दिए?"

"ताकि हमें भ्रमित कर सके। आप चाहे जो कहें, महाराज, पर वह इस काम में पुराना खिलाड़ी लगता है। वह अपनी ड्यूटी में तो सजग लगता है, पर मुझे पूरा विश्वास है कि आस-पास हो रही डकैतियों में उसका हाथ है।"

इसके बाद इंस्पेक्टर ने उन विभिन्न तरीकों का वर्णन करना शुरू किया, जिनसे बीस या तीस मील दूर हुई किसी डकैती में शामिल होकर भी समय पर ड्यूटी पर वापस आना संभव हो सकता है।

"क्या तुम कासिम को यहाँ लाए हो?" मैंने पूछा।

"नहीं," उत्तर मिला, "वह हवालात में है। मजिस्ट्रेट आकर जांच करेंगे।"

इसके बाद इंस्पेक्टर ने उन विभिन्न तरीकों का वर्णन करना शुरू किया, जिनसे बीस या तीस मील दूर हुई किसी डकैती में शामिल होकर भी समय पर ड्यूटी पर वापस आना संभव हो सकता है।

"मैं उससे मिलना चाहता हूँ," मैंने कहा।

जब मैं उसकी कोठरी में पहुँचा, तो वह रोता हुआ मेरे पैरों पर गिर पड़ा। "खुदा की कसम," उसने कहा, "मैंने यह काम नहीं किया।"

"मुझे तुम पर शक नहीं है, कासिम," मैंने उसे आश्वस्त किया। "डरने की कोई बात नहीं। अगर तुम निर्दोष हो, तो वे तुम्हारा कुछ नहीं बिगाड़ सकते।"

हालाँकि, कासिम घटना का कोई स्पष्ट और सुसंगत विवरण नहीं दे सका। वह साफ तौर पर बढ़ा-चढ़ाकर बात कर रहा था- उसके विवरण में चार-पाँच सौ लोग, भारी बंदूकें और असंख्य तलवारें शामिल थीं। यह या तो उसके व्याकुल मानसिक स्थिति का परिणाम था, या फिर अपनी आसान हार को उचित ठहराने की कोशिश। वह जोर देकर कह रहा था कि यह सब हरिश कुंडू का किया धरा है; उसे तो यह तक पक्का यकीन था कि उसने कुंडुओं के प्रधान सेवक एकराम की आवाज़ भी सुनी थी।

"देखो कासिम," मुझे उसे चेतावनी देनी पड़ी, "अपनी कहानियों में और लोगों को मत घसीटो। तुमसे यह नहीं कहा गया कि तुम हरिश कुंडू या किसी और के खिलाफ़ मुकदमा खड़ा करो।"

14

घर लौटकर मैंने अपने गुरु से आने का अनुरोध किया। उन्होंने गंभीरता से सिर हिलाया। बोले, "इसमें मुझे कोई भलाई नहीं दिखती- इस तरह अंतरात्मा को एक ओर रखकर देश को उसकी जगह बैठा देना ठीक नहीं है। अब देश के सभी पाप उभरकर सामने आएँगे- वीभत्स और बेशर्मी से भरे हुए।"

"आपको क्या लगता है, यह किसका काम हो सकता है..."

"मुझसे मत पूछो। पर पाप हर ओर फैल चुका है। उन सभी को यहाँ से तुरंत हटा दो।"

"मैंने उन्हें एक दिन और दिया है। वे परसों तक चले जाएँगे।"

"और एक बात और। बिमला को कलकत्ता ले जाओ। यहाँ से वह

बाहरी दुनिया को बहुत ही संकुचित दृष्टिकोण से देख रही है, वह लोगों और चीज़ों को उनके वास्तविक रूप में नहीं देख पा रही है। उसे दुनिया देखने दो—मनुष्यों और उनके कार्यों को समझने दो—उसे एक व्यापक दृष्टि दो।"

"मैं भी यही सोच रहा था।"

"तो फिर इसमें कोई देर मत करो। सुनो निखिल, मानवजाति का इतिहास संसार की समस्त जातियों के सामूहिक प्रयास से ही बन सकता है। इसलिए राजनीतिक कारणों से अपने विवेक को बेच देना- और देश को एक मूर्ति की तरह पूजना- यह उचित नहीं है। मैं जानता हूँ कि यूरोप मन से इस सत्य को नहीं स्वीकारता, पर उसे हमें उपदेश देने का कोई अधिकार नहीं है। जो लोग सत्य के लिए मरते हैं, वे अमर हो जाते हैं; और यदि कोई समूची जाति सत्य के लिए मर सके, तो वह भी मानवता के इतिहास में अमरता प्राप्त करेगी। यहाँ, भारत की इस भूमि पर, जब शैतान की व्यंग्यभरी हँसी आकाश को चीरती है, तब भी इस सत्य के प्रति अनुभूति सच्ची हो- यही मेरी कामना है! विदेशी भूमि से हमारे देश में पाप की कैसी भयंकर महामारी घुस आई है..."

पूरा दिन जाँच-पड़ताल की उथल-पुथल में बीत गया। जब मैं रात को विश्राम के लिए गया, तब तक पूरी तरह थक चुका था। मैंने अपनी भाभी का धन कोषागार में भिजवाने का काम अगली सुबह तक के लिए टाल दिया।

आधी रात के सन्नाटे में नींद से जाग उठा। कमरा अंधकार में डूबा हुआ था। मुझे लगा जैसे कहीं से कोई करुण सिसकी की आवाज़ आ रही हो। कोई न कोई ज़रूर रो रहा था। रोने की आवाज़ें आँसुओं के बोझ से भरी हुई थीं- जैसे बरसात की रात में रह-रहकर उठने वाली तेज हवा के झोंकें। मुझे ऐसा लगा जैसे वह करुण पुकार मेरे कमरे के भीतर के हृदय से ही उठ रही हो। मैं अकेला था। कुछ दिनों से बिमला ने अपना बिस्तर मेरे कमरे से सटे हुए एक दूसरे कमरे में लगाया हुआ था। मैं उठकर बाहर गया, तो देखा कि वह बरामदे में मुँह के बल नंगे फर्श पर पड़ी हुई थी।

यह ऐसी पीड़ा है जिसे शब्दों में व्यक्त नहीं किया जा सकता। उसे केवल वही जानता है जो संसार की गोद में बैठा है और इसकी सारी वेदनाओं को अपने हृदय में समेट लेता है। आकाश मौन है, तारे निःशब्द हैं, रात निःस्तब्ध है, और इस सन्नाटे के बीच गूंजती है वह एक बेचैन, नींद से वंचित पुकार!

हम इन पीड़ाओं को पुस्तकों की परिभाषाओं के अनुसार अच्छा-बुरा नाम दे

देते हैं, पर वह व्यथा जो विदीर्ण हृदय से उभरकर अथाह अंधकार में समा रही है- क्या उसका कोई नाम है? उस आधी रात में, निस्तब्ध तारों के नीचे खड़ा होकर जब मैंने उस आकृति को देखा, तो विस्मय से मेरा मन भर उठा और मैंने स्वयं से पूछा : "मैं कौन हूँ जो उसका न्याय करूँ?" हे जीवन! हे मृत्यु! हे अनंत सत्ता के परमेश्वर! मैं मौन होकर आपके भीतर स्थित रहस्य को प्रणाम करता हूँ।

एक पल को मैंने सोचा कि लौट जाऊँ, लेकिन मैं लौट नहीं सका। मैं बिमला के पास ज़मीन पर बैठ गया और धीरे से अपना हाथ उसके सिर पर रख दिया। पहले स्पर्श पर उसका पूरा शरीर जैसे सख्त हो गया, पर अगले ही क्षण वह कठोरता टूट गई और आँसू फूट पड़े। मैंने कोमलता से अपनी उंगलियाँ उसके मस्तक पर फेरनी शुरू कीं। अचानक उसने अपने हाथों से मेरे चरण टटोलकर पकड़ लिए और उन्हें अपने हृदय से इस जोर से चिपका लिया कि मुझे लगा उसका हृदय टूट जाएगा।

बिमला की कहानी

18

अमूल्य आज सुबह कलकत्ता से लौटने वाला है। मैंने नौकरों से कह रखा था कि जैसे ही वह पहुँचे, मुझे तुरंत सूचना दें, लेकिन मैं स्वयं को शांत नहीं रख सकी। आखिरकार मैं स्वयं ही बाहर बैठक में जाकर उसका इंतज़ार करने लगी।

जब मैंने उसे गहने बेचने के लिए भेजा, तब शायद मैं केवल अपने बारे में ही सोच रही थी। यह तो मेरे मन में आया ही नहीं कि इतना छोटा-सा लड़का जब इतने कीमती गहने बेचने जाएगा, तो वह तुरंत ही संदेह के घेरे में आ जाएगा। हम स्त्रियाँ इतनी असहाय होती हैं कि अपने संकट का बोझ दूसरों पर डालने को मजबूर हो जाती हैं। जब हम अपने विनाश की ओर बढ़ती हैं, तो अपने साथ-साथ दूसरों को भी उसमें घसीट ले जाती हैं।

मैंने गर्व से कहा था कि मैं अमूल्य को बचा लूँगी- जैसे कि जो स्वयं डूब रही हो, वह किसी और को बचा सकती है। पर उसे बचाने के बजाय, मैंने तो उसे उसके विनाश की ओर भेज दिया। मेरे छोटे भाई, मैं तुम्हारे लिए ऐसी बहन रही हूँ कि उस रक्षाबंधन के दिन जब मैंने तुम्हें आशीर्वाद दिया, मृत्यु ने अवश्य

मुस्कराया होगा, मैं जो अपने ही पापों के बोझ से व्याकुल होकर भटक रही हूँ।

मुझे आज ऐसा लगता है कि कभी-कभी मनुष्य पर पाप ऐसे टूट पड़ता है जैसे कोई महामारी। कोई जीवाणु न जाने कहाँ से आकर भीतर प्रवेश कर जाता है, और फिर एक ही रात में मृत्यु दस्तक दे देती है। ऐसे पीड़ित व्यक्ति को बाकी संसार से दूर क्यों नहीं रखा जा सकता? कम से कम मैंने तो यह जान लिया है कि यह संक्रमण कितना भयावह होता है- जैसे जलती हुई मशाल, जो स्वयं जलती है ताकि पूरे संसार को आग लगा दे।

घड़ी ने नौ बजा दिए। मेरे मन से यह विचार हट ही नहीं रहा था कि अमूल्य किसी मुसीबत में है शायद पुलिस के हाथों में पड़ गया है। पुलिस दफ़्तर में ज़रूर बड़ी हलचल मची होगी- ये गहने किसके हैं? वह इन्हें कहाँ से लाया? और अंत में, मुझे ही इसका उत्तर देना होगा- सबके सामने, सार्वजनिक रूप से।

वह उत्तर क्या होगा? बड़ी रानी! जिसे मैं अब तक तुच्छ समझती थी, आज तुम्हारा दिन आ गया है। अब तुम जनता के रूप में, दुनिया के रूप में, अपना बदला लोगी। हे भगवान! मुझे इस बार बचा लो, मैं अपना सारा घमंड अपनी जेठानी के चरणों में रख दूँगी।"

मैं अब और सहन नहीं कर सकी। मैं सीधा बड़ी रानी के पास चली गई। वह बरामदे में बैठी पान में मसाले भर रही थीं, और ठाको (दासी) उनके पास खड़ी थी। ठाको को देखकर मैं एक क्षण के लिए सकुचा गई, लेकिन मैंने अपनी सारी झिझक पर काबू पाया, और झुककर आदरपूर्वक अपनी जेठानी के चरणों की धूल ले ली।

"हे भगवन्! छोटी रानी!" वह चकित होकर बोलीं, "यह तुम्हें क्या हो गया है? अचानक यह इतनी श्रद्धा क्यों?"

"आज मेरा जन्मदिन है, बहन," मैंने कहा। "मैंने आपको दुःख पहुँचाया है। आज आप मुझे आशीर्वाद दें कि फिर कभी ऐसा न हो। मेरा मन बहुत संकीर्ण है।" मैंने फिर से उन्हें प्रणाम किया और जल्दी से वहाँ से जाने लगी, लेकिन उन्होंने मुझे पुकारकर वापस बुला लिया।

"तुमने तो कभी नहीं बताया था कि आज तुम्हारा जन्मदिन है, प्यारी छोटी रानी! आज दोपहर का भोजन ज़रूर मेरे साथ करना। यह तो तुम्हें करना ही होगा।"

हे भगवान! आज सच में मेरा जन्मदिन हो। क्या मैं फिर से जन्म नहीं ले सकती? मुझे शुद्ध कर दो, मेरे भगवान, मुझे निर्मल कर दो और मुझे एक और अवसर दो!

मैं दोबारा बैठक कक्ष में गई और वहाँ संदीप को पाया। मुझे भीतर तक घृणा का ऐसा एहसास हुआ, जैसे वह मेरे रक्त को ही विषाक्त कर रहा हो। उसका चेहरा, जिसे मैंने सुबह की रोशनी में देखा, उसमें प्रतिभा की कोई दिव्यता या आकर्षण नहीं था।

"क्या आप कमरे से जा सकते हैं?" यह बात मुझसे अनायास ही निकल गई।

संदीप मुस्कराया। उसने कहा, "चूँकि अमूल्य यहाँ नहीं है, मुझे लगता है अब मेरी बारी है एक विशेष बातचीत की।"

मेरा भाग्य मुझ पर लौटकर आ रहा था। जिसे अधिकार मैंने स्वयं दिया था, उसे मैं अब कैसे छीन सकती थी? "मैं अकेली रहना चाहती हूँ," मैंने दोहराया।

"रानी," उसने कहा, "किसी और की उपस्थिति तुम्हारे अकेलेपन को नहीं छीन सकती। मुझे भीड़ का हिस्सा मत समझो। मैं, संदीप, हज़ारों के बीच भी सदा अकेला रहता हूँ।"

"कृपया किसी और समय आइए। आज सुबह मैं..."

"अमूल्य का इंतजार कर रही हो?"

मैं खीज के मारे कमरे से निकलने को मुड़ी ही थी कि संदीप ने अपनी चादर की तहों से मेरा वही गहनों का डिब्बा निकाला और जोर से संगमरमर की मेज़ पर पटक दिया। मैं पूरी तरह चौंक गई। "तो क्या अमूल्य गया ही नहीं?" मैं चिल्ला उठी।

"कहाँ गया?"

"कलकत्ता?"

"नहीं," संदीप हँसकर बोला।

तो फिर मेरी दी हुई शुभकामना सच हो गई, सब कुछ के बावजूद। वह बच गया। अगर अमूल्य सुरक्षित रहे, तो मुझ- चोर को- भगवान की सजा भी मंज़ूर है।

मेरे चेहरे के भावों में आए परिवर्तन ने संदीप के मन में उपहास जगा दिया। "बहुत प्रसन्न हो गईं, रानी जी!"- उसने व्यंग्य करते हुए कहा। "क्या ये गहने इतने अनमोल हैं? तो फिर तुमने इन्हें देवी को चढ़ाने का निश्चय कैसे किया था? तुम्हारा उपहार तो दिया जा चुका था- क्या अब तुम उसे वापस लेना चाहती हो?"

अभिमान आसानी से नहीं मरता- वह अंत तक अपने दाँत गड़ाने को तत्पर रहता है। मुझे यह स्पष्ट हो गया कि मुझे संदीप को दिखा देना चाहिए कि इन गहनों की मुझे कोई परवाह नहीं है।

"अगर इनसे तुम्हारी लोभ की भावना जाग उठी है," मैंने कहा, "तो ये तुम रख सकते हो।"

"आज मेरी लालसा पूरे बंगाल की संपत्ति को समेटे हुए है," संदीप ने उत्तर दिया। "क्या लोभ से बड़ी कोई शक्ति है? यह पृथ्वी के महान लोगों की सवारी है, जैसे ऐरावत, इंद्र का हाथी, उसकी सवारी है। तो फिर ये गहने मेरे हुए, है न?"

जैसे ही संदीप ने गहनों का डिब्बा उठाकर अपनी चादर के नीचे छिपाया, अमूल्य दौड़ता हुआ भीतर आ गया। उसकी आँखों के नीचे काले गहरे घेरे थे, होंठ सूखे हुए, और बाल बिखरे हुए थे। उसकी जवानी की ताजगी जैसे एक ही दिन में मुरझा गई थी। उसे देखकर मेरे हृदय में वेदना की तीव्र टीस उठी।

"मेरा डिब्बा!" वह चिल्लाया, और मेरी ओर देखे बिना सीधे संदीप के पास जा पहुँचा। "क्या आपने वह गहनों का डिब्बा मेरी संदूक से निकाला है?"

"तुम्हारा गहनों का डिब्बा?" संदीप ने व्यंग्यपूर्वक कहा।

"वह मेरी संदूक में रखा था!" संदीप जोर से हँस पड़ा। "तुम्हारे 'मेरा-तुम्हारा' के भेद अब बहुत हल्के होते जा रहे हैं, अमूल्य!" वह चिल्लाया। "मुझे लगता है, अंत में तुम किसी धार्मिक उपदेशक की तरह मरोगे।"

अमूल्य कुर्सी पर बैठ गया और उसने अपना चेहरा दोनों हाथों में छिपा लिया। मैं उसके पास गई, उसके सिर पर हाथ रखा और पूछा, "क्या हुआ अमूल्य, क्या परेशानी है?"

वह सीधा खड़ा हो गया और बोला, "रानी बहन, मैंने यह तय कर लिया था कि गहने मैं स्वयं अपने हाथों से आपको लौटाऊँगा। संदीप बाबू यह बात जानते थे, लेकिन उन्होंने मुझसे पहले ही ले लिए।"

"मुझे अपने गहनों की परवाह नहीं," मैंने कहा। "उन्हें जाने दो। कोई हानि नहीं हुई।"

"जाने दो? कहाँ?" आश्चर्यचकित होकर अमूल्य ने पूछा।

"गहने अब मेरे हैं," संदीप ने कहा। "मेरी रानी द्वारा मुझे दिया गया सम्मान!"

“नहीं, नहीं, कभी नहीं,” अमूल्य उत्तेजित होकर बोला। “कभी नहीं, रानी बहन! मैं इन्हें आपके लिए वापस लाया हूँ। आप इन्हें किसी और को नहीं दे सकतीं।”

“मैं तुम्हारा उपहार स्वीकार करती हूँ, मेरे छोटे भाई,” मैंने कहा। “पर जो इन्हें पाने के लिए लालायित है, उसे अपनी लालसा पूरी करने दो।”

अमूल्य ने संदीप की ओर शिकार पर झपटने वाले जानवर की तरह घूरते हुए कहा, “सुनिए संदीप बाबू, आप जानते हैं कि मुझे फाँसी से भी डर नहीं लगता। अगर आपने उस गहनों के डिब्बे को ले जाने की हिम्मत की...”

संदीप ने व्यंग्यात्मक हँसी के साथ कहा, “अब तक तो तुम्हें भी यह जान ही लेना चाहिए, अमूल्य, कि मैं ऐसा आदमी नहीं जो तुमसे डर जाए।”

“रानी बिमला,” उसने मेरी ओर मुड़ते हुए कहा, “मैं आज यहाँ ये गहने लेने नहीं, देने आया था। अमूल्य के हाथों मेरा उपहार स्वीकार करना आपके लिए गलत होता। इसे रोकने के लिए मुझे पहले यह सिद्ध करना पड़ा कि ये गहने मेरे हैं। अब ये मेरे गहने आपके लिए मेरा उपहार हैं। लीजिए इन्हें! इस लड़के से जो समझौता करना हो कर लीजिए, मुझे अब जाना होगा। इन दिनों आप दोनों खास बातचीतों में व्यस्त रहे, मुझे बाहर ही रखा। अब अगर कोई विशेष घटनाएँ घटें, तो मुझे दोष मत दीजिए।

“अमूल्य,” वह आगे बोला, “मैंने तुम्हारा सामान और बक्से तुम्हारे ठिकाने पर भिजवा दिए हैं। अब से अपना कोई भी सामान मेरे कमरे में मत रखना।” यह तीखा अंतिम वार करके संदीप कमरे से बाहर चला गया।

19

मैंने उससे कहा, “जिस दिन से मैंने तुम्हें अपने गहने बेचने भेजा, मुझे मन की शांति नहीं मिली है, अमूल्य।”

“क्यों, रानी बहन?”

“मुझे डर था कि कहीं तुम किसी मुसीबत में न पड़ जाओ, कहीं वे तुम्हें चोर न समझ लें। मैं उस छह हज़ार के बिना भी रह सकती हूँ। अब तुम्हें मेरे लिए एक और काम करना होगा- अभी के अभी घर चले जाओ, अपनी माँ के पास।”

अमूल्य ने एक छोटी सी गठरी निकाली और कहा : "लेकिन बहन, मैंने वह छह हज़ार रूपये इकट्ठा कर लिए हैं।"

"कहाँ से?"

उसने मेरे प्रश्न का उत्तर दिए बिना कहा, "मैंने बहुत कोशिश की कि सोना मिल जाए, लेकिन नहीं मिला। इसलिए मुझे यह रुपये नोटों में लाने पड़े।"

"मुझे सच-सच बताओ, अमूल्य, मेरी कसम खाकर कहो- यह पैसा कहाँ से लाए हो?"

"यह मैं आपको नहीं बताऊँगा।"

मेरी आँखों के आगे अँधेरा छा गया। "तुमने क्या भयंकर काम कर डाला है, अमूल्य?" मैं चीख पड़ी। "क्या यह तो नहीं..."

"मुझे पता है आप कहेंगी कि मैंने यह पैसा गलत तरीके से पाया है। ठीक है, मैं मानता हूँ। लेकिन मैंने इसके लिए पूरी कीमत चुका दी है। अब यह पैसा मेरा है।"

अब मुझे इसके बारे में और कुछ जानने की इच्छा नहीं रही। मेरी रगें तक सिकुड़ गईं, और पूरा शरीर भीतर से सिमट गया।

"इसे वापस ले जाओ, अमूल्य," मैंने विनती की। "जहाँ से लाए हो, वहीं वापस रख आओ।"

"यह तो बहुत कठिन होगा!"

"यह कठिन नहीं है, प्यारे भाई। वह तो एक अशुभ क्षण था जब तुम पहली बार मेरे पास आए थे। यहाँ तक कि संदीप भी तुम्हें उतना नुकसान नहीं पहुँचा सका, जितना मैंने पहुँचाया।"

संदीप का नाम जैसे उसे चुभ गया।

"संदीप!" वह चिल्लाया। "आप ही थीं जिसने मुझे उस आदमी को उसकी असली पहचान में देखने का अवसर प्रदान किया। क्या आप जानती हैं, बहन, उसने आपके दिए गए सोने में से एक पाई तक खर्च नहीं की? आपसे मिलने के बाद वह अपने कमरे में बंद हो गया और ज़मीन पर सोने का ढेर लगाकर उस पर आत्ममुग्ध होकर नज़रें गड़ाए बैठा रहा। 'यह पैसा नहीं है,' वह बोला, 'बल्कि शक्ति के दिव्य कमल की पंखुड़ियाँ हैं; धन के स्वर्ग में बजने वाली बाँसुरियों की जमी हुई स्वर-लहरियाँ हैं! मेरा मन इन्हें बदलने को तैयार नहीं होता, क्योंकि ऐसा लगता है जैसे ये सुंदरता के गले

की शोभा बनने की अपनी नियति पूरी करने को आतुर हैं। अमूल्य, मेरे बच्चे, इन्हें अपनी सांसारिक आँखों से मत देखो- ये लक्ष्मी की मुस्कान हैं, इन्द्राणी की कृपा-छटा हैं। नहीं, नहीं, मैं इन्हें उस गंवार मुनीम को नहीं दे सकता। मुझे पूरा यकीन है, अमूल्य, वह हमसे झूठ बोल रहा था। जिसने वह नाव डुबोई, उसे पुलिस ने अब तक नहीं पकड़ा। यह सब तो मुनीम की चाल है, वह इस मामले से कोई लाभ उठाना चाहता है। हमें वह पत्र उससे हर हाल में वापस लेने होंगे।'

"मैंने उससे पूछा कि हमें यह काम कैसे करना है; उसने कहा कि बल प्रयोग करो या डराओ। मैंने कहा कि अगर वह सोना लौटा दे, तो मैं ऐसा कर सकता हूँ। उसने कहा, यह बात बाद में सोचेंगे। मैं तुम्हें अधिक परेशान नहीं करूँगा, बहन, उस पूरी कहानी से कि मैंने कैसे उस आदमी को डराया, उससे पत्र छीनकर जला दिए- यह एक लंबी कहानी है। उसी रात मैं संदीप के पास गया और बोला, 'अब हम सुरक्षित हैं। मुझे सोने के सिक्के दे दो ताकि मैं उन्हें कल अपनी बहन महारानी को लौटा सकूँ।' लेकिन वह चिल्लाया, 'यह तुम्हारा कैसा मोह है? तुम्हारी अनमोल बहन की साड़ी ने तो जैसे तुम्हारी आँखों से पूरा देश ही छिपा दिया है! वंदे मातरम् कहो और इस बुरे भूत को भगाओ।'

"आप जानती हैं, रानी बहन, संदीप के जादू की शक्ति। सोना उसी के पास रह गया। और मैंने पूरी अंधेरी रात झील के स्नान-घाट की सीढ़ियों पर बैठकर 'वंदे मातरम्' बुदबुदाते हुए गुजारी।

"फिर जब आपने मुझे अपने गहने बेचने को दिए, मैं एक बार फिर संदीप के पास गया। मैं देख सकता था कि वह मुझसे नाराज़ है, लेकिन उसने इसे जाहिर नहीं होने दिया। 'अगर वे अब भी मेरे किसी बक्से में रखे हैं, तो तुम उन्हें ले सकते हो,' उसने कहा और अपनी चाबियाँ मेरी ओर फेंक दीं। लेकिन वे गहने कहीं दिखाई नहीं दिए। 'मुझे बताओ कि वे कहाँ हैं,' मैंने कहा। 'मैं बताऊँगा,' उसने उत्तर दिया, 'जब मुझे लगेगा कि तुम्हारा मोहभंग हो गया है। अभी नहीं।'

"जब मैंने देखा कि मैं उसे मना नहीं पा रहा हूँ, तो मुझे अन्य तरीकों का सहारा लेना पड़ा। फिर मैंने उसे छह हज़ार रुपये की अपनी करेंसी नोटें देकर सोने के सिक्के लेने की कोशिश की। 'तुम्हें मिल जाएँगे,' उसने कहा और मुझे बाहर छोड़कर अपने शयनकक्ष में चला गया। वहाँ उसने मेरा बक्सा

तोड़ा और किसी और रास्ते से सीधे आपके पास आपका गहनों का डिब्बा लेकर आ गया। उसने मुझे वह डिब्बा लाने नहीं दिया, और अब हिम्मत करके उसे अपना उपहार कहता है। मैं कैसे बताऊँ कि उसने मुझसे कितना कुछ छीन लिया है? मैं उसे कभी क्षमा नहीं करूँगा।

"लेकिन, हे बहन! उसका जो मुझ पर वश था, वह पूरी तरह टूट चुका है। और यह तुम हो- तुमने ही उसे तोड़ा है!"

"प्रिय भाई," मैंने कहा, "अगर ऐसा है, तो मेरा जीवन सफल हो गया। लेकिन अभी बहुत कुछ बाकी है, अमूल्य। केवल यह बहुत नहीं कि वह मोह-बंधन टूट गया- उसकी कालिख को भी धोना होगा। अब और देर मत करो- तुरंत जाओ और वह पैसा वहीं वापस रख आओ जहाँ से लाए थे। क्या तुम यह नहीं कर सकते, प्यारे?"

"आपके आशीर्वाद से सब कुछ कर सकता हूँ, रानी बहन।"

"याद रखो, यह केवल तुम्हारा प्रायश्चित नहीं होगा, बल्कि मेरा भी होगा। मैं एक स्त्री हूँ; बाहरी दुनिया मेरे लिए बंद है, नहीं तो मैं स्वयं ही चली जाती। मेरा सबसे बड़ा दंड यह है कि मुझे अपने पाप का भार तुम पर डालना पड़ रहा है।"

"ऐसा मत कहिए, बहन। जिस राह पर मैं चल रहा था, वह आपकी राह नहीं थी। मुझे वह रास्ता उसकी कठिनाइयों और खतरों की वजह से आकर्षित करता था। अब जब आपकी राह मुझे बुला रही है, तो चाहे वह हज़ार गुना अधिक कठिन और खतरनाक हो- आपके चरणों की धूल मुझे विजय दिलाएगी। तो क्या यह आपका आदेश है कि यह पैसा वापस रखा जाए?"

"यह मेरा आदेश नहीं है, मेरे भाई, बल्कि ऊपर से आया हुआ आदेश है।"

"उसके बारे में, मैं कुछ नहीं जानता। मेरे लिए इतना ही काफी है कि यह ऊपर से आया आदेश आपके मुख से निकला है। और बहन, मुझे लगा था कि यहाँ मेरा निमंत्रण है। मैं उसे खोना नहीं चाहता। आपको मुझे प्रसाद[26] देना होगा, बहन, इसके बाद ही मैं जाऊँगा। फिर यदि संभव हुआ, तो शाम तक मैं अपना कर्तव्य पूरा कर लूँगा।"

जब मैंने मुस्कुराने की कोशिश करते हुए कहा, "ऐसा ही हो," तो मेरी आँखों में आँसू भर आए।

---

26. किसी पूजनीय व्यक्ति के स्पर्श से पवित्र हुआ भोजन।

अध्याय ग्यारह

बिमला की कहानी

20

अमूल्य के जाते ही मेरा हृदय भीतर तक डूब गया। मैंने इस इकलौते बेटे को, जो अपनी माँ का जीवन है, किस खतरनाक रास्ते पर भेज दिया? हे भगवान! मेरे प्रायश्चित में इतनी भव्यता और शोर क्यों होना ज़रूरी था? क्या मुझे अकेले ही अपने दुःख भोगने की अनुमति नहीं मिल सकती थी, बिना इतने सारे लोगों को इसमें घसीटे? हे प्रभु! इस मासूम बच्चे को अपनी नाराज़गी का शिकार मत बनाइए।

मैंने उसे पुकारा- "अमूल्य!"

मेरी आवाज़ इतनी धीमी निकली कि वहाँ तक नहीं पहुँच सकी।

मैं दरवाजे तक गई और फिर पुकारा : "अमूल्य!"

वह जा चुका था।

"कौन है वहाँ?"

"रानी माँ हूँ!"

"जाओ और अमूल्य बाबू से कहो कि मैं उन्हें बुला रही हूँ।"

सही-सही क्या हुआ, मैं समझ नहीं पाई, शायद वह व्यक्ति अमूल्य के नाम से परिचित नहीं था। लेकिन वह तुरंत लौट आया, और उसके पीछे संदीप भी आ गया।

"जिस पल आपने मुझे यहाँ से भेजा," उसने अंदर आते हुए कहा, "उसी पल मुझे आभास हो गया था कि आप मुझे फिर बुलाएँगी। एक ही चंद्रमा

की खिंचाव शक्ति से ज्वार भी आता है और भाटा भी। मुझे इतना यकीन था कि आप बुलाएँगी, कि मैं वास्तव में बरामदे में इंतज़ार कर रहा था। जैसे ही मैंने आपके आदमी को आपके कमरे से आते देखा, मैंने उससे पहले ही कह दिया : 'हाँ, हाँ, मैं आ रहा हूँ, अभी आ रहा हूँ!' इससे पहले कि वह कुछ कह पाता। वह गाँव का गंवार तो हैरान रह गया, मैं आपको बताऊँ! वह मुँह खोले मुझे घूरता रहा, जैसे उसे लगा हो कि मैं कोई जादूगर हूँ।

"सारी दुनिया की लड़ाइयाँ, हे रानी बिमला!" संदीप बोलता चला गया, "असल में सम्मोहन की शक्तियों के बीच संघर्ष है। एक जादू के मुकाबले दूसरा जादू- ये ऐसे मौन हथियार हैं जो अदृश्य लक्ष्यों को भी भेदते हैं। आखिरकार मुझे आप में मेरी बराबरी की प्रतिद्वंद्वी मिल गई। तुम्हारा तरकश भरा हुआ है, मुझे पता है- तुम एक चतुर योद्धा रानी हो! तुम ही संसार में एकमात्र हो जिसने संदीप को निकाल भी दिया और फिर अपने मन से वापस बुला भी लिया। तो अब, तुम्हारा शिकार तुम्हारे चरणों में पड़ा है। अब तुम उसके साथ क्या करोगी? क्या तुम उसे अंतिम घात लगाकर समाप्त कर दोगी, या अपने पिंजरे में कैद कर रखोगी? मुझे पहले ही तुम्हें चेतावनी देनी है, रानी, यह जानवर न पूरी तरह मारा जा सकता है और न ही आसानी से बाँधकर रखा जा सकता है। खैर, अब और समय क्यों गँवाना। अपने जादुई हथियार आज़मा कर देखो!"

संदीप ने शायद अपनी आसन्न हार की आहट महसूस कर ली थी, और इसी कारण वह लगातार बोले जा रहा था- बिना किसी उत्तर की प्रतीक्षा किए, केवल समय खींचने के लिए। मुझे विश्वास है कि वह जानता था कि मैंने दूत को अमूल्य के लिए भेजा है, और वह आदमी अमूल्य का नाम ज़रूर ले चुका होगा। इसके बावजूद उसने जानबूझकर यह चाल चली। अब वह मुझे यह कहने का कोई अवसर नहीं देना चाहता था कि मैं उसे नहीं, अमूल्य को बुला रही थी। लेकिन उसकी चाल बेकार थी, क्योंकि मैं उसमें छिपी उसकी कमज़ोरी साफ देख पा रही थी। मैंने जो जरा-सा भी मानसिक या नैतिक बल प्राप्त किया है, उसमें से एक रत्ती भी अब नहीं छोड़ सकती।

"संदीप बाबू," मैंने कहा, "मुझे आश्चर्य होता है कि आप बिना रुके इतनी अंतहीन बातें कैसे कर लेते हैं। क्या आप इन्हें पहले से याद करके आते हैं?"

संदीप का चेहरा तुरंत लाल पड़ गया।

"मैंने सुना है," मैंने आगे कहा, "हमारे पेशेवर वक्ता एक किताब रखते हैं जिसमें हर विषय पर तैयार भाषण लिखे होते हैं, जिन्हें कहीं भी फिट किया जा सकता है। क्या आपके पास भी ऐसी कोई किताब है?"

संदीप ने दाँत भींचते हुए जवाब दिया। "भगवान ने तुम औरतों को शुरू से ही भरपूर चंचलता और नखरे प्रदान किए हैं, और उस पर तुर्रा यह कि तुम्हारे पास तो दर्जी और जौहरी भी तुम्हारी मदद के लिए हैं; लेकिन यह मत समझना कि हम पुरुष इतने असहाय हैं..."

"आप वापस जाकर अपनी किताब देख लें, संदीप बाबू। आपके शब्द सब गड़बड़ हो गए हैं। यही तो दिक्कत है जब कोई बात रट कर दोहराने की कोशिश करता है।"

"तुम!" संदीप चिल्लाया, वह अपने आप पर से पूरा नियंत्रण खो बैठा। "तुम मुझे इस तरह अपमानित करोगी! ऐसा क्या रह गया है तुम्हारे अंदर, जिसे मैं पूरी तरह नहीं जानता? क्या..." वह आगे कुछ बोल ही नहीं सका।

संदीप, जो कभी जादू जैसे शब्दों का स्वामी था, जब उसका जादू चलना बंद हो गया, तो पूरी तरह बेबस हो गया। राजा से गिरकर वह एक सामान्य और अभद्र व्यक्ति बन गया। ओह, उसकी कमज़ोरी को देख पाने का कितना सुख था! जितना अधिक वह कटु और रूखा हुआ, मेरे भीतर यह सुख उतना ही गहराता गया। उसके वे साँप जैसे फंदे, जिनसे वह मुझे जकड़ता था, अब टूट चुके हैं- मैं आज़ाद हूँ। मैं बच गई, बच गई। मुझसे रूखे बनो, अपमान करो- क्योंकि वही तुम्हारी सच्चाई को दिखाता है। लेकिन मुझे तुम्हारी वह झूठी प्रशंसा मत दो, जो कभी सच्ची नहीं थी।

इसी समय मेरे पति कमरे में आए। संदीप अब पहले की तरह तुरंत स्वयं को संभाल नहीं पाया। मेरे पति कुछ देर तक हैरानी से उसे देखते रहे। अगर यह कुछ दिन पहले हुआ होता, तो शायद मुझे शर्म महसूस होती। लेकिन आज मुझे खुशी हुई- भले ही मेरे पति कुछ भी सोचें। मैं अब इस कमज़ोर पड़ते प्रतिद्वंद्वी से पूरा हिसाब चुकता कर लेना चाहती थी।

हमें दोनों को चुप और असहज देखकर, मेरे पति थोड़ी देर रुके, और फिर एक कुर्सी खींचकर बैठ गए। उन्होंने कहा, "संदीप, मैं तुम्हें ढूंढ़ रहा था, और मुझे बताया गया कि तुम यहीं हो।"

"मैं यहाँ हूँ," संदीप ने जरा जोर देकर कहा। "रानी बिमला ने आज सुबह मुझे बुलाया था। और मैं, उस छत्ते का एक विनम्र कर्मठ श्रमिक, सब कुछ छोड़कर उनकी आज्ञा का पालन करने चला आया।"

"मैं कल कलकत्ता जा रहा हूँ। तुम मेरे साथ चलोगे।"

"और क्यों, बताइए तो सही? क्या आप मुझे अपने किसी अनुचर (साथ चलने वाले) में से समझते हैं?"

"अरे अच्छा, तो यूँ समझ लीजिए कि आप कलकत्ता जा रहे हैं, और मैं आपका अनुयायी हूँ।"

"मुझे वहाँ कोई काम नहीं है।"

"तो फिर वहाँ जाना और भी ज़रूरी है। क्योंकि यहाँ तो आपके पास ज़रूरत से ज़्यादा काम है।"

"मेरा कहीं जाने का इरादा नहीं है।"

"तो फिर मैं तुम्हें हटाने का इरादा रखता हूँ।"

"ज़बरदस्ती?"

"हाँ, ज़बरदस्ती।"

"ठीक है, तब मैं ख़ुद ही हट जाता हूँ। लेकिन दुनिया सिर्फ़ कलकत्ता और आपकी जागीरों में ही नहीं बंटी हुई है। नक्शे पर और भी जगहें हैं।"

"जिस तरह से तुम अब तक व्यवहार कर रहे थे, उससे तो कोई यही समझता कि इस दुनिया में मेरी जागीरों के सिवा और कोई जगह ही नहीं है।"

संदीप उठ खड़ा हुआ। "कभी-कभी ऐसा होता है," उसने कहा, "किसी आदमी की पूरी दुनिया एक ही जगह सिमट जाती है। मैंने अपनी पूरी सृष्टि को आपके इस बैठक कक्ष में महसूस किया है, इसीलिए मैं यहाँ जड़ बनकर रह गया हूँ।"

फिर वह मेरी ओर मुड़ा। "शायद तुम भी मेरी बात नहीं समझ सकती हो, रानी बिमला। मैं तुम्हें प्रणाम करता हूँ। हृदय में पूजा का भाव लेकर, मैं तुमसे विदा लेता हूँ। जब से तुम मेरी दृष्टि के सामने आई हो, मेरा नारा बदल गया है। अब वह 'वंदे मातरम्' नहीं रहा- अब है : 'वंदे प्रेयसि, वंदे मोहिनी।' माता संरक्षण प्रदान करती है, प्रेयसी विनाश की ओर ले जाती है- पर वह विनाश भी मधुर है। तुमने मेरे हृदय में मृत्यु-नृत्य की पायल की झंकार भर दी है। तुमने मेरे लिए, तुम्हारे इस भक्त के लिए, बंगाल की उस छवि को बदल डाला- 'निर्मल जल, सुंदर फल और शीतल समीर[27] की भूमि'। तुम्हें दया नहीं आती, मेरी प्रेयसी। तुम विष का प्याला लेकर मेरे पास आई

---

27. यह पंक्ति राष्ट्रीय गीत 'वंदे मातरम्' से उद्धृत है।

हो, और मैं उसे पी जाऊँगा- या तो तड़प कर मर जाऊँगा, या मृत्यु पर विजय पाकर जीवित रहूँगा।

"हाँ," वह आगे बोला, "माता का युग अब बीत गया है। हे प्रेमिका! मेरी प्रियतमा! तुमने मेरे लिए सत्य, धर्म और स्वर्ग- सब कुछ तुच्छ बना दिया है। सारे कर्तव्य अब छाया की तरह हो गए हैं; सभी नियम और बंधन टूट चुके हैं। हे प्रेम! मेरी प्रेमिका! मैं उस सारी दुनिया को आग लगा सकता हूँ जो उस धरती से बाहर है, जहाँ तुमने अपने कोमल चरण रखे हैं- और फिर उन राखों पर उन्मत्त होकर नृत्य कर सकता हूँ... ये लोग सीधे हैं, भले लोग हैं। ये सबकी भलाई करना चाहते हैं- मानो यह सारी दुनिया कोई सच्चाई हो! नहीं, नहीं! इस दुनिया में कोई और सच्चाई नहीं है- सिवाय इस एक सच्चे प्रेम के, जो मेरा है। मैं तुम्हें नमन करता हूँ। तुम्हारी भक्ति ने मुझे क्रूर बना दिया है; तुम्हारी पूजा ने मेरे भीतर विनाश की ज्वाला जला दी है। मैं धर्मात्मा नहीं हूँ। मुझे किसी विश्वास की परवाह नहीं- मैं सिर्फ़ उसी में विश्वास करता हूँ, जिसे मैंने इस संसार की हर चीज़ से बढ़कर सच में महसूस किया है।"

अद्‌भुत! यह सचमुच अद्‌भुत था। अभी कुछ क्षण पहले तक मैं इस व्यक्ति को पूरी तरह से तिरस्कृत कर रही थी। लेकिन जिसे मैंने बुझी हुई राख समझा था, वह अब जीवित आग की तरह जल उठी थी। उसके भीतर जो आग है, वह असली है- इसमें कोई शक नहीं। हे भगवान! तुमने इंसान को इतना विरोधाभासी क्यों बनाया है? क्या यह सब बस तुम्हारी अलौकिक जादूगरी दिखाने के लिए था? अभी कुछ ही मिनट पहले मुझे लगा था कि संदीप, जिसे कभी मैंने नायक समझा था, असल में केवल किसी नाटक का बनावटी नायक है। लेकिन नहीं- ऐसा नहीं है। रंगमंच की सजी-धजी पोशाकों के पीछे कभी-कभी एक सच्चा नायक भी छिपा हो सकता है।

संदीप में बहुत कुछ है जो अशिष्ट है, इंद्रिय-प्रधान है, जो झूठा है, बहुत कुछ ऐसा है जो कामनाओं की परत दर परत में ढका हुआ है। फिर भी- यह स्वीकार करना ही उचित है कि उसके भीतर गहराई में बहुत कुछ ऐसा है जिसे हम नहीं समझते, समझ ही नहीं सकते- और बहुत कुछ ऐसा हमारे भीतर भी है। मनुष्य एक अद्‌भुत प्राणी है। वह कौन-सा महान और रहस्यमय उद्देश्य पूर्ण कर रहा है, यह केवल वही विकराल[28] जानता है- और इस बीच

28. रुद्र, विकराल, शिव का एक नाम।

हम उसकी चोट से कराहते रहते हैं। शिव अराजकता (विनाश) के स्वामी हैं। वे ही परमानंद हैं। वही हमारे बंधनों को तोड़ देंगे।

मैं बार-बार महसूस करती हूँ कि मेरे भीतर दो व्यक्ति हैं। एक, जो संदीप की उस भयावह अराजकता से डर कर पीछे हटता है- और दूसरा, जो उसी छवि को मधुर और आकर्षक पाता है। डूबता हुआ जहाज अपने आस-पास तैर रहे सभी लोगों को भी अपने साथ नीचे खींच लेता है। संदीप भी ऐसा ही एक विनाशकारी बल है। उसका ज़बरदस्त आकर्षण डर के जागने से पहले ही किसी को पूरी तरह जकड़ लेता है- और फिर एक पल में ही मनुष्य को खींच ले जाता है सारे उजाले से, सारी अच्छाई से, स्वतंत्र आकाश की खुली हवा से, जीवन भर की अर्जित समझ और रोजमर्रा की ज़िम्मेदारियों से दूर-सीधे विनाश के गर्त में।

संदीप जैसे किसी विपत्ति के लोक से आया हुआ दूत लगता है, जो अपने साथ संकट का संदेश लेकर आया है। जब वह इस धरती पर चलता है और अपवित्र मंत्र बुदबुदाता है, तो लड़के और युवा उसकी ओर खिंचे चले आते हैं। देश के कमल रूपी हृदय में बैठी माँ पीड़ा से बिलख रही है, क्योंकि इन लोगों ने उसके भंडारगृह को तोड़ डाला है और वहाँ अब वे उन्मत्त होकर अपनी मस्ती में डूबे हुए हैं। वे उस अमूल्य रस को, जो देवताओं के लिए संचित था, धूल में बहा देना चाहते हैं; और उसकी पूजनीय, समय-सिद्ध चीज़ों को तोड़-फोड़ कर नष्ट कर देना चाहते हैं।

मैं माँ की इस वेदना को गहराई से महसूस करती हूँ, उससे पूरी तरह जुड़ी हूँ। लेकिन साथ ही मैं यह भी महसूस करती हूँ कि इन युवाओं के जोशीले उन्माद से मैं भी अनजाने में प्रभावित हो जाती हूँ। मैं चाहकर भी उस उत्तेजना से स्वयं को पूरी तरह अलग नहीं रख पाती।

सत्य ने स्वयं हमें यह प्रलोभन भेजा है, ताकि यह परखा जा सके कि हम उसकी आज्ञाओं का पालन करने में कितने निष्ठावान हैं। मदिरा (मोह, लालसा) स्वर्गिक वेश धारण कर तीर्थयात्रियों के सामने नाचती है और कहती है : “मूर्ख हो तुम, जो विरक्ति (त्याग) के इस निष्फल मार्ग का पीछा कर रहे हो। इस मार्ग की दूरी लंबी है, और उसका समय धीमे व्यतीत होता है। इसलिए वज्रधारी देवता (इंद्र या शक्ति का प्रतीक) ने मुझे तुम्हारे पास भेजा है। देखो, मैं सुंदरी, कामनाओं से पूर्ण- मैं तुम्हें स्वीकार करूंगी। मेरी बाँहों में तुम्हें पूर्णता (संतोष) की प्राप्ति होगी।”

कुछ देर की चुप्पी के बाद संदीप ने मुझसे फिर कहा : “देवी, अब समय आ गया है कि मैं तुमसे विदा लूँ। यह ठीक ही है। तुम्हारे समीप होने का जो उद्देश्य था, वह पूरा हो चुका है। अब यदि मैं और रुकता, तो वह धीरे-धीरे नष्ट होने लगता। अगर हम लालच में आकर उस चीज़ को सस्ता बना दें जो इस धरती पर सबसे महान है, तो सब कुछ खो बैठते हैं। जो क्षण भर में अनंत होता है, अगर उसे समय में फैलाने की कोशिश की जाए, तो वह खोखला हो जाता है। हम अपने उस अनंत क्षण को नष्ट करने ही वाले थे, कि तुम्हारा वह उठता हुआ वज्रपात आकर उसे बचा ले गया। तुमने हस्तक्षेप करके अपनी पूजा की पवित्रता को बचाया- और ऐसा करके तुमने अपने उपासक को भी बचा लिया। आज जब मैं विदा ले रहा हूँ, तुम्हारी पूजा ही मेरे लिए सबसे बड़ी चीज़ बनकर खड़ी है। हे देवी! मैं भी आज तुम्हें मुक्त करता हूँ। मेरा यह मिट्टी का मंदिर अब तुम्हें समेट नहीं सकता था- हर पल वह टूटने के कगार पर था। आज मैं चला जा रहा हूँ, ताकि तुम्हारी एक और व्यापक मूर्ति की एक और बड़े मंदिर में पूजा कर सकूँ। तुम्हें मैं अब और सच्चे रूप में तुमसे दूर रहकर ही प्राप्त कर सकता हूँ। यहाँ मुझे केवल तुम्हारा स्नेह मिला, वहाँ शायद तुम्हारा वरदान मिलेगा।”

मेरे आभूषणों का डिब्बा मेज़ पर रखा था। मैंने उसे ऊपर उठाते हुए कहा : “मैं तुम्हें यह ज़िम्मेदारी देती हूँ कि ये आभूषण उस पूज्य को पहुँचा दो- जिसे मैंने इन्हें तुम्हारे माध्यम से अर्पित किया है।”

मेरे पति मौन रहे। संदीप कमरे से चला गया।

21

मैं अमूल्य के लिए कुछ केक बनाने बैठी ही थी कि बड़ी रानी वहाँ आ पहुँची। “अरे अरे,” वह बोलीं, “अब यह हाल हो गया है कि तुम्हें अपने ही जन्मदिन के लिए केक बनाने पड़ रहे हैं?”

“क्या और कोई नहीं है, जिसके लिए मैं ये बना सकती हूँ?” मैंने पूछा।

“पर आज का दिन ऐसा नहीं है जब तुम्हें दूसरों को खिलाने की सोचनी चाहिए। आज तो हमें तुमको भोज देना चाहिए। मैं तो कुछ बनाने की सोच

ही रही थी[29] कि एक चौंका देने वाली खबर सुनकर बिलकुल व्याकुल हो गई। कहा जा रहा है कि पाँच-छह सौ लोगों के एक गिरोह ने हमारे एक कोषागार पर धावा बोलकर छह हज़ार रुपए लूट लिए। उनका कहना है कि अगली लूट हमारे घर पर होने वाली है।"

मुझे बहुत बड़ा सुकून मिला। तो वह पैसा अंततः हमारा ही निकला। मैं तुरंत अमूल्य को बुलाना चाहती थी और उससे कहना चाहती थी कि उसे बस वे नोट मेरे पति को सौंप देने हैं, और सफाई देने का काम मुझ पर छोड़ देना है।

"तुम तो अद्‌भुत हो!" मेरी जेठानी मेरे चेहरे के बदलते भाव देखकर बोल पड़ीं। "क्या तुम्हें सच में जरा भी डर नहीं लगता?"

"मुझे विश्वास नहीं होता," मैंने कहा। "वे हमारे घर को क्यों लूटेंगे?"

"विश्वास नहीं होता, हाँ! किसे विश्वास था कि वे हमारे कोषागार पर भी हमला कर देंगे?"

मैंने कोई उत्तर नहीं दिया, बस अपने केकों की ओर झुक गई और उनमें नारियल की भरावन डालने लगी।

"तो मैं चलती हूँ," बड़ी रानी ने मुझे देर तक घूरने के बाद कहा। "मुझे भैया निखिल से मिलना है और अपना पैसा कलकत्ता भिजवाने की कोई व्यवस्था करनी है, इससे पहले कि देर हो जाए।"

जैसे ही वह गईं, मैंने केकों को अपने हाल पर छोड़ दिया और दौड़कर अपने शयन कक्ष में गई और अंदर से दरवाजा बंद कर लिया। मेरे पति की वह अचकन, जिसकी जेब में चाबियाँ थीं, अब भी वहीं टंगी थी- वह कितने भुलक्कड़ हैं। मैंने लोहे की तिजोरी की चाबी छल्ले से निकाल ली और उसे अपनी साड़ी की तह में छिपाकर रख लिया।

तभी दरवाजे पर दस्तक हुई। "मैं कपड़े बदल रही हूँ," मैंने आवाज़ दी। मैंने बड़ी रानी को कहते सुना : "अभी कुछ देर पहले तो केक बना रही थी और अब साज-सज्जा में लगी है। अब आगे क्या होगा, भगवान जाने! शायद इनका कोई वंदे मातरम् वाला जलसा हो रहा है। कहिए डाकू रानी," उन्होंने मुझे पुकारा, "क्या अपनी लूट का हिसाब-किताब कर रही हो?"

29. कोई भी व्यंजन जो विधिपूर्वक अर्पित किया जाना हो, उसे घर की स्त्री को स्वयं बनाना चाहिए।

जब वे चली गईं, तो मुझे ख़ुद नहीं पता क्या सोचकर मैंने तिजोरी खोली। शायद कहीं भीतर यह उम्मीद छिपी थी कि यह सब एक सपना हो। क्या पता, जब मैं अंदर की दराज खोलूं तो सोने के वे बंडल वैसे के वैसे रखे मिलें, जैसे पहले थे?...हाय! सब कुछ उतना ही खाली था जितना कि वह विश्वास, जिसे धोखा दिया गया था।

मुझे सजने-संवरने का यह ढोंग करना पड़ा। मुझे अपने बालों को फिर से सँवारना पड़ा- बिलकुल बेवजह। जब मैं बाहर आई, तो मेरी जेठानी ने चुटकी ली : "आज कितनी बार तैयार होने का इरादा है?"

"मेरा जन्मदिन है!" मैंने कहा।

"ओह, कोई भी बहाना अच्छा लगने लगा है अब," वह बोलीं। "मैंने अपने समय में बहुत घमंडी लोग देखे हैं, लेकिन तुम तो सब पर भारी हो।"

मैं एक नौकर को बुलाकर अमूल्य के पीछे भेजने ही वाली थी, कि तभी एक आदमी एक छोटा सा पुर्जा लेकर आया और मुझे थमा दिया। वह अमूल्य का पत्र था। "बहन," उसने लिखा, "तुमने दोपहर को मुझे बुलाया था, लेकिन मैंने सोचा कि इंतज़ार न करूँ। पहले तुम्हारा काम पूरा कर लूँ, फिर तुम्हारा प्रसाद लेने आऊँगा। शायद मुझे थोड़ी देर हो जाए।"

वह उस पैसे को लौटाने किसके पास जा रहा होगा? बेचारा लड़का किस नये झमेले में जा फँसने को भागा जा रहा है? ओ अभागिनी स्त्री! तुम तो उसे केवल एक तीर की तरह छोड़ सकती हो, पर अगर निशाना चूक जाए तो उसे वापस नहीं बुला सकती।

मुझे तुरंत ही यह स्वीकार कर लेना चाहिए था कि इस चोरी की जड़ में मैं ही हूँ। लेकिन स्त्रियाँ अपने आस-पास के विश्वास पर ही जीती हैं- यही उनका समूचा संसार होता है। अगर एक बार यह प्रकट हो जाए कि उन्होंने इस विश्वास के साथ छुपकर विश्वासघात किया है, तो वे अपने ही संसार में अपना स्थान खो बैठती हैं। उन्हें फिर उसी चीज़ के टुकड़ों पर खड़ा होना पड़ता है, जिसे उन्होंने तोड़ा है, और उसके तीखे किनारे हर मोड़ पर उन्हें घायल करते रहते हैं। पाप करना आसान है, लेकिन उसका प्रायश्चित करना- विशेषतः एक स्त्री के लिए सबसे कठिन है।

पिछले कुछ समय से मेरे और मेरे पति के बीच सहज संवाद के सभी रास्ते बंद हो चुके हैं। ऐसे में, मैं उन पर यह भारी समाचार कैसे प्रकट कर सकती थी? आज वे भोजन के लिए बहुत देर से आए- लगभग दो बजे। वे

गुमसुम थे और खाना भी ठीक से नहीं खाया। अब तो मुझे यह अधिकार भी नहीं रह गया था कि मैं उन्हें थोड़ा और खाने के लिए आग्रह कर सकूँ। मुझे अपना चेहरा मोड़ना पड़ा ताकि मैं अपने आँसू चुपचाप पोंछ सकूं।

मैं बहुत चाहती थी कि उनसे कहूँ : "कृपया हमारे कमरे में आकर कुछ देर आराम कर लीजिए; आप बहुत थके हुए लग रहे हैं।" मैंने गले को साफ करने के लिए हल्की सी खांसी की ही थी, कि तभी एक नौकर जल्दी-जल्दी अंदर आया और बोला कि पुलिस इंस्पेक्टर पंचू को लेकर महल में आया है। मेरे पति के चेहरे पर पहले से छाया हुआ तनाव और भी गहरा हो गया, उन्होंने खाना अधूरा छोड़ दिया और बाहर चले गए।

थोड़ी देर बाद बड़ी रानी आ गईं। "जब भैया निखिल अंदर आए तो तुमने मुझे खबर क्यों नहीं दी?" उन्होंने शिकायत की। "चूंकि वे देर से आए थे, तो मैंने सोचा, इस बीच मैं नहाना निपटा लूं। लेकिन उन्होंने इतनी जल्दी खाना कैसे खत्म कर लिया?"

"क्यों, क्या आपको उनसे कोई काम था?"

"यह क्या सुन रही हूँ कि आप दोनों कल कलकत्ता जा रहे हैं? मैं तो बस इतना कह सकती हूँ कि मुझे यहाँ अकेला नहीं छोड़ा जा सकता। इन सब डाकुओं के बीच, हर छोटी-सी आवाज़ पर मेरी जान निकल जाएगी। क्या आपका कल जाना पक्का हो गया है?"

"हाँ," मैंने कहा- हालाँकि मैंने अभी-अभी यह बात सुनी थी; और यह भी तय नहीं था कि कल तक हमारी कहानी ऐसा मोड़ न ले ले जिससे यह फर्क ही न पड़े कि हम जाएँ या यहीं रहें। उसके बाद हमारा घर, हमारा जीवन कैसा होगा-यह मेरी समझ से बाहर था। सब कुछ धुंधला और छाया- जैसा लग रहा था।

अब बस कुछ ही घंटों में मेरी वह अदृश्य नियति सामने आने वाली थी। क्या कोई ऐसा नहीं था जो इन घंटों की उड़ान को रोक सके, हर दिन बस थोड़ा और टाल सके- ताकि मैं अपनी शक्ति भर उन चीज़ों को ठीक कर सकूं जो अब भी ठीक की जा सकती थीं? वह समय बीज जब ज़मीन के नीचे छिपा होता है, बहुत लंबा लगता है- इतना लंबा कि हम भूल जाते हैं कि उसके अंकुरित होने का भी कोई खतरा है। लेकिन जैसे ही उसका अंकुर धरती की सतह पर आ जाता है, वह इतनी तेजी से बढ़ता है कि उसे ढकने का कोई मौका नहीं मिलता- न तो आँचल से, न शरीर से, और न ही जीवन देकर भी।

मैं अब इसका विचार नहीं करना चाहती, बस चुपचाप बैठी रहूँगी- निष्क्रिय और कठोर मन से- जो भी विध्वंस होना है, हो जाने दूँ। परसों तक सब कुछ समाप्त हो जाएगा- प्रकाश में आना, हँसी, विलाप, प्रश्न, स्पष्टीकरण- सब कुछ।

लेकिन मैं अमूल्य का चेहरा नहीं भूल सकती- वह सुंदर चेहरा, भक्ति से चमकता हुआ। उसने भाग्य के प्रहार की निराशा में प्रतीक्षा नहीं की, बल्कि खतरे के बीचोंबीच कूद पड़ा। अपनी पीड़ा में, मैं उसे प्रणाम करती हूँ। वह मेरा बाल-देवता है। अपनी चंचलता के बहाने वह मुझसे मेरा बोझ छीन ले गया। वह मुझे बचाना चाहता है, मेरे लिए नियत दंड को अपने सिर पर लेकर। पर मैं इस भयानक करुणा को- जो मेरे ईश्वर की ओर से है- कैसे सहूँ?

ओह, मेरे बच्चे! मेरे पुत्र! मैं तुम्हें प्रणाम करती हूँ। मेरे छोटे भाई, मैं तुम्हें प्रणाम करती हूँ। तुम पवित्र हो, सुंदर हो- मैं तुम्हें प्रणाम करती हूँ। अगले जन्म में तुम मेरी ही संतान बनकर मेरी गोद में आओ- यही मेरी प्रार्थना है।

22

हर ओर अफवाहों का बाजार गर्म हो गया। पुलिस का आना-जाना लगातार बना रहा। घर के नौकर-चाकर बड़ी घबराहट और हड़बड़ी में थे।

मेरी नौकरानी खेमा मेरे पास आई और बोली, "अरे रानी माँ! भगवान के लिए मेरा सोने का हार और बाजूबंद अपने लोहे की तिजोरी में रख लीजिए।" मैं किससे कहती कि यह सारी मुसीबतों का जाल तो रानी ने स्वयं ही बुन रखा था, और अब उसी में फँस भी गई है? मुझे तो बस दयालु रक्षक की भूमिका निभानी पड़ी- खेमा के गहनों और ठाको की बचत की ज़िम्मेदारी मुझे ही लेनी पड़ी। अब दूधवाली भी आई और एक डिब्बा मेरे कमरे में रख गई, जिसमें एक बनारसी साड़ी और उसकी कुछ और कीमती चीज़ें थीं। उसने मुझसे कहा, "ये सब मैंने आपकी शादी में पाई थीं।"

जब कल मेरी लोहे की तिजोरी खोली जाएगी- खेमा, ठाको, दूधवाली और बाकी सबके सामने...नहीं, मैं इस बारे में सोचना भी नहीं चाहती! इसके

बजाय मैं यह सोचने का प्रयास करूँ कि जब इस माघ मास की तीसरी तिथि फिर एक साल बाद लौटेगी, तब वह दिन कैसा होगा? क्या तब भी मेरे गृह-जीवन के सारे घाव इतने ही ताजे और पीड़ादायक रहेंगे?...

अमूल्य ने लिखा है कि वह देर शाम आएगा। मैं अपने विचारों में अकेली बैठी कुछ भी न करते हुए नहीं रह सकती। इसलिए मैं फिर से बैठ गई हूँ उसके लिए मिठाइयाँ (केक) बनाने। मैं काफी मात्रा में बना चुकी हूँ, फिर भी मुझे बनाते रहना है। इन्हें खाएगा कौन? मैं इन्हें नौकरों में बाँट दूँगी। यह सब मुझे आज रात ही करना होगा। आज की रात ही मेरी सीमा है। कल मेरे वश में नहीं होगा।

मैं बिना थके लगातार एक के बाद एक मिठाइयाँ तलती रही। हर थोड़ी देर में मुझे लगता कि ऊपर मेरे कमरे की ओर से कोई हलचल या आवाज़ आ रही है। क्या ऐसा हो सकता है कि मेरे पति को तिजोरी की चाबी नहीं मिल रही हो, और बड़ी रानी ने सब नौकरों को इकट्ठा कर उसे ढूँढ़ने में लगा दिया हो? नहीं, मुझे इन आवाज़ों पर ध्यान नहीं देना चाहिए। अच्छा होगा कि मैं दरवाजा बंद कर लूँ।

मैं दरवाजा बंद करने के लिए उठी ही थी कि हाँफती हुई ठाको भीतर आई- "रानी माँ! ओ रानी माँ!"

"अरे हटो यहाँ से!" मैंने झल्लाकर उसकी बात बीच में ही काट दी। "मुझे परेशान मत करो।"

"बड़ी रानी माँ ने आपको बुलाया है," वह बोलती रही। "उनका भतीजा कलकत्ते से एक अद्‌भुत मशीन लाया है। वह इंसानों की तरह बोलती है। जरा आकर सुनिए तो सही!"

मुझे समझ नहीं आया कि हँसूँ या रोऊँ। तो, और सब चीज़ों को छोड़कर, ऐसे समय पर एक ग्रामोफोन का आ पहुँचना भी ज़रूरी था क्या? हर बार चाबी भरते ही वह नकली नाक-सी आवाज़ में अपने नाटकीय गीत दोहराने लगता है! कितनी डरावनी चीज़ बन जाती है जब कोई मशीन इंसान की नकल करती है।

संध्या की छायाएँ धीरे-धीरे फैलने लगीं। मुझे विश्वास था कि अमूल्य देर नहीं करेगा और स्वयं आकर अपनी उपस्थिति जताएगा- फिर भी मैं प्रतीक्षा नहीं कर सकी। मैंने एक सेवक को बुलाकर कहा, "जाओ, अमूल्य बाबू से कहो कि सीधे यहीं आ जाएँ।" थोड़ी देर बाद वह सेवक लौटकर आया और बोला कि अमूल्य अंदर नहीं हैं- वे जब से गए थे, तब से लौटे ही नहीं।

"गए!" यह आखिरी शब्द जैसे संध्या के गहराते अंधकार में किसी विलाप की तरह मेरे कानों में पड़ा। अमूल्य चला गया! क्या वह सचमुच अस्त होते सूर्य की एक किरण की तरह आया था- केवल सदा के लिए ओझल हो जाने के लिए? हर तरह के संभव और असंभव संकट मेरे मन में उमड़ने लगे। उसे मृत्यु के द्वार तक भेजने वाली मैं ही थी। भले ही वह निर्भय था- वह तो केवल उसके महान हृदय का परिचायक था। लेकिन अब, इस सबके बाद, मैं अकेली कैसे जीवित रह पाऊँगी?

अमूल्य की कोई भी निशानी मेरे पास नहीं थी, सिवाय उस पिस्तौल के जो उसकी श्रद्धा-भेंट थी। मुझे ऐसा मालूम हुआ मानो यह ईश्वर की ओर से दिया गया कोई संकेत हो। यह अपराध-बोध, जिसने मेरे जीवन की जड़ तक को कलुषित कर दिया था- मेरे ईश्वर ने, जो एक बालक के रूप में मेरे जीवन में आए थे, उस पाप को मिटाने का उपाय मुझे सौंपा और फिर स्वयं अदृश्य हो गए। हाय! वह प्रेमपूर्ण भेंट- जिसमें एक उद्धारक समाधि छुपी हुई थी!

मैंने अपना बक्सा खोला और पिस्तौल निकाली, उसे श्रद्धापूर्वक अपने मस्तक से लगाया। उसी क्षण हमारे घर से जुड़े मंदिर में घंटे-घड़ियाल बजने लगे। मैं दंडवत होकर प्रणाम में झुक गई।

शाम को मैंने पूरे घर को अपने हाथों से बनाए गए केकों से भोज कराया। "तुमने तो अद्‌भुत जन्मदिन का भोज सजा दिया- और वह भी अकेले दम पर!" मेरी जेठानी ने आश्चर्य से कहा। "पर कुछ काम तो हमें भी करने दो।" यह कहते हुए उसने अपना ग्रामोफोन चालू कर दिया, और कलकत्ते की अभिनेत्रियों की तीखी, ऊँची आवाज़ें पूरे घर में गूंजने लगीं। ऐसा लगा मानो कोई अस्तबल हो, जहाँ ढेर सारी घोड़ियाँ एक साथ हिनहिना रही हों।

भोज समाप्त होते-होते बहुत देर हो गई। मुझे अचानक यह तीव्र इच्छा हुई कि अपने जन्मदिन का समापन पति के चरणों की धूल लेकर करूँ। मैं ऊपर शयनकक्ष में गई और देखा कि वे गहरी नींद में सो रहे थे। उनका दिन बहुत ही चिंता और थकावट भरा रहा था। मैंने मच्छरदानी का कोना बहुत धीरे से उठाया और अपना सिर उनके चरणों के पास रख दिया। शायद मेरे बाल उन्हें छू गए होंगे, क्योंकि उन्होंने नींद में ही अपने पैर हिलाए और मेरा सिर एक ओर ढकेल दिया।

इसके बाद मैं बाहर आकर पश्चिम के बरामदे में बैठ गई। दूर एक सिमल का पेड़ खड़ा था, जिसकी सारी पत्तियाँ झड़ चुकी थीं- वह एक कंकाल-सा

मालूम हो रहा था। उसके पीछे अर्धचंद्र अस्त हो रहा था। अचानक मुझे ऐसा लगा जैसे आकाश के तारे भी मुझसे डर रहे हों- जैसे रात की पूरी दुनिया मुझे तिरछी नज़रों से देख रही हो। क्यों? क्योंकि मैं अकेली थी।

सृष्टि में सबसे विचित्र बात यह है- अकेला मनुष्य। जिसके अपने एक-एक कर मर गए हों, वह भी पूरी तरह अकेला नहीं होता- मृत्यु के परदे के पीछे से भी उसके लिए कोई न कोई साथ होता है। लेकिन वह व्यक्ति, जिसके अपने तो हैं, पर अब पास नहीं हैं, जो एक भरे-पूरे घर की विविध संगति से बाहर छूट गया है- उस पर जैसे पूरा तारों भरा ब्रह्मांड भी चुपचाप घूरता है, उसकी अंधेरी एकाकी दुनिया को देखकर सिहर उठता है।

जहाँ मैं हूँ, वहाँ मैं नहीं हूँ। जो मेरे आसपास हैं, उनसे मैं बहुत दूर हूँ। मैं एक विशाल, व्यापक विछोह की खाई पर जी रही हूँ, चल रही हूँ, एक कमल-पत्ते पर टिकी ओस की बूँद की भाँति, अस्थिर और डगमगाती हुई।

लोग जब बदलते हैं तो पूरी तरह क्यों नहीं बदल जाते? जब मैं अपने हृदय में झाँकती हूँ, तो पाती हूँ कि सब कुछ वहीं है- बस उलट-पुलट हो गया है। जो बातें सुव्यवस्थित थीं, वे अस्त-व्यस्त हो गई हैं। माला में पिरोए मोती अब धूल में लुढ़क रहे हैं। और इसी से मेरा हृदय टूट रहा है।

मन करता है कि मैं मर जाऊँ। फिर भी मेरे भीतर सब कुछ ज्यों-का-त्यों जीवित है- मृत्यु में भी इसका अंत दिखाई नहीं देता; उलटे मृत्यु में तो और भी अधिक तड़प मालूम होती है। जिसका अंत होना है, उसका अंत इसी जीवन में होना होगा- और कोई राह नहीं।

हे प्रभु, बस एक बार, केवल इस बार मुझे क्षमा कर दो! आपने जो कुछ मेरे हाथों में, मेरे जीवन की संपदा बनाकर दिया था, उसे मैंने बोझ बना लिया है। न तो अब मैं उसे और ढो सकती हूँ, न ही त्याग सकती हूँ। हे प्रभु! उस प्रभात-क्षितिज के गुलाबी किनारे पर खड़े होकर जो बाँसुरी आपने कभी मेरे लिए बजाई थी, वे स्वर एक बार फिर गुंजायमान कर दें- और मेरी समस्त जटिलताएँ सरल और सुगम हो जाएँ। आपके बाँसुरी-नाद के सिवा कुछ भी टूटे को जोड़ नहीं सकता, कलुषित को निर्मल नहीं कर सकता। अपनी संगीत-धारा से मेरा घर नया कर दीजिए। मुझे और कोई उपाय नहीं सूझता।

मैं भूमि पर औंधे मुँह गिर पड़ी और फूट-फूटकर रोने लगी। मैं दया की याचना कर रही थी- कहीं से जरा-सी करुणा, कोई आश्रय, क्षमा का कोई संकेत, कोई ऐसी आशा जो इस सबका अंत ले आए। “प्रभु,” मैंने मन-ही-मन

संकल्प किया, "मैं यहीं पड़ी रहूँगी, प्रतीक्षा पर प्रतीक्षा करूँगी, न अन्न छुऊँगी न जल, जब तक कि आपकी कृपा मुझ तक न पहुँचे।"

मैंने कदमों की आहट सुनी। कौन कहता है कि देवता मनुष्यों के सामने प्रकट नहीं होते? मैंने अपना चेहरा ऊपर उठाकर नहीं देखा, कहीं उस दर्शन से यह अलौकिक क्षण टूट न जाए। आओ, ओ आओ- आओ और अपने चरणों से मेरा सिर स्पर्श करो। आओ, प्रभु! और अपना चरण मेरे धड़कते हुए हृदय पर रख दो, और उसी क्षण मुझे मृत्यु मिल जाए।

वह आकर मेरे सिर के पास बैठ गए। कौन? मेरे पति! उनके सान्निध्य का प्रथम स्पर्श पाते ही लगा, मानो मैं मूर्च्छित हो जाऊँगी। और फिर मेरे हृदय का दर्द अवरोधक नसों-शिराओं को चीरता हुआ आँसुओं की प्रचंड बाढ़ बनकर उमड़ पड़ा। मैंने उनके चरणों को अपने हृदय से कसकर लगा लिया- हाय, उनका चिह्न सदा के लिए वहीं क्यों न रह सका?

उन्होंने स्नेह भरे हाथ से मेरा सिर सहलाया। मुझे उनका आशीर्वाद प्राप्त हुआ। अब मैं कल मिलने वाले सार्वजनिक अपमान को सहजता से उठा सकूँगी और पूरी निष्ठा से उसे अपने प्रभु के चरणों में अर्पित कर सकूँगी।

पर मेरा हृदय जिस बात से कुचला जा रहा है, वह यह कि नौ वर्ष पहले विवाह के समय मेरा स्वागत करने वाली मंगलमयी बाँसुरियाँ अब इस जीवन में फिर कभी मेरे लिए नहीं बजेंगी। ऐसा कौन-सा कठोर तप है जो मुझे फिर से पति के लिए सुसज्जित वधू बनाकर उसी विवाहासन तक पहुँचा सकेगा? कितने वर्ष, कितने युग और कल्प बीत जाएँगे, तब जाकर मैं नौ वर्ष पुराने उस दिन तक लौट पाऊँगी?

ईश्वर नयी सृष्टि तो कर सकता है, पर क्या उसमें यह सामर्थ्य है कि जो नष्ट हो चुका है, उसे फिर से ज्यों-का-त्यों रच सके?

अध्याय बारह

निखिल की कहानी

15

आज हम कलकत्ता जा रहे हैं। यदि हम अपने सुख-दुःखों को केवल जमा करते रहें, तो वे हम पर बहुत भारी पड़ जाते हैं। उन्हें संजो कर रखना और लगातार जोड़ते जाना- दोनों ही गलत हैं। गृहस्वामी होने के नाते मैं एक कृत्रिम स्थिति में हूँ- वास्तव में, मैं तो जीवन की राह का एक यात्री मात्र हूँ। इसी कारण सच्चा 'गृहस्वामी' हर कदम पर आहत होता है, और अंत में आती है- मृत्यु की सबसे बड़ी चोट।

प्रिय, तुमसे मेरा मिलन, केवल राह के किनारे का संग-साथ था। जब तक हम एक ही मार्ग पर चल रहे थे, तब तक वह संग अच्छा था। अब यदि हम उसे और खींचने का प्रयास करें, तो वह हमारे लिए बाधा ही बनेगा। अब हम उस बंधन को पीछे छोड़ रहे हैं। हम अब आगे की यात्रा पर निकल चुके हैं, और यही बहुत होगा कि राह चलते एक-दूजे को एक दृष्टि दे सकें, या क्षणभर के लिए एक-दूसरे का स्पर्श पा सकें। उसके बाद? उसके बाद है वह विशाल विश्व-पथ, जीवन की अनंत धारा, जो सबको अपने साथ लिए बहती जाती है।

आखिर तुम मुझसे कितना कुछ छीन सकती हो, प्रिय? जब भी मैं ध्यान लगाकर सुनता हूँ, मुझे वह बाँसुरी सुनाई देती है, जिसकी मधुर धारा इस विरह के छिद्रों से फूट रही है। उस देवी का अमृत-स्रोत कभी समाप्त नहीं होता। वह कभी-कभी उस पात्र को तोड़ देती है जिससे हम वह अमृत पीते

हैं, और फिर हमारी छोटी-सी हानि पर उदासी देखकर मुस्कुरा उठती है। मैं अपना टूटा हुआ पात्र उठाने नहीं रुकूँगा। मैं आगे बढ़ता जाऊँगा- भले ही मेरे हृदय में संतोष न हो।

बड़ी रानी मेरे पास आकर बोलीं, "भैया, ये क्या माजरा है? इतनी सारी किताबें बक्सों में भरकर कहाँ भेजी जा रही हैं?"

मैंने उत्तर दिया, "इसका मतलब बस इतना है कि मेरा इनसे लगाव अब तक गया नहीं है।"

"काश तुम्हारा लगाव कुछ और चीज़ों से भी होता! क्या इसका मतलब है कि तुम अब कभी घर वापस नहीं आओगे?"

"आता-जाता रहूँगा, पर अब इस घर में खुद को बंद नहीं करूँगा।"

"अरे वाह! तो जरा मेरे कमरे में चलो और देखो कि कितनी चीज़ें हैं जिनसे मैं अब तक अपना लगाव नहीं छुड़ा पाई हूँ।"

यह कहते हुए उन्होंने मेरा हाथ पकड़ लिया और मुझे अपने साथ ले गईं।

मेरी भाभी के कमरे में, मैं गया तो वहाँ ढेर सारे बक्से और गठरियाँ पहले से ही बँधी हुई थीं। उन्होंने एक बक्सा खोलते हुए कहा, "देखो भैया, ये हैं मेरी पान बनाने की सारी चीज़ें। इस शीशी में केवड़े के पराग से महकाया गया कत्था है। ये छोटी-छोटी डिब्बियाँ अलग-अलग मसालों के लिए हैं। और हाँ, मैं अपनी ताश की गड्डी और शतरंज की पट्टी भी नहीं भूली हूँ। अगर तुम दोनों व्यस्त हुए, तो मैं वहाँ और भी मित्र बना लूँगी, जो मेरे साथ खेलें। और यह कंघा याद है? यह उन्हीं स्वदेशी कंघों में से है, जो तुम मेरे लिए लाए थे..."

"लेकिन ये सब क्यों रानी बहन? आपने ये सारी चीज़ें बाँधकर क्यों रखी हैं?"

"क्या तुमने सच में सोचा कि मैं तुम्हारे साथ नहीं चलूँगी?"

"यह तो सचमुच अजीब-सा विचार है!"

"तुम घबराओ मत! मैं वहाँ तुम्हारे साथ इश्क लड़ाने नहीं जा रही, न ही छोटी रानी से झगड़ा करने। मरना तो एक न एक दिन है ही, तो क्यों न देर होने से पहले पवित्र गंगा के किनारे पहुँचा जाए? यह सोचकर ही डर लगता है कि यहाँ तुम्हारे इस बेतुके श्मशान में, उस ठूँठ-से बरगद के नीचे मेरा अंतिम संस्कार हो! इसी वजह से मैं अब तक मरने से इनकार करती रही, और तुम्हें इतना परेशान किया!"

अंततः मुझे अपने घर की सच्ची, आत्मीय स्वर-ध्वनि सुनाई दी। जब मैं केवल छह वर्ष का था, तब बड़ी रानी इस घर की वधू बनकर आई थीं। हमने उनींदी दोपहरों में छत के एक कोने में साथ-साथ खेला है। मैं पेड़ की फुनगी से कच्चे आम तोड़कर उनके लिए नीचे फेंकता, जिन्हें वह राई, नमक और सुगंधित मसालों के साथ मिलाकर स्वादिष्ट किंतु अपाच्य चटनियाँ बनाती थीं। उनकी गुड़िया की शादी में काम आने वाली सारी वर्जित चीज़ें मैं भंडारघर से चुपके से लाकर उन्हें देता था; क्योंकि मेरी दादी के कठोर नियमों में सिर्फ़ मुझे ही दंड से छूट मिली हुई थी। जब भी वह अपने पति से कुछ विशेष मनवाना चाहती, तो मुझे ही अपना दूत बनाकर भेजतीं, क्योंकि मेरा आग्रह टालना मेरे भाई के लिए असंभव होता था। मुझे यह भी याद है कि जब उन दिनों के कठोर डॉक्टरों के आदेशों के तहत मुझे ज्वर के समय केवल गुनगुना पानी और शक्कर मिली इलायची ही दी जाती थी- तो मेरी भाभी मुझसे यह वंचना सहन नहीं कर पातीं और छिपकर मुझे स्वादिष्ट चीज़ें लाकर देतीं। एक दिन जब वह पकड़ी गईं, तो उन्हें कैसी डाँट पड़ी थी!

और फिर, जैसे-जैसे हम बड़े हुए, हमारे आपसी सुख-दुःख और भी अधिक आत्मीयता और गहराई से जुड़े। कितनी बार हम आपस में झगड़े! कभी-कभी सांसारिक हितों के टकराव से मन में शंका और ईर्ष्या जाग उठती, और हमारे प्रेम में दरारें पड़ जाती; और जब छोटी रानी हमारे बीच आ गईं, तो ये दरारें ऐसी लगतीं मानो कभी भरी ही न जा सकेंगी। परंतु हर बार यह सिद्ध हुआ कि भीतर छिपी प्रेम की मरहम लगाने वाली शक्तियाँ सतह पर पड़ी चोटों से कहीं अधिक प्रभावशाली थीं।

इस प्रकार हमारे बीच एक सच्चा संबंध बचपन से लेकर आज तक धीरे-धीरे विकसित होता चला गया। और उस संबंध की शाखाएँ और पत्तियाँ इस विशाल घर के हर कमरे, हर बरामदे और हर छत पर फैलती और छाया करती गईं। जब मैंने देखा कि बड़ी रानी अपने सारे सामान के साथ इस घर को छोड़ने की तैयारी कर रही हैं, तो हमारे बीच फैले सभी संबंधों की डोरें, अपनी पूरी लंबाई तक, उस क्षण के आघात से कांप उठीं।

मुझे स्पष्ट रूप से समझ आ गया था कि क्यों उन्होंने अनजाने की ओर बह जाने का निश्चय किया है। अपने जीवनभर की दिनचर्या की आदतों और इस घर से जुड़े गहरे संबंधों को काटकर। जिस घर को उन्होंने नौ वर्ष की उम्र में प्रवेश करने के बाद एक दिन के लिए भी नहीं छोड़ा था। और फिर

भी यही सच्चा कारण था जिसे वह अपने होंठों तक आने नहीं देना चाहती थीं, बल्कि उसकी जगह कोई भी साधारण-सा बहाना देना उन्हें अधिक स्वीकार था।

सारी दुनिया में अब केवल यही एक संबंध उनके पास बचा था। वह दुखियारी, अभागी, विधवा और निःसंतान स्त्री अपने हृदय में संजोए सारे स्नेह को इसी एक रिश्ते पर लुटा बैठी थी। हमारे इस प्रस्तावित बिछोह को उन्होंने कितनी गहराई से महसूस किया था- यह बात मुझे उतनी तीव्रता से पहले कभी नहीं समझ आई, जितनी उस क्षण जब मैं उनके बिखरे हुए बक्सों और गठरियों के बीच खड़ा था।

मैं तुरंत समझ गया कि बिमला से पैसों को लेकर जो छोटी-मोटी तकरारें वह किया करती थीं, वे किसी तुच्छ सांसारिक लोभ या स्वार्थ से नहीं उपजी थीं, बल्कि इसलिए कि उन्हें लगा कि उनके जीवन के इस एकमात्र संबंध पर उनका अधिकार जैसे दबा दिया गया है, और न जाने कहाँ से आई इस दूसरी स्त्री के आने से उस संबंध की डोर उनके लिए शिथिल पड़ गई है। उन्हें हर मोड़ पर चोट पहुँची, फिर भी शिकायत करने का उन्हें कोई अधिकार नहीं था।

और बिमला? उसने भी यह महसूस किया था कि बड़ी रानी का मुझ पर अधिकार केवल सामाजिक संबंधों पर आधारित नहीं था, बल्कि वह उससे कहीं अधिक गहरा था; और हमारे बीच बचपन से चले आ रहे इन संबंधों को लेकर वह ईर्ष्या अनुभव करती थी।

आज मेरे हृदय ने मेरी छाती के द्वारों पर जोर से दस्तक दी। मैं एक बक्से पर ढह-सा गया और बोला : "कैसा मन करता है, रानी बहन, कि हम फिर लौट जाएँ उन दिनों में, जब इस पुराने घर में हमारी पहली भेंट हुई थी।"

"नहीं, भैया," उन्होंने एक आह भरते हुए उत्तर दिया, "मैं अपना जीवन फिर से नहीं जीना चाहूँगी- खासकर एक स्त्री के रूप में तो बिलकुल नहीं! जो कुछ मैंने सहा है, वह इसी एक जन्म में समाप्त हो जाए। मैं दोबारा वह सब सहने का सामर्थ्य नहीं रखती।"

मैंने उनसे कहा : "जिस स्वतंत्रता तक हम दुःख के मार्ग से पहुँचते हैं, वह स्वयं दुःख से कहीं महान होती है।"

"यह बात तुम पुरुषों के लिए ठीक हो सकती है। स्वतंत्रता तो तुम्हारे लिए है। पर हम स्त्रियाँ दूसरों को बाँधकर रखना चाहती हैं। बल्कि हम स्वयं

बंधन में रहना अधिक स्वीकार करती हैं। नहीं, नहीं भैया, तुम कभी हमारे जाल से पूरी तरह मुक्त नहीं हो सकोगे। अगर तुम्हें अपने पंख फैलाने ही हैं, तो हमें भी साथ ले जाना होगा; हम पीछे छूटने को तैयार नहीं हैं। इसीलिए मैंने यह सारा भारी सामान समेट लिया है। पुरुषों को इतना हल्का होकर उड़ने देना ठीक नहीं!"

"मैं तुम्हारे शब्दों का भार अच्छी तरह महसूस कर रहा हूँ," मैंने हँसते हुए कहा। "और यदि हम पुरुष तुम्हारे बोझ की शिकायत नहीं करते, तो इसलिए कि स्त्रियाँ हमें उसके बदले में इतना सुंदर और स्नेहभरा प्रतिफल देती हैं।"

"तुम इसे ढोते हो," वह बोली, "क्योंकि यह बहुत-सी छोटी-छोटी चीज़ों से बना है। जिस किसी को भी छोड़ने का सोचो, वह कहती है- 'मैं तो बहुत हल्की हूँ'। और इसी तरह बहुत सारा 'हल्कापन' मिलकर तुम्हारे ऊपर भारी बोझ बन जाता है... तो फिर हम कब निकलेंगे?"

"गाड़ी आज रात साढ़े ग्यारह बजे छूटेगी। बहुत समय है।"

"सुनो जरा, एक बार तो अच्छे बनो और मेरी एक बात मान लो। आज दोपहर एक अच्छी-सी नींद ले लो। तुम जानते हो कि ट्रेन में तो तुम्हें जरा भी नींद नहीं आती। तुम कितने थके-थके लग रहे हो, ऐसा लगता है कि किसी भी पल बिखर जाओगे। चलो, पहले स्नान कर लो फिर आराम करना।"

जब हम मेरे कमरे की ओर बढ़ रहे थे, तभी खेमा दासी धीरे से पास आई और अत्यंत संकोचपूर्ण ढंग से अपनी ओढ़नी खींचकर सिर ठीक किया, और संकोच से भरे मंद स्वर में बताया कि पुलिस इंस्पेक्टर एक कैदी को लेकर आए हैं और महाराज से मिलना चाहते हैं।

"क्या महाराज कोई चोर हैं, या डाकू?" बड़ी रानी क्रोध में बोल उठीं, "कि पुलिस इस तरह उनके पीछे पड़ जाए? जाओ और इंस्पेक्टर से कहो कि महाराज इस समय स्नान कर रहे हैं।"

"मुझे जरा जाकर देख लेने दो कि मामला क्या है," मैंने अनुरोध किया। "हो सकता है कुछ ज़रूरी बात हो।"

"नहीं, नहीं," मेरी भाभी ने जोर देते हुए कहा। "हमारी छोटी रानी तो कल रात भर ढेर सारे केक बना रही थी। मैं कुछ केक इंस्पेक्टर के पास भिजवा देती हूँ, ताकि जब तक तुम तैयार हो, वह चुप बैठा रहे।" यह कहते हुए उन्होंने मुझे कमरे के अंदर धकेल दिया और दरवाजा बाहर से बंद कर दिया।

ऐसे अत्याचार का विरोध करने की मुझमें शक्ति नहीं थी- क्योंकि यह इस दुनिया में बहुत दुर्लभ होता है। चलो, इंस्पेक्टर थोड़ा समय केक खाकर ही बिता लें। और क्या हुआ अगर कुछ कामकाज थोड़ी देर के लिए टल भी जाए?

पिछले कुछ दिनों से पुलिस ज़बरदस्त जोश में थी- कभी इसको पकड़ती, कभी उसको। हर दिन कोई न कोई बेगुनाह मेरे दफ्तर के कमरे में भीड़ की रौनक बढ़ाने के लिए ले आया जाता। मैंने सोचा, आज भी कोई और बेचारा उसी भाग्य का शिकार हुआ होगा। पर यह क्यों कि केवल इंस्पेक्टर ही केक का आनंद उठाए? यह तो बिलकुल नहीं चलेगा। मैंने जोर-जोर से दरवाजा पीटना शुरू कर दिया।

"अगर पागल हो रहे हो, तो जल्दी से अपने सिर पर थोड़ा पानी डाल लो- ठंडे हो जाओगे," मेरी भाभी ने गलियारे से आवाज़ लगाई।

"दो लोगों के लिए केक नीचे भिजवाओ," मैंने जोर से कहा। "जिसे चोर बनाकर लाया गया है, शायद वह इनका अधिक हकदार है। उस आदमी से कहना कि उसे भरपूर हिस्सा दे।"

मैं जल्दी-जल्दी स्नान करके निकला। जब बाहर आया, तो देखा बिमला बाहर ज़मीन पर बैठी है। क्या यह वही मेरी पुरानी बिमला है?[30] मेरी गर्वीली, भावुक बिमला?

ऐसे दरवाजे पर बैठकर वह मुझसे कौन-सा वरदान माँगना चाहती है?

मैं रूका तो वह उठ खड़ी हुई और नीची निगाहों से धीमे स्वर में बोली, "मुझे आपसे कुछ बात करनी है।"

"तो अंदर आ जाओ," मैंने कहा।

"पर क्या आप किसी विशेष काम के लिए जा रहे हैं?"

"हाँ, जा रहा था, पर अब रहने दो। मैं तुम्हारी बात सुनना चाहता हूँ..."

"नहीं, आप पहले अपना काम पूरा कर लें। हम बात बाद में करेंगे, जब आप भोजन कर लेंगे।"

मैं अपने बैठक-कक्ष में गया, तो देखा कि पुलिस इंस्पेक्टर की थाली पूरी तरह खाली थी। पर जिसे वह अपने साथ लाया था, वह अब भी खा रहा था।

---

30. बिना बिछावन के ज़मीन पर बैठना शोक की निशानी होता है, और इसी कारण, विचारों के संग-साथ से, यह मानसिक आत्मविनम्रता या पराजय की दशा का प्रतीक भी बन जाता है।

"अरे!" मैंने हैरान होकर कहा, "तुम? अमूल्य?"

"मैं हूँ, सरकार," अमूल्य ने मुँह भरे हुए केक के साथ कहा। "मैं तो भरपेट खा चुका हूँ। और अगर आपको ऐतराज न हो, तो बाकी भी साथ ले जाऊँगा।" यह कहकर उसने बचे हुए केक अपने रूमाल में बाँधने शुरू कर दिए।

"यह क्या मामला है?" मैंने इंस्पेक्टर की ओर घूरते हुए पूछा।

वह आदमी हँस पड़ा। "हम चोर का पता लगाने में, सरकार, अभी भी उतने ही दूर हैं- और इस बीच चोरी का रहस्य और गहराता जा रहा है।" फिर उसने एक कपड़े में बंधी हुई कोई चीज़ निकाली, जिसे खोलने पर नोटों की एक गड्डी दिखाई दी। "महाराज," इंस्पेक्टर ने कहा, "ये हैं आपके छह हज़ार रुपये!"

"ये कहाँ मिले?"

"अमूल्य बाबू के पास से। वे कल शाम आपके चकना उपकार्यालय के मुनीम के पास यह बताने गए थे कि पैसे मिल गए हैं। प्रबंधक की घबराहट चोरी के समय से अधिक लग रही थी जब उसने पैसे वापस पाए। उसे डर था कि कहीं लोग उसे ही चोर न समझ लें और वह अब स्वयं को बचाने के लिए कोई बनावटी कहानी गढ़ रहा हो। उसने अमूल्य से कहा कि वह जरा रुके, कुछ नाश्ता मंगाता है- और खुद सीधा पुलिस थाने चला आया। मैं तुरंत वहाँ गया, अमूल्य को अपने साथ रखा, और पूरी सुबह उसी के साथ लगा रहा। वह यह बताने से साफ इनकार कर रहा है कि पैसे उसे कहाँ से मिले। मैंने चेतावनी दी कि जब तक वह नहीं बताएगा, उसे हिरासत में रखा जाएगा। इस पर उसने कहा कि फिर तो उसे झूठ बोलना पड़ेगा। मैंने कहा, ठीक है, अगर तुम्हारी यही मर्जी है तो झूठ बोल लो। तब उसने कहा कि पैसे उसे एक झाड़ी के नीचे पड़े मिले। मैंने उसे बताया कि झूठ बोलना इतना आसान भी नहीं होता। कौन-सी झाड़ी? कहाँ थी वह जगह? वह वहाँ क्यों गया था? ये सब भी तो बताना होगा। 'चिंता मत कीजिए,' उसने कहा, 'ये सब बातें गढ़ने के लिए बहुत समय है।'"

"पर इंस्पेक्टर," मैंने कहा, "आप अमूल्य बाबू जैसे सम्मानित युवक को इस तरह परेशान क्यों कर रहे हैं?"

"मेरा उन्हें तंग करने का कोई इरादा नहीं है," इंस्पेक्टर ने कहा। "वह सिर्फ़ सज्जन ही नहीं, बल्कि निबरन बाबू का बेटा है- जो मेरा स्कूल का

साथी रहा है। महाराज, मैं आपको बताता हूँ कि असल में क्या हुआ होगा। अमूल्य चोर को जानता है, लेकिन उसे बचाने के लिए स्वयं पर शक ला रहा है। उसे ऐसे साहसिक काम करने में आनंद आता है।" इंस्पेक्टर ने अमूल्य की ओर मुड़कर कहा : "सुनो युवक, मैं भी एक समय में अठारह का था, और रिपन कॉलेज में पढ़ता था। एक बार एक तांगेवाले को पुलिस सिपाही से बचाते-बचाते मैं खुद जेल पहुँचने वाला था- बाल-बाल बचा। फिर वह मेरी ओर मुड़ा और बोला, "महाराज, असली चोर अब शायद बच निकलेगा, लेकिन मेरा मानना है कि मैं आपको बता सकता हूँ कि इस सब के पीछे कौन है।"

"तो फिर है कौन?" मैंने पूछा।

"मुनीम- रक्षक कासिम के साथ मिलीभगत में।"

जब इंस्पेक्टर अपनी बातों को स्वयं ही सही साबित करके संतुष्ट हुआ और अंततः चला गया, मैंने अमूल्य से कहा, "अगर तुम मुझे बताओ कि पैसे किसने लिए, तो मैं वादा करता हूँ किसी को नुकसान नहीं होगा।"

"मैंने," उसने कहा।

"पर यह कैसे हो सकता है? वह हथियारबंद लोगों का गिरोह कहाँ गया?..."

"वह सब मैं ही था- अकेला!"

फिर अमूल्य ने जो बताया, वह वास्तव में चौंकाने वाला था। मुनीम ने अभी-अभी रात का खाना खत्म किया था और बरामदे में मुँह धो रहा था। वहाँ थोड़ी अँधेरी जगह थी। अमूल्य की दोनों जेबों में रिवॉल्वर थे- एक में खाली कारतूस, दूसरे में असली गोलियाँ। उसके चेहरे पर नकाब था। उसने मुनीम के चेहरे पर बुल्स-आई लालटेन की रोशनी डाली और एक खाली गोली चलाई। मुनीम बेहोश होकर गिर पड़ा। कुछ सिपाही जो ड्यूटी पर नहीं थे, दौड़कर आए, लेकिन अमूल्य ने जैसे ही एक और खाली गोली चलाई, वे तुरंत छिपने लगे। फिर ड्यूटी पर तैनात कासिम लाठी घुमाते हुए आ गया। इसके बाद अमूल्य ने काँपते हुए मुनीम से, जो अब तक होश में आ चुका था, तिजोरी खुलवाकर छह हज़ार रुपये निकलवाए। फिर वह एस्टेट का एक घोड़ा लेकर कुछ मील दूर गया, वहाँ घोड़े को छोड़ दिया और चुपचाप यहाँ, हमारे घर तक पैदल आ गया।

"यह सब करने की तुम्हें आवश्यकता क्यों पड़ी, अमूल्य?" मैंने पूछा।

"इसके पीछे एक गंभीर कारण था, महाराज," उसने उत्तर दिया।

"तो फिर, तुमने पैसे लौटाने की कोशिश क्यों की?"

"उसे आने दो, जिसके कहने पर मैंने ऐसा किया था। मैं उसके सामने सब कुछ साफ-साफ स्वीकार कर लूंगा।"

"और ये 'वो' कौन हैं?"

"मेरी बहन, छोटी रानी!"

मैंने बिमला को बुलवाया। वह संकोच के साथ आई, नंगे पाँव, सिर पर एक सफेद शॉल ओढ़े हुए। मैंने अपनी बिमला को इससे पहले कभी इस रूप में नहीं देखा था। ऐसा लगा जैसे उसने ख़ुद को सुबह की हल्की रोशनी में लपेट लिया हो।

अमूल्य ने दंडवत प्रणाम किया और उनके चरणों की धूल ली। उठकर उसने कहा, "बहन, आपका आदेश पूरा हुआ। रुपये लौटा दिए गए हैं।"

"तुमने मुझे बचा लिया, मेरे छोटे भाई," बिमला ने कहा।

"आपकी छवि मन में रखकर, मैंने एक भी झूठ नहीं बोला," अमूल्य ने कहा। "मेरा नारा 'वंदे मातरम्' मैंने सदा के लिए आपके चरणों में अर्पित कर दिया है। और जैसे ही मैं महल में आया, मुझे मेरा ईनाम भी मिल गया- आपका प्रसाद।"

बिमला उसकी अंतिम बात समझ न सकी और शून्य दृष्टि से उसे देखने लगी। अमूल्य ने रूमाल निकालकर खोला और भीतर रखे केक उसे दिखाए। "मैंने सब नहीं खाए," उसने कहा। "ये इसलिए बचाए हैं कि आप अपने हाथों से खिलाएँगी, तब खाऊँगा।"

मैं समझ गया कि यहाँ मेरी आवश्यकता नहीं थी। मैं कमरे से बाहर चला गया। मैं तो बस उपदेश ही दे सकता हूँ, यही सोचता रहा- और उसी के बदले मेरी पुतला-जलायी होती है। मैं आज तक एक भी आत्मा को मृत्यु के मार्ग से लौटा नहीं सका। जिनके पास शक्ति होती है, वे केवल एक संकेत से ही यह कर सकते हैं। मेरे शब्दों में वह अनकही, गूढ़ शक्ति नहीं है। मैं कोई ज्योति नहीं, बस बुझ चुका एक काला कोयला हूँ। मैं किसी दीप को प्रज्वलित नहीं कर सकता। यही है मेरी जीवन-कथा- मेरे दीपों की पंक्ति अब तक अंधकार में ही पड़ी है।

16

मैं धीरे-धीरे अंदर के कक्षों की ओर लौटने लगा। बड़ी रानी का कक्ष जैसे फिर मुझे अपनी ओर खींच रहा था। उस दिन मेरे लिए यह अनुभूति अनिवार्य हो गई थी कि मेरे जीवन ने किसी और जीवन के वीणा-तार को सचमुच कहीं छेड़ा है, कहीं स्पंदन जगाया है। मनुष्य अपने अस्तित्व को केवल अपने भीतर रहकर नहीं पहचान सकता- उसे बाहर जाकर, किसी और में खोजना पड़ता है।

जब मैं अपनी भाभी के कमरे के सामने से गुजरा, तो वह बाहर आकर बोलीं : "मुझे डर था कि आज दोपहर को भी आप देर कर देंगे। खैर, आपकी आहट सुनते ही मैंने खाने का आदेश दे दिया था- अब बस परोसा ही जाता है।"

"इस बीच," मैंने कहा, "चलो तुम्हारे वे रुपये निकाल लूँ और साथ ले जाने के लिए तैयार रख दूँ।"

जब हम मेरे कमरे की ओर बढ़ रहे थे, तो उन्होंने पूछा कि पुलिस इंस्पेक्टर ने चोरी को लेकर कोई रिपोर्ट दी है या नहीं। मुझे यह बताने की इच्छा नहीं हुई कि वह छह हज़ार रुपये कैसे वापस आए। "उसी बात को लेकर सारा झंझट चल रहा है," मैंने टालमटोल करते हुए कहा।

जब मैं अपने शयन कक्ष में गया और चाबियों का गुच्छा निकाला, तो उसमें तिजोरी की चाबी नहीं थी। मैं कितना भुलक्कड़ हो गया हूँ! आज सुबह ही मैंने कितने बक्से खोले, पर मुझे ध्यान ही नहीं आया कि यह चाबी उसमें नहीं है।

"तुम्हारी चाबी को क्या हुआ?" उन्होंने पूछा।

मैं अपनी एक जेब से दूसरी जेब टटोलता रहा, लेकिन कोई उत्तर नहीं दे सका। मैं बार-बार एक ही जगह ढूँढता रहा। धीरे-धीरे हम दोनों को यह एहसास हुआ कि यह चाबी बस यूँ ही गुम नहीं हुई है। ज़रूर किसी ने इसे जानबूझकर चाबी के गुच्छे से निकाला है। कौन हो सकता है? और कौन इस कमरे में आया हो सकता है?

"तुम इसकी चिंता मत करो," उन्होंने कहा। "पहले खाना खा लो। हो सकता है छोटी रानी ने खुद रख ली हो, यह देखकर कि तुम कितने भुलक्कड़ होते जा रहे हो।"

पर मैं भीतर से बेहद व्याकुल था। बिमला की कभी आदत नहीं रही कि वह मुझसे बिना कहे कोई चाबी ले। बिमला उस दिन मेरे भोजन के समय उपस्थित नहीं थी; वह अपने कमरे में अमूल्य को भोजन करा रही थी। मेरी भाभी उसे बुलवाना चाहती थीं, लेकिन मैंने उन्हें ऐसा न करने को कहा।

मैं अभी-अभी भोजन समाप्त कर ही रहा था कि बिमला भीतर आई। मैं चाहता था कि बड़ी रानी जी की उपस्थिति में चाबी की बात न छेड़ी जाए, परंतु जैसे ही उन्होंने बिमला को देखा, उन्होंने उससे पूछ लिया : "बिमला, तुम्हें मालूम है, तिजोरी की चाबी कहाँ है?"

"मेरे पास है," बिमला ने उत्तर दिया।

"मैंने पहले ही कहा था!" मेरी भाभी ने विजयी भाव से कहा। "हमारी छोटी रानी ऊपर से तो इन चोरी-डकैती की बातों की परवाह नहीं करतीं, लेकिन चुपके से अपनी तरफ से सारी सावधानियाँ बरतती रहती हैं।"

बिमला के चेहरे की झलक ने मेरे मन में आशंका उत्पन्न कर दी। "अब चाबी की बात रहने दो," मैंने कहा। "मैं वह रुपया शाम को निकाल लूंगा।"

"फिर वही टालमटोल शुरू हो गई," बड़ी रानी ने कहा। "जब मन में है, तो अभी क्यों न निकाल कर ख़ज़ाने में भिजवा दिया जाए?"

"मैं वह रुपया पहले ही निकाल चुकी हूँ," बिमला ने कहा।

मैं चौंक गया।

"तो फिर वह कहाँ रखा है?" मेरी भाभी ने पूछा।

"मैंने वह खर्च कर दिया।"

"सुनो तो सही! आखिर इतना सारा रुपया तुमने खर्च किया किस पर?"

बिमला ने कोई उत्तर नहीं दिया। मैंने भी उससे आगे कुछ पूछना उचित नहीं समझा। बड़ी रानी मानो बिमला से कुछ और कहने ही वाली थीं, परंतु अपने को रोक लिया। "खैर, जो भी हो, ठीक ही है," उन्होंने अंततः मेरी ओर देखते हुए कहा। "यही तो मैं भी अपने पति के खुले पैसों के साथ किया करती थी। मैं जानती थी कि पैसे उनके पास छोड़ने का कोई लाभ नहीं- उनके एक सौ एक चापलूस किसी न किसी तरह उस पर हाथ साफ कर ही लेते। तुम भी तो ठीक वैसे ही हो, प्यारे! तुम पुरुष लोग तो पैसे उड़ाने के कितने ही तरीके जानते हो! हमें तो बस एक ही उपाय आता है- तुमसे बचाकर खुद चुपके से चुराकर ही उसे बचा सकते हैं! चलो अब, चलो सोने के लिए जाओ।"

बड़ी रानी मुझे मेरे कमरे तक ले गईं, पर मैं जैसे होश में ही नहीं था कि मैं कहाँ जा रहा हूँ। जब मैं बिस्तर पर लेट गया, तो वह मेरे पास बैठ गईं। और बिमला की ओर देखकर मुस्कराईं और बोलीं : "प्यारी छोटी, मुझे तुम्हारा एक पान दो- क्या? तुम्हारे पास एक भी नहीं! अरे! तुम तो बिलकुल मेमसाहब बन गई हो! तो फिर मेरे कमरे से ही कुछ मँगवा लो।"

"पर क्या तुमने खाना खा लिया है?" मैंने चिंता भरे स्वर में पूछा।

"ओह, बहुत पहले ही खा लिया," उसने उत्तर दिया- जो साफ झूठ था।

वह मेरे पलंग के पास बैठी तरह-तरह की बातों में लगातार बतियाती रही। तभी दासी आई और बिमला से कहा कि उसका खाना परोस दिया गया है और ठंडा हो रहा है। लेकिन बिमला ने ऐसा कोई संकेत नहीं दिया कि उसने यह बात सुनी भी हो। "अभी तक खाना नहीं खाया? यह कैसी बात है! बहुत देर हो चुकी है।" यह कहकर बड़ी रानी बिमला को अपने साथ ले गईं।

मैं यह भांप सकता था कि इन छह हज़ार रुपयों को निकालने और पहले की चोरी के बीच कोई न कोई संबंध अवश्य है। लेकिन उस संबंध की प्रकृति जानने की मुझे कोई जिज्ञासा नहीं है। मैं कभी भी इस विषय में कुछ नहीं पूछूंगा।

परमात्मा हमारे जीवन को एक अधूरी मूर्ति की भाँति गढ़कर छोड़ देता है- इस आशय से कि हम स्वयं उसमें अंतिम रूप दें और अपनी रुचि अनुसार उसे पूर्ण आकार प्रदान करें। मेरे भीतर सदा यह लालसा रही है कि अपने जीवन को सृष्टिकर्ता द्वारा सुझाए गए मार्ग पर गढ़ते हुए उसमें किसी महान विचार की अभिव्यक्ति कर सकूँ। इसी प्रयास में मैंने अपने समस्त जीवन के दिन बिता दिए हैं। मैंने अपनी इच्छाओं को कितनी कठोरता से वश में रखा है, हर कदम पर स्वयं को कितना दबाया है- यह केवल अंतर्यामी ही जानता है।

पर कठिनाई यह है कि जीवन केवल अपना ही नहीं होता। जो कोई अपने जीवन को गढ़ना चाहता है, उसे अपने परिवेश की सहायता लेनी ही पड़ती है- अन्यथा वह असफल हो जाएगा। इसीलिए मेरा निरंतर स्वप्न यही रहा कि बिमला को भी अपने आत्म-निर्माण के इस कार्य में सहभागी बना सकूँ। मैं उसे संपूर्ण हृदय और आत्मा से प्रेम करता था; और इसी प्रेम की शक्ति से मैं निश्चय ही उसे अपने उद्देश्य के साथ जोड़ पाने में सफल हो जाऊँगा- यह मेरा दृढ़ विश्वास था।

तब मैंने जाना कि जो लोग सहज रूप से अपने परिवेश को अपने आत्म-निर्माण की प्रक्रिया में सम्मिलित कर लेते हैं, वे मनुष्य जाति की एक भिन्न शाखा से हैं- और मैं किसी दूसरी शाखा से। मुझमें जीवन की वह चेतना तो थी, पर मैं उसे दूसरों तक पहुँचा नहीं सका। जिन्हें मैंने अपना सर्वस्व समर्पित किया, उन्होंने वह सब कुछ तो ले लिया- पर मुझे स्वयं को नहीं अपनाया।

निस्संदेह, मेरी परीक्षा अत्यंत कठिन है। ठीक उसी समय जब मुझे सबसे अधिक एक साथी की आवश्यकता है, मुझे फिर अकेले अपने ही सहारे छोड़ दिया गया है। फिर भी, मैं यह प्रण करता हूँ कि इस कठिन परीक्षा में भी मैं विजयी होकर उभरूँगा। तो फिर, अकेले ही मैं इस काँटों भरे पथ पर चलता हुआ जीवन-यात्रा की अंतिम परिणति तक पहुँचूँगा...

अब मुझे संदेह होने लगा है कि मुझमें आरंभ से ही एक प्रकार का अत्याचार छिपा रहा है। बिमला के साथ अपने संबंधों को एक कठोर, स्पष्ट और पूर्ण रूप में ढालने की मेरी इच्छा में भी एक तरह की तानाशाही थी। परंतु मनुष्य का जीवन किसी साँचे में ढलने के लिए नहीं बना है। और यदि हम किसी शुभ को मात्र एक वस्तु की तरह आकार देने का प्रयास करते हैं, तो वह भयंकर प्रतिशोध लेता है- अपना जीवन खोकर।

अब तक मैं यह समझ नहीं पाया था कि शायद मेरी यह अनजानी तानाशाही ही थी, जिसने हमें धीरे-धीरे एक-दूसरे से दूर कर दिया। बिमला का जीवन, मेरे ऊपर से डाले गए दबाव के कारण अपने स्वाभाविक स्तर पर नहीं बह सका, और इसीलिए उसने भीतर-ही-भीतर रास्ता बनाकर निकलने का प्रयास किया। उसे ये छह हज़ार रुपये चुराने पड़े, क्योंकि वह मुझसे खुलकर कुछ कह नहीं सकी, क्योंकि उसे यह महसूस होता था कि कुछ बातों में, मैं ज़बरदस्ती अपनी बात उसके ऊपर थोपता हूँ।

मेरे जैसे लोग, जो किसी एक विचार में पूरी तरह डूबे होते हैं, केवल उन्हीं के साथ तालमेल बिठा पाते हैं जो हमारी बातों से सहमत हो सकें। परंतु जो सहमत नहीं हो पाते, वे हमारे साथ केवल हमें धोखा देकर ही निभा सकते हैं। हमारी यह हठधर्मिता ही है, जो सीधे-सादे लोगों को भी टेढ़े रास्तों पर चलने को विवश कर देती है। एक साथी को अपनी मर्जी से गढ़ने के प्रयास में हम एक पत्नी को बर्बाद कर बैठते हैं।

क्या मैं फिर से आरंभ तक नहीं लौट सकता? तब निश्चय ही मैं सरल जनों के मार्ग का अनुसरण करता। मैं अपनी जीवन-संगिनी को अपने विचारों की बेड़ियों

में बाँधने का प्रयास न करता। बल्कि अपने प्रेम की मुरली आनंद से बजाता और कहता- "क्या तुम मुझसे प्रेम करती हो? तो फिर अपने प्रेम के आलोक में स्वयं के प्रति सच्ची बनो। मेरे सुझाव दब जाएँ, और तुम्हारे भीतर जो ईश्वर की रचना है, वही विजयी हो, और मेरे विचार लज्जित होकर पीछे हट जाएँ।"

पर क्या प्रकृति की कोमल देखभाल भी उस खुले घाव को भर सकती है, जिसमें हमारे वर्षों से जमा मतभेद फूट पड़े हैं? वह आवरण, जिसकी गोपनीयता में केवल प्रकृति की मौन शक्तियाँ कार्य कर सकती थीं, अब फट चुका है। घाव पर पट्टी तो बाँधनी ही पड़ती है- क्या हम अपने इस घाव को अपने प्रेम की पट्टी से नहीं बाँध सकते? ताकि एक दिन ऐसा भी आए, जब उसका निशान भी दिखाई न दे? क्या अभी बहुत देर नहीं हो गई है? कितनी लंबी अवधि गलतफहमियों में बीत गई; और अब जाकर कहीं थोड़ी-सी समझदारी की शुरुआत हुई है; अब सुधार में और कितना समय लगेगा? मान लो कि घाव कभी भर भी जाए- क्या उसने जो विनाश कर डाला है, उसकी भरपाई कभी संभव हो पाएगी?

दरवाजे के पास हल्की-सी आहट हुई। मैंने करवट बदली तो खुले दरवाजे से बिमला की जाती हुई आकृति दिखी। वह शायद दरवाजे पर खड़ी झिझक रही थी कि भीतर आए या नहीं, और अंत में लौट जाने का निश्चय कर लिया। मैं झटपट उठा और दौड़कर दरवाजे तक गया, पुकारा : "बिमला!"

वह अपने रास्ते में रुक गई। उसका चेहरा मेरी ओर नहीं, पीठ की ओर था। मैं उसके पास गया, उसका हाथ थामा और उसे हमारे कमरे में ले आया। वह तकिये पर मुँह के बल गिर पड़ी और फूट-फूट कर रोने लगी। मैंने कुछ नहीं कहा, बस उसके सिरहाने बैठकर उसका हाथ थामे रहा।

जब उसके दुःख का तूफ़ान कुछ शांत हुआ, वह उठकर बैठ गई। मैंने उसे अपने हृदय से लगाने की कोशिश की, पर उसने मेरे हाथों को पीछे हटा दिया और मेरे चरणों में झुक गई। वह श्रद्धा और पश्चाताप में अपना सिर बार-बार मेरे चरणों को स्पर्श करने लगी। मैंने झटपट अपने पैर पीछे खींच लिए, पर उसने उन्हें अपनी बाहों में कसकर थाम लिया। उसका गला रुंधा हुआ था, वह बोली, "नहीं, नहीं, नहीं, आप अपने पैर मत हटाइए। मुझे अपनी पूजा पूरी करने दीजिए।"

मैं चुपचाप स्थिर बैठा रहा। मैं कौन होता उसे रोकने वाला? क्या मैं उसकी पूजा का देवता था, जो इस पर संकोच करता?

बिमला की कहानी

23

आओ, आओ! अब समय आ गया है उस महान संगम की ओर रवाना होने का, जहाँ प्रेम की नदी भक्ति के सागर से मिलती है। उस निर्मल नीले सागर में उसकी सारी मटमैली गहराइयाँ डूब जाती हैं और लुप्त हो जाती हैं।

अब मुझे किसी से भय नहीं- न स्वयं से, न किसी और से। मैं अग्निपरीक्षा से गुजर चुकी हूँ। जो जलने योग्य था, वह भस्म हो गया; जो शेष है, वह अमर है। मैंने स्वयं को उसके चरणों में अर्पित कर दिया है, जिसने मेरे सारे पाप अपने ही दुःख की गहराइयों में समेट लिए हैं।

आज रात हम कलकत्ता जा रहे हैं। मेरे भीतर के संघर्षों ने अब तक मुझे अपनी चीज़ों की देखभाल से रोके रखा। अब मुझे उन्हें सहेजना और बाँधना है।

कुछ देर बाद देखा कि मेरे पति अंदर आ चुके थे और स्वयं ही सामान बाँधने में लग गए थे।

"यह ठीक नहीं," मैंने कहा। "क्या आपने मुझसे वादा नहीं किया था कि आप थोड़ी देर सोएँगे?"

"वादा तो किया था," उन्होंने मुस्कराकर कहा, "लेकिन नींद ने नहीं किया था, और वह तो कहीं मिली ही नहीं।"

"नहीं, नहीं," मैंने दोहराया, "यह नहीं चलेगा। कम से कम थोड़ी देर के लिए तो लेटिए।"

"लेकिन तुम यह सब अकेले कैसे करोगी?"

"निस्संदेह कर सकती हूँ।"

"ठीक है, तुम तो गर्व से कह सकती हो कि तुम्हें मेरी ज़रूरत नहीं। पर सच कहूँ तो मैं तुम्हारे बिना नहीं रह सकता। यहाँ तक कि नींद ने भी मुझसे किनारा कर लिया- फिर वे उस कमरे में अकेले काम में लग गए।"

लेकिन तभी एक बाधा आई- एक नौकर आया और बताया कि संदीप बाबू पधारे हैं और मिलने की सूचना देने को कहा है। मैं यह पूछने का साहस भी नहीं कर सकी कि वे किससे मिलना चाहते हैं। जैसे आकाश की रोशनी सहसा बुझ गई हो, जैसे छुईमुई की पत्तियाँ सहमकर सिमट गई हों। "चलो,

बिमला," मेरे पति ने कहा। "आओ सुनें, संदीप क्या कहना चाहता है। जब वह विदा लेकर भी लौट आया है, तो अवश्य कुछ विशेष बात होगी।"

मैं तो केवल इसलिए गई, क्योंकि रुक जाना उससे भी अधिक असहज होता। संदीप दीवार पर टंगी एक तस्वीर को एकटक देख रहा था। जब हम भीतर पहुँचे, तो उसने कहा : "आप सोच रहे होंगे कि यह आदमी फिर क्यों लौट आया। लेकिन आप जानते हैं, जब तक सारे संस्कार पूरे न हो जाएँ, भूत विदा नहीं होता।" यह कहकर उसने अपनी जेब से रूमाल में बँधी कोई चीज़ निकाली, मेज़ पर रखी और गाँठ खोल दी। वे वही सोने के सिक्के थे।

"मुझे गलत मत समझना, निखिल," उसने कहा। "तुम यह न समझो कि तुम्हारी संगति का असर मुझ पर ऐसा पड़ा है कि मैं एकाएक ईमानदार बन गया हूँ; मैं ऐसा आदमी नहीं हूँ कि पछतावे में लिपटा हुआ लौट आऊँ और बेईमानी से पाए हुए पैसे वापस कर दूँ। लेकिन..."

उसने अपनी बात अधूरी छोड़ दी। थोड़ी देर चुप रहने के बाद वह निखिल की ओर मुड़ा, लेकिन मुझसे कहता है : "इतने दिनों बाद, रानी बिमला, पछतावे का भूत अब मेरी शांत अंतरात्मा में प्रवेश पा चुका है। हर रात, जब मेरी पहली नींद टूट जाती है, तो मुझे उससे जूझना पड़ता है- इसलिए मैं इसे कल्पना का भूत नहीं कह सकता। जब तक उसका कर्ज़ अदा नहीं होता, तब तक मेरे लिए भी कोई मुक्ति नहीं है। इसलिए मैं अब उस आत्मा के हाथों में पुनरर्पण करता हूँ। देवी! इस पूरी दुनिया में, केवल आपसे ही मैं कुछ भी नहीं छीन सकता। मैं तब तक आपसे मुक्त नहीं हो सकता, जब तक मैं पूरी तरह खाली न हो जाऊं। इन्हें वापस ले लीजिए!"

उसी समय उसने अपने वस्त्र के नीचे से गहनों का डिब्बा निकाला और उसे नीचे रख दिया। और फिर तेज कदमों से हमें छोड़कर चला गया। "संदीप, मेरी बात सुनो," मेरे पति ने पीछे से आवाज़ लगाई।

"मेरे पास समय नहीं है, निखिल," संदीप ने दरवाजे के पास रुकते हुए कहा। "मुझे बताया गया है कि मुसलमानों ने मुझे कोई अनमोल रत्न समझ लिया है, और अब वे मुझे लूटकर अपने कब्रिस्तान में छिपाने की साजिश कर रहे हैं। पर मुझे लगता है कि मेरा जीवित रहना आवश्यक है। उत्तर की ओर जाने वाली गाड़ी पकड़ने के लिए मेरे पास सिर्फ़ पच्चीस मिनट हैं। इसलिए फिलहाल, मुझे जाना ही होगा। हमारी बात किसी अगली सुविधाजनक घड़ी में पूरी होगी। यदि मेरी मानो, तो तुम भी यहाँ से निकलने

में देर मत करना। रानी बिमला- करुण हृदयों की रानी, वीरानियों की रानी! मैं आपको प्रणाम करता हूँ।

संदीप फिर लगभग दौड़ते हुए चला गया। मैं स्तब्ध खड़ी रह गई; मैंने पहले कभी इतनी तीव्रता से यह अनुभव नहीं किया था कि यह सोना और ये आभूषण कितने तुच्छ, कितने निरर्थक हैं। थोड़ी ही देर पहले तक मैं यह सोचने में व्यस्त थी कि क्या-क्या अपने साथ ले जाऊँ और उसे कैसे बाँधूँ। अब मुझे लगा कि कुछ भी साथ ले जाने की कोई आवश्यकता नहीं है। महत्वपूर्ण बस यह था- निकल पड़ना, चल देना।

मेरे पति अपनी जगह से उठे, मेरे पास आए और मेरा हाथ थाम लिया। उन्होंने कहा, "देर हो रही है। यात्रा की तैयारी पूरी करने के लिए अधिक समय नहीं बचा है।"

इसी समय चंद्रनाथ बाबू अचानक भीतर आ गए। हमें दोनों को साथ देखकर वे एक क्षण को रूक गए। फिर उन्होंने कहा, "क्षमा करें, छोटी माँ, यदि मैं बाधा बना हूँ। निखिल, मुसलमान काबू से बाहर हो गए हैं। वे हरिश कुंडू का ख़ज़ाना लूट रहे हैं- यह उतनी बड़ी बात नहीं है। लेकिन जो सहन नहीं किया जा सकता, वह यह है कि उनके घर की स्त्रियों के साथ अत्याचार हो रहा है।"

"मैं निकलता हूँ," मेरे पति ने कहा।

"आप वहाँ जाकर क्या कर पाएँगे?" मैंने उनका हाथ पकड़ते हुए विनती की। "ओह, बाबूजी," मैंने उनके गुरु से आग्रह किया, "क्या आप इन्हें जाने से नहीं रोकेंगे?"

"छोटी माँ," उन्होंने उत्तर दिया, "अब कुछ और करने का समय नहीं है।"

"घबराना मत, बिमला," मेरे पति ने कहा, और हमें छोड़कर चल दिए।

जब मैं खिड़की पर गई, तो देखा कि मेरे पति निःशस्त्र घोड़े पर सवार होकर सरपट दौड़े जा रहे थे।

अगले ही क्षण बड़ी रानी दौड़ती हुई भीतर आईं। "तुमने क्या कर डाला, छोटी रानी!" वे चिल्लाईं। "तुमने उसे जाने कैसे दिया?"

"तुरंत दीवान को बुलाओ," उन्होंने सेवक से कहा।

रानियाँ कभी दीवान के सामने नहीं आती थीं, पर उस दिन बड़ी रानी को लोक-लाज की कोई चिंता न थी।

दीवान के आते ही उन्होंने कहा, "घोड़े पर सवार आदमी को भेजो महाराज को तुरंत वापस बुलवाओ।"

"हम सबने उन्हें रोकने की विनती की है, रानी माँ," दीवान ने कहा, "लेकिन वे लौटने को तैयार नहीं हुए।"

"उन्हें कहला भेजो कि बड़ी रानी बीमार हैं, मृत्युशय्या पर हैं!" मेरी जेठानी ने व्याकुल होकर कहा।

दीवान के जाते ही वह मेरी ओर उग्रता से मुड़ीं। "अरी डायन, राक्षसी! तू स्वयं तो मर नहीं सकी, पर उसे मौत के मुँह में भेजना तुझे ज़रूरी लगा!..."

दिन का उजाला धीमे-धीमे कम पड़ने लगा। फूलों से लदे सजना वृक्ष की झिलमिल पत्तियों के पीछे सूरज डूब गया। आज भी मैं उस अस्त होते सूरज की हर छाया को साफ देख सकती हूँ। डूबते सूर्य के दोनों ओर बादलों के दो घने गुच्छे ऐसे लग रहे थे जैसे कोई विशाल पक्षी अपने अग्निमय पंख फैलाकर उड़ान भर रहा हो। मुझे ऐसा लगा जैसे यह भाग्यनियुक्त दिन उड़ चला हो- रात के अथाह सागर को पार करने।

अंधकार गहराता गया, और भी गहरा होता चला गया। जैसे क्षितिज के पार कोई दूर का गाँव जल रहा हो, और उसकी लपटें समय-समय पर ऊपर उठ रही हों, वैसे ही कोई दूर का कोलाहल अंधकार में उठती लहरों की तरह बार-बार गूंजने लगा।

हमारे मंदिर से संध्या आरती की घंटियाँ बजने लगीं। मुझे पता था कि बड़ी रानी वहाँ बैठी थीं, हथेलियाँ जोड़े, मौन प्रार्थना में लीन। पर मैं खिड़की से एक कदम भी हट नहीं सकी।

सड़कें, उससे आगे का गाँव, और उससे भी दूर फैले पेड़ों की पंक्तियाँ धीरे-धीरे धुंधली होती जा रही थीं। हमारे बागीचे का तालाब आसमान की ओर फीकी चमक से देख रहा था, जैसे किसी अंधे की आँखें हों। बाईं ओर की मीनार जैसे अपनी गर्दन आगे बढ़ा रही हो, यह देखने के लिए कि कहीं कुछ घट तो नहीं रहा।

रात के स्वर हर तरह के रूप धर लेते हैं। कोई टहनी टूटती है, और ऐसा लगता है मानो कोई जान बचाकर भाग रहा हो। कोई दरवाजा बंद होता है, और मालूम होता है जैसे हैरान संसार का दिल एकाएक धड़क उठा हो।

दूर के पेड़ों की छाया में अचानक रोशनी की झलक दिखाई देती, और फिर बुझ जाती। कभी-कभी घोड़ों की टापों की आवाज़ गूंज उठती हैं, लेकिन वह केवल महल के फाटक से निकलते सवारों की होतीं।

मेरे मन में बार-बार यह भावना उठती रही कि काश मैं मर जाती, तो यह सब हलचल समाप्त हो जाती। जब तक मैं जीवित हूँ, मेरे पाप चारों ओर विनाश फैलाते रहेंगे। मुझे अपने बक्से में रखा पिस्तौल याद आया। पर मेरे पैर पिस्तौल लेने के लिए खिड़की से हटने को तैयार नहीं थे। क्या मैं अपनी नियति की प्रतीक्षा नहीं कर रही थी?

घड़ी की घंटी गंभीर स्वर में दस बजने की सूचना दे गई। थोड़ी देर बाद दूर अंधेरे में कुछ दीपों के समूह दिखाई देने लगे। और एक विशाल भीड़, जैसे कोई लंबा सर्प हो, अंधकार में सड़कों के साथ लहराती हुई महल के द्वार की ओर बढ़ने लगी।

उस आवाज़ को सुनकर दीवान तेजी से फाटक की ओर दौड़ा। तभी एक सवार तेजी से घोड़े पर सवार होकर भीतर आया। "क्या समाचार है, जटा?" दीवान ने पूछा।

"अच्छी खबर नहीं है," उत्तर मिला।

मैं ये शब्द अपनी खिड़की से साफ-साफ सुन सकी। पर इसके बाद कुछ धीरे से कहा गया, जिसे मैं सुन नहीं सकी।

फिर एक पालकी आई, उसके पीछे एक स्ट्रेचर। डॉक्टर पालकी के साथ-साथ चल रहा था।

"आपका क्या अनुमान है, डॉक्टर?" दीवान ने पूछा।

"अब तक कुछ निश्चित नहीं कह सकता," डॉक्टर ने उत्तर दिया। "सिर का घाव गंभीर है।"

"और अमूल्य बाबू?"

"उन्हें दिल में गोली लगी है। अब उनका बचना नामुमकिन है।"